Morgan Grey wurde 1971 geboren und lebte lange Jahre in Edinburgh, bevor sie der Liebe wegen nach Deutschland zog. Nach Stationen unter anderem im Buchhandel ist sie heute als freiberufliche Journalistin tätig. Da die Arbeit an ihren Romanen immer mehr Zeit in Anspruch nimmt, will sie sich bald voll und ganz dem Schreiben widmen – am liebsten in Schottland. Zurzeit lebt Morgan Grey mit ihrem Mann, zwei Computern und einem Laptop in München.
Unter www.morgan-grey.de ist die Autorin im Internet vertreten.

Von Morgan Grey bereits erschienen:
Der Schwur des MacKenzie-Clans

Morgan Grey

Das Erbe der MacDougals

UEBERREUTER

ISBN 978-3-8000-5323-0

Umschlaggestaltung von Init, Büro für Gestaltung, Bielefeld
unter Verwendung von Fotos von Getty Images

Druck: CPI Moravia Books GmbH
1 3 5 7 6 4 2

Ueberreuter im Internet: www.ueberreuter.at

Dun Cunnartach –
Schottische Highlands im Jahre 1288

Manchmal hasse ich ihn. Dann wünschte ich, er wäre tot.«

»So etwas darfst du nicht einmal denken, Marjorie!« Aonghas MacRae verließ den Platz vor dem Kamin und kniete neben dem Sessel seiner Schwägerin nieder. »Ich bin mir sicher, dass William –«

»Dass er was? Ein guter Ehemann ist?«, fiel sie ihm ins Wort. »Dass er mich liebt?«

Aonghas wusste, dass sein Bruder sie nicht liebte. Für William war sie nicht mehr als die Mutter seiner Söhne und die Frau, die das Land ihres verstorbenen Vaters in die Ehe eingebracht hatte.

Seit Marjorie vor sechs Jahren nach Dun Cunnartach gekommen war, um den Chief zu heiraten, hatte Aonghas keine andere mehr angesehen. Doch das Lächeln, mit dem sie ihn vom ersten Tag an bezaubert hatte, wirkte schon lange traurig und leer. Während der vergangenen Jahre war Aonghas zu ihrem Freund und Vertrauten geworden. Wie sehr er sie liebte, hatte er ihr nie gesagt, denn obwohl er ihr so nahe stand, war sie für ihn unerreichbar.

Aonghas griff nach ihren Händen und umfasste sie mit seinen. »Er ist kein schlechter Mensch.« Wie oft hatte er sich diesen Satz in den vergangenen Jahren selbst gesagt! Er hatte sich eingeredet, dass William es einfach nicht besser wusste. Einst waren die MacRaes ein mächtiger, wohlhabender Clan gewesen, doch vom früheren Wohlstand war längst nichts mehr geblieben. Dennoch hatte Aonghas all die Jahre loyal zu seinem Bruder gestanden und – wenn auch zähneknirschend – seine Entscheidungen respektiert. Oft hatten sie hinter verschlossenen Türen gestritten, wenn William einmal mehr ein Vermögen für den Unterhalt seiner Krieger ausgab, statt sich um das Wohlergehen des Clans zu kümmern. William hatte nie etwas auf Aonghas' Meinung gegeben. Statt Bündnisse zu schließen, hatte er sich in kleinlichen Fehden verloren. Jedes Mal, wenn er aufs Neue in den Kampf zog, blieb Aonghas in der Burg zurück und versuchte die Not der Menschen zu mildern, die immer mehr unter der wachsenden Armut zu leiden hatten. Tag um Tag sah er Menschen sterben. Frauen, Kinder, Alte – vom Hunger dahingerafft.

Wie lange kann ich das noch mit ansehen? William hatte sich noch nie auf Diplomatie verstanden. Seine Politik war das Schwert. Den Preis dafür hatte sein Clan zu bezahlen. *Er ist mein Bruder! Ich schulde ihm meine Loyalität!*

»Warum kannst du nicht an seiner Stelle sein?«

Ihre Worte ließen ihn aufsehen. »Marjorie, was redest du da?«

»Du wärst ein wundervoller Gemahl und ich ... Bei Gott, Aonghas, denkst du etwa, ich hätte nie bemerkt, wie du mich anschaust?«

Abrupt gab er ihre Hände frei und erhob sich. Er zog seinen Plaid zurecht, ging zum Fenster und blickte hinaus. »Ich wollte nicht, dass du das bemerkst. Ich könnte nie ...« Als er sich erneut zu ihr umwandte, stand sie plötzlich vor ihm.

Ihre Augen fingen seinen Blick und hielten ihn fest. »Lass uns fortgehen. Nur du und ich.«

Aonghas' Herz setzte für einen überraschten Schlag aus, als er in ihren Augen ein Spiegelbild seiner eigenen Gefühle fand. »Was ist mit James und Robert?«

»Es sind *seine* Söhne. Ihr Anblick erinnert mich jeden Tag daran, dass es ihn gibt.«

Nach all den Jahren gab es plötzlich Hoffnung auf eine gemeinsame Zukunft. Wenn sie die Kinder hierließen, würde William womöglich nicht einmal nach ihnen suchen. Sie konnten fortgehen an die Ostküste oder noch weiter in den Norden. Er könnte den Rest seines Lebens an Marjories Seite verbringen und mit ihr eine eigene Familie gründen. Doch kaum schien das Glück, das er sich all die Jahre gewünscht hatte, zum Greifen nahe, legte sich bereits ein Schatten darüber. Was sollte aus den Menschen hier werden, wenn er fort war? Wer würde ihnen helfen?

Wann immer William nicht da war, hatte Aonghas mit anderen Clans verhandelt, um Vorräte zu bekommen. Er hatte Saatgut und Vieh aus seiner eigenen Tasche bezahlt, damit sie den nächsten Winter überstehen würden. Selbst als ihm das Geld ausgegangen war, hatte er nicht aufgehört zu helfen, und sei es nur, dass er überall mit angepackt hatte, wo eine helfende Hand nötig war.

»Ich kann nicht gehen, bitte versteh das.«

»Wie lange willst du diesem Mann noch deine Loyalität schenken?« Mit jedem Wort wurde sie lauter, bis ihre Stimme vor Verzweiflung zu kippen drohte. »Er hat sie nicht verdient! Er weiß sie ja nicht einmal zu schätzen!«

Aonghas schüttelte den Kopf. »Es geht nicht um ihn, sondern um den Clan. Was wird aus ihnen, wenn ich fort bin? Wer sorgt dafür, dass –«

»Ich weiß, dass in deiner Brust zwei Herzen schlagen. Du leidest mit deinem Clan und zugleich könntest du nie etwas tun, das Williams Autorität in Frage stellt.« Sie sah ihn so durchdringend an, als könne sie geradewegs in seine Seele blicken. »Wenn du nichts gegen ihn unternimmst, wirst du das Leiden dieser Menschen nie beenden können. Was glaubst du, wie lange er deine Einmischung noch zulassen wird? Erinnerst du dich, wie wütend er beim letzten Mal war?«

Das letzte Mal, als William von einem Handel erfuhr, den Aonghas geschlossen hatte, machte er ihn aus purem Zorn rückgängig. Sie hatten erbittert darüber gestritten und Aonghas hatte ihm einmal mehr begreiflich zu machen versucht, dass der frühere Wohlstand des Clans längst der Vergangenheit angehörte. William hatte sich nicht erweichen lassen. Seinem Jähzorn war es zu verdanken, dass die Menschen einen weiteren Winter hungern mussten.

Wenn ich jetzt gehe, wird sich nie etwas ändern. William würde weitermachen wie bisher, ohne überhaupt zu begreifen, welchen Schaden er damit anrichtete.

Aonghas streckte die Arme nach Marjorie aus und zog sie an sich. »In den letzten Jahren habe ich mir nichts mehr gewünscht, als dich zumindest einmal im Arm zu halten. Du weißt nicht, wie sehr ich … Ich kann diese Menschen nicht im Stich lassen.« Die Worte waren ruhig gesprochen, doch voller Entschlossenheit. »Verstehst du das?«

Zitternd lehnte sie an seiner Brust. Ihr Haar streifte ihn am Kinn, als sie schließlich nickte. »Um ehrlich zu sein, hätte es mich enttäuscht, wenn du etwas anderes gesagt hättest. Du bist kein Mann, der andere einfach ihrem Schicksal überlässt.« Sie sah auf und seufzte. »Warum können wir nicht –«

Aonghas legte ihr einen Finger auf den Mund. »Sag es nicht. Bitte.« Seine Lippen streiften über ihr Haar. »Wenn du gehen willst, werde ich dafür sorgen, dass du die Burg unbemerkt verlassen kannst.«

Marjorie hob den Kopf und sah ihn an. »Ich bleibe bei dir!«

Aonghas konnte seine Gefühle nicht länger unterdrücken. William war nicht hier. Er war am Morgen losgeritten, ohne den Grund für seinen Aufbruch zu nennen. Ein weiteres sinnloses Scharmützel, wie Aonghas vermutete. Es war bereits spät. Die meisten Bewohner Dun Cunnartachs schliefen seit Stunden. Aonghas löste seine Umarmung ein Stück weit, um Marjorie in die Augen zu sehen. Eine dunkle Locke hing ihr ins Gesicht. Er strich sie ihr aus der Stirn, dann beugte er sich zu ihr hinab und küsste sie. Ihre Lippen waren weich und süß, ganz so, wie er es sich immer vorgestellt hatte. Doch so schnell er den Kuss begonnen hatte, beendete er ihn auch wieder. »Wir müssen vorsichtig sein, damit uns niemand sieht!«

»Nur damit *er* uns nicht sieht!« Marjorie schüttelte den Kopf. »Aber er ist nicht hier. Es ist mitten in der Nacht und wir sind in deinen privaten Gemächern. Niemand wird uns stören.« Aonghas wollte widersprechen, doch sie ließ ihn nicht zu Wort kommen. »Denkst du wirklich, einer der Clansmen würde uns verraten? Ihre Treue und Loyalität gehören dir. Sie lieben dich!«

Er blinzelte überrascht. Nie zuvor hatte er sich darüber Gedanken gemacht, was die Menschen von ihm halten könnten. »Wirklich?«

Ein Lächeln fand den Weg auf ihre Lippen. »Glaubst du etwa, sie wüssten nicht, wer für sie einsteht und wer nicht?« Einen Augenblick lang schwieg sie, dann sagte sie plötzlich: »Warum machst du dir ihre Ergebenheit nicht zunutze? Sammle Clanskrieger um dich und nimm Williams Platz ein!«

Ihr Vorschlag entsetzte ihn. »Er ist mein Bruder, Marjorie!«

Ihre Aufregung wuchs. »Du hast den Clan hinter dir. Selbst wenn er dir mit seinen Soldkriegern entgegentritt, sollte es ein Leichtes sein, ihn zu besiegen. Du musst ihn ja nicht töten. Schick ihn fort! Vertreibe ihn – für immer!«

Wenn William fort war, könnte er die Ehe zwischen ihm und Marjorie annullieren lassen und sie selbst zur Frau nehmen. Die Vorstellung war verlockend. Dennoch schüttelte er den Kopf. »Es muss einen anderen Weg geben.« Es musste doch möglich sein, William zur Einsicht zu bewegen. Hinter all dem Jähzorn und der Kriegslust musste es doch einen Funken Vernunft geben.

»In einem hast du recht«, sagte er nach einer Weile und zog sie wieder enger an sich. »Niemand wird uns stören. Lass uns für ein paar Stunden an nichts anderes als an uns denken!« Er mochte Marjorie nicht zur Frau nehmen können, dennoch hatte er ihre Liebe gewonnen. Das war mehr, als er je zu hoffen gewagt hatte.

In dem Moment, als er sie erneut küssen wollte, flog die Tür auf. William stürmte in den Raum. Aonghas gab Marjorie frei und stellte sich schützend vor sie.

»Das ist es also, was ihr tut, sobald ich die Burg verlasse!« Eine zornig pulsierende Ader zog sich über Williams Schläfe, als er sich vor Aonghas aufbaute.

»Lass uns in Ruhe darüber sprechen.« Aonghas versuchte ihn zum Sessel zu schieben, fort von Marjorie, die sich erschrocken an ihn drängte.

»In Ruhe!« William riss sich los und verpasste seinem Bruder einen Faustschlag. Der Hieb traf Aonghas am Kinn und warf ihn zurück. Marjorie sprang mit einem Schrei zur Seite. Aonghas schüttelte den Kopf, um die Benommenheit zu verdrängen. Er rieb sich das Kinn und wandte sich seinem Bruder erneut zu.

»Das führt doch zu nichts.« Er wich einem weiteren Schlag aus und umrundete William langsam, ohne ihn aus den Augen zu lassen. William folgte seiner Bewegung. »Denkst du, du kannst alle Probleme mit einem Kampf lösen?« Aonghas schüttelte den Kopf. »Lass wenigstens einmal im Leben die Waffen ruhen und benutze deinen Mund!«

»Du willst, dass ich meinen Mund benutze? Das sollst du haben!« William spuckte ihm ins Gesicht. »Ich verfluche dich, Aonghas MacRae!« Aonghas machte sich nicht die Mühe, den Speichel abzuwischen. Seine Augen waren unverändert auf William geheftet, der jetzt sein Sgian Dubh aus dem Ärmel zog. »Glaubst du im Ernst, ich hätte nie bemerkt, wie du mein Weib ansiehst? Ich weiß schon lange, dass ihr mich hintergeht! All deine Versuche, meine Entscheidungen zu beeinflussen, hatten kein anderes Ziel, als mich bei meinen eigenen Männern unbeliebt zu machen, damit du dir nehmen kannst, was mein ist!«

Aonghas' Augen folgten der blitzenden Klinge des Sgian Dubh, als William sie vor ihm in die Höhe hielt. Vorsichtig wich er einen Schritt zurück und sah sich kurz nach Marjorie um. Sie hatte sich zum Kamin zurückgezogen. »Wenn du nur ein einziges Mal auf mich gehört hättest, müsste dein Clan – *unser* Clan – nicht hungern! Es würde den Menschen gut gehen und sie würden dich nicht verachten!«

Statt zu antworten, riss William das Sgian Dubh in die Höhe und schnellte mit einem zornigen Brüllen vor. Aus dem Augenwinkel sah Aonghas, wie Marjorie vorsprang und auf William zustürzte.

»Marjorie, nicht!«

Sie ignorierte Aonghas' Warnruf und packte William am Arm. »Hör auf! Lass ihn in Ruhe!«

William drehte sich nicht einmal zu ihr um. Er holte aus und stieß sie von sich. Marjorie flog nach hinten und geriet über dem Stoff ihrer langen Röcke ins Stolpern. Sie schlug mit dem Kopf gegen den Kamin, dann stürzte sie zu Boden und blieb reglos liegen, das Genick unnatürlich verrenkt.

Bei ihrem Anblick zerbrach etwas in Aonghas. Jeder Funken Zuneigung, den er je für seinen Bruder empfunden haben mochte, war mit einem einzigen Schlag ausgelöscht. Er holte aus und drosch William die Faust ins Gesicht. Als dieser zurücktaumelte, griff Aonghas nach seinem Arm und entwand ihm das Sgian Dubh. In einer einzigen Bewegung nahm er die Waffe an sich, drehte sie herum und stieß zu.

Die Klinge drang tief in Williams Herz. Überraschung erfasste die Züge des Chiefs, dann brach sein Blick und er sackte zu Boden.

Einen Moment noch stand Aonghas über ihm und starrte auf ihn hinab, bar jeden Gefühls. Dann eilte er zu Marjorie und ließ sich neben ihr auf die Knie sinken. »Marjorie!« Er legte ihr eine Hand an den Hals, dorthin, wo das Leben durch ihre Adern floss, doch er spürte nichts. Ihr Herz schlug nicht mehr. Das Strahlen in ihren Augen war endgültig erloschen. Wie war das möglich? Kurz zuvor hatte er sie noch im Arm gehalten und geküsst! Für einige Augenblicke hatte er gehabt, was er sich so lange ersehnt hatte. William hatte es ihm genommen.

»Bei Gott, was ist hier passiert?«

Als Aonghas Cormacs Stimme vernahm, sah er auf. Sein bester Freund stand in der Tür und sah sich um. Hinter ihm blickte Owen in den Raum.

»Er hat sie umgebracht«, entgegnete Aonghas tonlos.

Owen schob Cormac in den Raum und zog die Tür hinter sich zu. »Mit ein wenig Glück hat außer uns niemand etwas gehört.«

Es kümmerte Aonghas nicht, ob jemand auf den Lärm aufmerksam geworden war. Nichts kümmerte ihn mehr. Er fühlte sich wie tot. Als läge nicht Marjorie leblos auf dem Steinboden, sondern er selbst. Aonghas wusste, dass seine Freunde auf ihn einredeten, doch er nahm ihre Worte nicht wahr. Das Einzige, woran er denken konnte, war, was William ihm angetan hatte.

»Aonghas!«

Endlich hob er den Kopf.

Owen blickte auf den Leichnam des Chiefs. »Was sollen wir den Leuten erzählen?«

Noch während er die Worte sprach, fasste Aonghas einen

Entschluss. William hatte ihm das Liebste in seinem Leben genommen, dafür hatte er bezahlt. Fortan würde niemand mehr unter ihm zu leiden haben. *Sammle Clanskrieger um dich und nimm Williams Platz ein.* Genau das würde er tun, nur dass nun keine Krieger mehr nötig waren. Als er sich erhob, tat er es in dem Bewusstsein, dass ab jetzt nichts mehr so sein würde wie bisher. »Sagt ihnen, William hat seine Gemahlin ermordet. Daraufhin habe ich ihn getötet. Ich bin jetzt der Chief!« Ab heute war er allein für das Schicksal dieser Menschen verantwortlich. Er würde sich ihrer Loyalität und Treue würdig erweisen. Niemals wieder würde er mit ansehen, wie jemand dem Clan Schaden zufügte! Da kam ihm ein anderer Gedanke. »Seine Söhne!« Wenn sie erst alt genug waren, würden sie ihr Erbe einfordern. »Ich werde nicht zulassen, dass seine Brut eines Tages in seine Fußstapfen tritt!« Aonghas ging zu Williams Leichnam und zog den Dolch aus seinem erkaltenden Leib. Er trat auf den spärlich erleuchteten Gang und folgte ihm mit schnellen Schritten zu einer schmalen Wendeltreppe, stieg die steilen Stufen hinauf und betrat den Gang, in dem die Gemächer seines Bruders und die seiner Söhne lagen. Er stieß die Tür zu James' Schlafzimmer auf. Ein schmaler Streifen Fackellicht kroch zuckend vor ihm in den Raum. Aonghas folgte dem Licht zum Bett und blieb neben dem Kopfende stehen. Sein Blick legte sich auf den unruhig schlafenden Jungen. *Er ist so ahnungslos.* Sein Anblick erinnerte ihn an Marjorie. Der Junge hatte ihre Augen. Aonghas hob das Sgian Dubh. Ein verirrter Lichtschimmer fing sich in der Klinge und ließ sie für einen Moment aufblitzen. Erst jetzt bemerkte Aonghas, dass seine Hand zitterte. Mussten wirklich ein Fünfjähriger und sein kleiner Bruder für die Sünden des Vaters bezahlen? *Eines Tages wird dieser Junge sein Erbe beanspruchen!* Wenn er nur im Geringsten nach seinem Vater kam, würde er alles zerstören, was Aonghas bis dahin aufgebaut hatte. Das konnte er nicht zulassen! *Ich könnte die beiden unter meine Fittiche nehmen.* Wenn er sich um die Jungen kümmerte, sie ausbildete und erzog, bestand die Hoffnung, dass sie einmal zu vernünftigen Anführern würden. *Hoffnung.* Aonghas schnaubte leise. War es nicht auch Hoffnung gewesen, die ihn jahrelang Williams Tyrannei erdulden ließ? Nein, entschied er, Hoffnung war nicht genug.

Wie gelähmt stand er da und starrte auf den schlafenden Jungen. Er wusste, was getan werden musste, und doch fand er nicht die Kraft, zuzustoßen. Er hob den Blick zur Decke. Dunkle Schatten türmten sich hinter dem schwankenden Fackelschein, der vom Gang in den Raum fiel. Zuckende Fratzen, die seine Mutlosigkeit zu verlachen schienen.

»Aonghas?« Owens Flüstern riss ihn aus seiner Starre. Er wandte den Kopf. Das blonde Haar seines Freundes hob sich hell vor den Schatten ab.

Aonghas ließ das Sgian Dubh sinken. »Ich kann es nicht«, sagte er leise. »Dennoch muss es getan werden.« Er sah Owen an. »Bring die beiden aus der Burg, dann beende es.« Ohne eine weitere Erklärung machte Aonghas kehrt und verließ das Gemach. Zurück auf dem Gang gab er sich selbst ein Versprechen: »Ich schwöre bei Gott, dass dieser Clan niemals wieder Hunger leiden wird!«

Schottische Highlands im Jahre 1306

1

Schweißgebadet fuhr Eòran MacDougal aus dem Schlaf.

Blinzelnd sah er sich um. Langsam schälten sich die Umrisse des Nachtlagers aus der Dunkelheit. Nicht weit entfernt schliefen zwei seiner Männer neben einer Feuerstelle. Da er ohnehin keine Ruhe mehr finden würde, stand er auf. Niemand regte sich, nur die Pferde, die ein Stück abseits des Lagers angebunden waren, schnaubten leise. Eòran zog seinen Plaid zurecht, hob sein Claymore auf und schlich aus dem Lager. Kleine Äste knackten unter seinen Sohlen, als er sich einen Weg zwischen Farnen und Heidekraut hindurch bahnte, fort von der kleinen Mulde, in der sie für die Nacht Schutz gesucht hatten.

Eine kühle Frühlingsbrise erhob sich vom westlichen Ufer des Loch Arkaig und ließ Eòran frösteln. Vielleicht war es auch das Echo des Traumes, das ihm eine Gänsehaut über den Rücken jagte. Es waren immer dieselben Bilder, die ihn seit seiner frühesten Kindheit verfolgten. Manchmal blieben die Nachtmahre über Monate, sogar Jahre fern, nur um dann plötzlich und unvermittelt zurückzukehren und ihn aufs Neue Nacht um Nacht heimzusuchen. In diesem Traum ist er ein kleiner Junge. Er blickt durch eine halb offene Tür in einen Raum. Alles geht rasend schnell. Zwei Männer streiten erbittert um eine Frau. Sie schlagen sich, dann zieht der eine ein Messer. Die Frau versucht, die beiden zu trennen. Ein Stoß. Dann liegt sie auf dem Boden, ihr gebrochener Blick auf Eòran gerichtet, als könne sie ihn erst jetzt wirklich sehen. Der Traum-Eòran wendet entsetzt die Augen ab, sieht wieder zu den Männern. Er kann ihre Gesichter nicht erkennen (er glaubte, dass ihm das früher gelungen war), dennoch erscheinen sie ihm auf seltsame Art vertraut. Alles verschwimmt, ist auf merkwürdige Weise unscharf. Einzig die erhobene Messerklinge, in der sich ein verirrter Lichtstrahl fängt, hebt sich plötzlich deutlich ab. Der Krieger in ihm will eingreifen, doch in diesem Traum ist er kein Krieger, nicht einmal ein Mann. Nur ein hilfloses Kind. Hin- und hergerissen von der Vertrautheit, die er für beide Männer zu empfinden glaubt, weiß er nicht, was er tun soll: Den einen warnen oder den anderen zustoßen lassen? Für wen soll er sich entscheiden? Dann ist es zu spät. Der Bulligere der beiden sackt zu Boden und rührt sich nicht mehr. Der Junge dreht sich um und flüchtet in einen dunklen Gang, der ihn wie der Rachen eines Ungeheuers verschlingt.

Eòran hatte viel Zeit darauf verwandt, über den Traum nachzudenken. Doch obwohl ihm vieles vertraut schien, hatte keines der Bilder Ähnlichkeit mit Menschen oder Orten, die er kannte.

Er umrundete einen Ginsterstrauch und kletterte auf einen großen Felsen. Oben angekommen hielt er inne und betrachtete das Gewässer, das jetzt unter ihm lag. Im silbernen Schein des Halbmondes wirkte die Oberfläche des Loch Arkaig beinahe schwarz. Geheimnisvoll wie das Land selbst. Eòran legte das Claymore ab und ließ sich auf dem Felsen nieder. Sein Blick wanderte über die Highlands, deren sanft geschwungene Silhouetten sich ringsherum aus der Nacht erhoben. *Wo bist du, Kyle?* Eòran nahm einen flachen Stein und warf ihn in den See. Seine Augen folgten den Ringen, die der Stein auf der Wasseroberfläche hinterließ. Kreisförmige Wellen, die sich wie Schatten ausbreiteten, ehe sie wieder vergingen.

Ein gedämpftes Knirschen in seinem Rücken weckte seine Aufmerksamkeit. Sofort war er auf den Beinen. Das Schwert in der Hand blickte er in die Richtung, aus der das Geräusch gekommen war. Vertraute Umrisse schälten sich aus der Dunkelheit. »Finn.« Sobald Eòran seinen Freund erkannte, ließ er das Claymore sinken und setzte sich wieder.

Mit wenigen Schritten erstieg Finn den Felsen und ließ sich neben ihm nieder. Es erstaunte Eòran immer wieder, mit welcher Geschicklichkeit sein Freund jedes Hindernis überwand. Trotz seiner muskulösen Statur konnte Finn klettern wie ein Eichhörnchen und ausdauernder laufen als die meisten Männer, die nur halb so breit waren. Finn musterte ihn. Im Mondschein glitzerten seine blauen Augen wie Eis. »Kannst du nicht schlafen?«

Eòran zuckte die Schultern. Er wollte nicht über den Traum sprechen. Es zu tun, würde bedeuten, die Nachtmahre am Leben zu halten.

»Wir werden ihn finden, Eòran.«

Während seiner Ausbildung hatte Eòran gelernt, einen kühlen Kopf zu bewahren und auf seine Fähigkeiten zu vertrauen. Nicht umsonst hatte er es mit seinen dreiundzwanzig Jahren bereits zum Zweiten Hauptmann der Burgwache von Dunstaffnage, dem Sitz von Chief John MacDougal, gebracht. Er war es gewohnt, mit schwierigen Situationen umzugehen. Das jedoch war anders. Es war etwas Persönliches. Kyle war nicht einfach nur sein Bruder. Er war der einzige Blutsverwandte, den er hatte. Denn obwohl sie Duncan und Iona Vater und Mutter nannten, waren sie nicht ihre leiblichen Eltern. Clachan Mòr, das Dorf in dem er und Kyle aufgewachsen waren, war nicht von jeher ihre Heimat gewesen. Das hatten sie jedoch erst erfahren, als Eòran bereits zwölf war. Bis zu jenem Herbstmorgen, an dem Duncan Kyle und ihn mit zum Angeln nahm, hatten sie in dem Glauben gelebt, die Bauersleute seien ihre Familie.

Sie hatten am grünen Ufer des Tàmh gesessen, die Angeln

in den Boden gesteckt, und darauf gewartet, dass die Fische bissen. Da hatte Duncan plötzlich gefragt, ob sie sich an einen anderen Ort als Clachan Mòr erinnerten. Verwirrt über die Frage hatten beide Jungen den Kopf geschüttelt.

»Ihr wart nicht immer bei Iona und mir. Dennoch seid ihr wie mein eigen Fleisch und Blut. Daran wird sich auch nie etwas ändern. Aber ihr habt ein Recht darauf, die Wahrheit zu erfahren.« Nach diesen ersten, schweren Worten hatte Duncan so lange geschwiegen, dass Eòran schon glaubte, er würde nicht mehr sagen. Als er schließlich doch fortfuhr, richtete er seinen Blick auf die Jungen. »Ich war auf dem Heimweg von MacLeod, dem ich ein paar Rinder verkauft hatte, als ich euch fand. In der Nacht zuvor hatte es ein schweres Gewitter gegeben, das mich zu einem Umweg zwang. Ein Beutel Münzen steckte in meinem Ärmel, und als ich plötzlich ein Geräusch zwischen den Büschen vernahm, war mein erster Gedanke, dass dort ein paar Räuber lauerten, die von meinem kostbaren Gepäck wussten. Zu Fuß und müde wie ich war, wäre ich nicht imstande gewesen, zu entkommen. Also zog ich mein Sgian Dubh.« Duncan war ein Riese, der sich mit einem Messer zweifelsohne mühelos verteidigen konnte. »Ich stand also da und wartete. Immer wieder hörte ich Rascheln, doch nichts geschah. Schließlich war ich überzeugt, dass sich dort nur ein Tier verkrochen hatte. Vielleicht ein Fuchs oder ein Marder. Das Messer noch immer in der Hand, wandte ich mich zum Gehen, als ich einen Laut vernahm, der wie das Wimmern eines Kindes klang. Nun beschloss ich doch, nachzusehen. Vorsichtig bahnte ich mir einen Weg durchs Gebüsch. Bei dem Anblick, der sich mir nach wenigen Metern bot, wäre mir beinahe das Herz stehen geblieben. Ich fand euch, eng aneinandergedrängt, völlig entkräftet und verängstigt.« Er sah Kyle an. »Du musst damals etwa drei Jahre alt gewesen sein.« Dann wanderte sein Blick zu

Eòran. »Du vielleicht fünf. Du warst verletzt und voller Blut. Da war eine Wunde an deinem Hals. Ein Schnitt, als hätte jemand versucht, dich zu töten.« Noch immer ruhten Duncans Augen auf Eòran. »Kannst du dich an etwas erinnern?«

Eòran hatte nur den Kopf geschüttelt. Seine frühesten Erinnerungen stammten aus einer Zeit, in der er und Kyle bereits in Clachan Mòr gelebt hatten. Er konnte sich nicht einmal an die Namen erinnern, die er und sein Bruder vor jener Zeit gehabt hatten. Kyle und Eòran. So hatte Duncan die beiden getauft, als sie ihm keine anderen Namen nennen konnten. Eòran hob eine Hand und strich über die dünne Narbe, die sich über die rechte Hälfte seiner Kehle und dann sichelförmig hinab zu seiner Brust zog. Für ihn war es das erste Mal gewesen, dass er all diese Dinge hörte. Bis dahin war ihm nicht einmal bewusst gewesen, dass er nicht bereits sein ganzes Leben in Clachan Mòr verbracht hatte.

Seit jenem Tag, an dem er erfahren hatte, dass es noch etwas anderes gab, eine unbekannte Vergangenheit, fand Eòran keine Ruhe mehr. Obwohl es ihm an nichts mangelte, war das Gefühl, dass etwas fehlte, stets präsent. Von Rastlosigkeit getrieben, hatte er sich gewünscht, andere Orte kennenzulernen, in der Hoffnung, dort zu finden, was ihn umtrieb. Duncan hatte ihn nur ungern ziehen lassen, schließlich jedoch gab er Eòrans Drängen nach und schickte ihn, als er vierzehn war, zunächst einmal nach Dunstaffnage. Dort sollte er sich für einige Zeit als Dienstbote oder Stallbursche verdingen.

In der Burg des Chiefs hatte man tatsächlich für einen Burschen Verwendung, der einfache Arbeiten verrichten konnte. Von Anfang an jedoch war Eòran von den Clanskriegern fasziniert, die dort lebten. Die Männer mit ihren stählernen Klingen und der grimmigen Entschlossenheit beeindruckten ihn. Das war es, was er ebenfalls wollte: in der Lage sein, sich und die Seinen zu verteidigen.

Der Gedanke war absurd, denn Clachan Mòr war ein friedlicher Ort mit friedlichen Menschen. Eòran konnte sich nicht einmal erinnern, dort je einen Krieger gesehen zu haben. Dennoch ließ ihn der Gedanke nicht mehr los.

Kaum hatte er diesen Wunsch geäußert, hatte er sich auch schon in der Ausbildung zu einem Mitglied der Burgwache wiedergefunden. Dort war er Finn begegnet und hatte sich mit ihm angefreundet. Deshalb war Finn auch jetzt an seiner Seite.

Sie hatten Dunstaffnage gemeinsam verlassen, um ein paar freie Tage in Clachan Mòr bei Eòrans Familie zu verbringen. Eòran war seit letztem Sommer nicht mehr zu Hause gewesen, doch statt mit der erwarteten Wiedersehensfreude hatte man sie mit der Nachricht empfangen, dass Kyle fort war – und mit ihm zwei andere junge Männer. Der Winter war hart gewesen und Eòrans Familie war nicht die einzige, die Hunger litt.

»Er hat gehört, wie ich zu Moran sagte, dass ich mir wünschte, wir hätten ein paar Kühe«, hatte Duncan besorgt erklärt. »Damit kämen wir ohne Sorgen über die Runden.« Dann hatte er Eòran angesehen. »Ich fürchte, sie sind im Begriff, etwas Dummes zu tun.«

Duncan sorgte sich, dass Kyle und die anderen sich auf das nördlich gelegene Land der MacDonalds of Keppoch wagten. Der benachbarte Clan hatte in letzter Zeit häufig Schwierigkeiten mit Viehdieben gehabt, sodass sie über die Maßen aufmerksam waren. Wenn Kyle und seine Freunde tatsächlich darauf aus waren, Vieh zu stehlen, liefen sie dort große Gefahr, erwischt und gehängt zu werden.

Nachdem Eòran gehört hatte, was geschehen war, hatte er keine Zeit verschwendet und war sofort zusammen mit Finn aufgebrochen. Auf dem Weg waren sie Murray, Niall und Tormond, drei weiteren Kriegern des Chiefs, begegnet. Da

Eòran als Hauptmann die Befehlsgewalt über die Männer innehatte, wies er sie an, Finn und ihm bei der Suche zu helfen.

Sie waren nun schon einige Tage unterwegs. Zunächst hatte alles daraufhin gedeutet, dass Kyle und seine Begleiter es tatsächlich auf das Vieh der MacDonalds of Keppoch abgesehen hatten. Ihre Spur jedoch führte immer weiter nach Norden, über das Land der MacDonalds hinaus auf das Gebiet der MacRaes. Tormond und Niall waren am Mittag vorausgeritten, um Kyles Fährte zu folgen, ehe sie erkaltete. Bisher waren sie nicht zurückgekehrt.

»Das alles gefällt mir nicht.« Eòran schüttelte den Kopf. »Was will er so weit im Norden?«

Finn rieb sich über die rotbraunen Bartstoppeln. »Du hast deinen Vater gehört. Die MacDonalds sind auf der Hut. Vermutlich weiß dein Bruder das auch. Deshalb meidet er ihr Land, um anderswo zuzuschlagen.«

Dass Kyle vorsichtig war, ließ sein Vorhaben in Eòrans Augen nicht weniger unvernünftig erscheinen. Eine Weile saßen sie schweigend nebeneinander. Eòran spürte Finns forschenden Blick auf sich ruhen. Als er aufsah, meinte Finn: »Im Augenblick kannst du nichts tun. Leg dich wieder hin.«

Eòran wollte ihm sagen, dass er ohnehin nicht schlafen könnte, als ein Geräusch die nächtliche Stille durchbrach. Augenblicklich war er auf den Beinen. Büsche und Felsen verwehrten ihm die Sicht auf die Senke. Er nahm sein Schwert, sprang von den Felsen und kehrte mit schnellen Schritten zum Lager zurück. Finn folgte ihm. Als sie dort ankamen, war Murray bereits auf den Beinen. Das Schwert griffbereit stand er da und sah den Pferden entgegen.

Bereits von weitem hoben sich die Silhouetten der Reiter deutlich vor dem Nachthimmel ab. Unverkennbar Tormonds breite Gestalt, eine Pferdelänge hinter ihm Niall, hochgewachsen und hager. Sie hatten das Lager noch nicht ganz erreicht, da rief Finn schon: »Habt ihr sie gefunden?«

Tormond zügelte sein Pferd und sprang aus dem Sattel. Einen Atemzug später stand auch Niall neben ihm. Erst jetzt, da sie nahe genug waren, sah Eòran, wie abgehetzt sie wirkten. Schweiß glänzte auf Tormonds wettergegerbtem Gesicht, sein graues Haar klebte in feuchten Strähnen am Kopf. Niall erging es kaum besser. Seine Züge, die ohnehin immer ein wenig ausgezehrt wirkten, erweckten nun den Anschein, als stünde er am Rande völliger Erschöpfung. Beide waren so außer Atem, dass sie nicht gleich antworten konnten.

»Habt ihr ihn gefunden?«, wiederholte Eòran Finns Frage ungeduldig.

Tormond nickte. »Zwei.« Seine sonst so freundliche Miene verfinsterte sich. »Das wird dir nicht gefallen.«

»Sind sie tot?« Tonlos verließen die Worte Eòrans Mund.

»Erhängt«, bestätigte Niall Eòrans schlimmste Befürchtungen. Hastig fügte er hinzu: »Aber Kyle lebt. Er ist zu Fuß geflohen. Wir fanden auch Spuren von Reitern. Sie waren ihm dicht auf den Fersen.«

»Ist er entkommen?«

Niall schüttelte den Kopf.

Eòran fluchte.

»Zumindest ist er noch am Leben«, überlegte Finn laut. »Das ist gut.«

»Gut?« Eòran kniff die Augen zusammen. »Sobald sie einen Baum finden, der hoch genug ist, werden sie ihn aufknüpfen. Das nennst du gut?«

»Wir sind der Spur weiter nach Nordwesten gefolgt, bis wir auf ein Gehöft stießen«, berichtete Niall weiter. »Die Familie dort sprach von einem Trupp MacRaes, der dort die Nacht verbracht hat. Sie hatten einen Gefangenen bei sich – einen Viehdieb. Sie bringen ihn nach Dun Cunnartach.«

Eòran sah auf. Dun Cunnartach war der Stammsitz von Chief Aonghas MacRae. »Warum sollten sie einen Dieb in ihre Burg bringen, statt ihn sofort zu hängen?«

»Wenn ich die Bauern richtig verstanden habe, muss es Kyle und den anderen gelungen sein, das gestohlene Vieh zu verstecken, ehe sie erwischt wurden. Solange Kyle ihnen nicht verrät, wo die Rinder sind, werden sie ihn wohl nicht aufhängen.«

»Dann hoffe ich, dass er noch eine Weile den Mund halten kann.« Eòran dachte einen Moment nach, ehe er sich erneut an Tormond und Niall wandte: »Können wir sie einholen, bevor sie die Burg erreichen?«

Die beiden wechselten kurz einen Blick, dann schüttelten sie gleichzeitig den Kopf. »Ihr Vorsprung ist zu groß.«

Eòran machte kehrt. Mit großen Schritten ging er zu seinem Schlafplatz, griff nach seinem Bündel und begann seine Sachen hineinzustopfen. Ein Schatten fiel auf ihn und hüllte ihn ein. Finn.

»Eòran, was hast du vor? Willst *du* jetzt eine Dummheit begehen?«

Bis vor wenigen Augenblicken hatte Eòran nicht mehr gewusst, als dass er den MacRaes folgen würde. Jetzt jedoch war ihm klar, was er tun musste. Er erhob sich und sah Finn an. »Ich werde zu Aonghas MacRae gehen und um Kyles Leben bitten.«

2

Es war nicht leicht, Finn und den anderen begreiflich zu machen, dass er sich nicht von seinem Vorhaben würde abbringen lassen. Dennoch begleiteten die Männer Eòran bis tief ins Glen Affric hinein. Finn hatte versucht, ihn zu überzeugen, nicht allein zu gehen. Eòran glaubte jedoch, dass seine Aussichten, mit MacRae zu sprechen, besser standen, wenn er allein kam. Mehrere Männer könnte der Chief womöglich als Bedrohung auffassen und sie gar nicht erst vorlassen.

Als sie schließlich ein Waldstück unweit von Dun Cunnartach erreichten, beugten sie sich Eòrans Befehl und ließen ihn allein weiterziehen. Eòran folgte einem schattigen Pfad zwischen Kiefern und Tannen hindurch, bis sich die Baumreihen allmählich lichteten und sich eine sanft geschwungene Ebene vor ihm eröffnete. Sobald der Wald hinter ihm lag, trat er sein Pferd in die Flanken und trieb es der Burg entgegen, die sich vor ihm erhob.

Dunkel und kalt empfingen ihn die Mauern Dun Cunnartachs. Der Stammsitz der MacRaes war ein gedrungenes Bollwerk aus dunkelgrauem Stein, das sich über einer rostroten Heidelandschaft erhob, als gehörte es nicht hierher. Eine hohe Mauer, von der aus das umliegende Land gut einsehbar war, schützte die Burg vor Eindringlingen. Einen Moment verharrte Eòran und blinzelte gegen die Morgensonne an, die sich über der Burg hinter bleigrauen Wolken hervorschob. Dann lenkte er sein Pferd die schmale Holzbrücke entlang, die über einen tiefen Graben hinweg zum Burgtor führte. Am Tor stellte sich ihm ein bärtiger Krieger im Plaid in den Weg. Den Stoßspeer zur Seite gereckt, versperrte er Eòran den Zugang und zwang ihn, sein Pferd zu zügeln. Eòran blickte auf den Zweig der Hochlandtanne, der an der Kappe des Mannes steckte. Das Erkennungszeichen der MacRaes.

Der Krieger starrte ihm aus fahlgrauen Augen entgegen. »Wer seid Ihr?«

»Ich bin Eòran MacDougal.« Ein wenig erstaunt betrachtete der Mann das Glockenheidekraut, das Eòran an der Spange befestigt hatte, die seinen Plaid über der Schulter zusammenhielt. Als könne er nicht glauben, dass sich ein MacDougal in diesen Teil der Highlands verirrte. »Ich muss den Chief sprechen.«

Der Krieger zog spöttisch eine Augenbraue hoch. »Wollt Ihr ihn bitten, neben dem anderen MacDougal hängen zu dürfen?«

Eòrans Finger krampften sich um den Zügel. Er wollte gerade etwas Bissiges erwidern, da trat ein weiterer Clanskrieger aus dem Schatten. Sein Plaid flatterte lose um seine hagere Gestalt. »Geh und sag dem Chief, dass er Besuch hat, Hamish«, befahl er.

Hamish wollte etwas erwidern, doch ein Blick seines Kameraden ließ ihn verstummen. Mit einem grimmigen Nicken machte er kehrt und ging über den Burghof davon.

Eòran saß ab und führte sein Pferd zur Seite. Der andere Clanskrieger folgte ihm, den Stoßspeer lässig in der Hand. Im Schatten der Mauer blieb Eòran stehen und wartete. Deutlich war er sich der wachsamen Blicke des Kriegers bewusst, die auf ihm ruhten. Mit einem Mal beschlich ihn ein seltsames Gefühl, ähnlich einer Vorahnung oder dem Schatten einer Erinnerung. Es hatte nichts mit seinem Gegenüber zu tun. Eòran begleitete Chief John häufig, wenn dieser Dunstaffnage verließ, um andere Clans zu besuchen. Deshalb war er es gewohnt, dem Argwohn anderer ausgesetzt zu sein. Es war etwas an diesem Ort – etwas, was er nicht zu fassen vermochte –, das ihm mit das Gefühl gab, als griffe eine Faust nach seinen Eingeweiden.

Auf der Suche nach der Quelle seines Unbehagens streiften seine Augen die Mauern entlang und wanderten in den Hof. Vor dem Haupthaus war ein Bursche dabei, Pferde vor eine Kutsche zu spannen. Verwundert blickte Eòran auf die geschlossene Karosse. Ein elegantes Gefährt wie dieses hatte er in den Highlands noch nie gesehen. Angesichts der holprigen, schlecht ausgebauten Straßen und Wege war das auch nicht weiter verwunderlich.

Während Eòrans Aufmerksamkeit noch auf der Kutsche ruhte, kehrte Hamish zurück. Er wechselte ein paar leise Worte mit seinem Kameraden, dann wandte er sich Eòran zu. »Legt Eure Waffen ab!«

Eòran griff nach der Schnalle, die seinen Schwertgurt auf dem Rücken hielt, und löste sie. Unter den wachsamen Blicken der MacRaes legte er das Claymore ab, zog sein Sgian Dubh aus dem Ärmel und befestigte Schwertgehenk und Dolch an seinem Sattel. Er überzeugte sich noch einmal, dass alles festsaß, dann wandte er sich wieder Hamish zu. »Gehen wir.«

Mit weit ausgreifenden Schritten ging Hamish voran, ohne auch nur einen Blick über die Schulter zu werfen. Eòran überquerte hinter seinem Führer den Hof, erklomm die Stufen zum Haupthaus und schickte sich an, das düstere Gemäuer zu betreten.

Als er durch den Eingang trat, stieß er mit einer jungen Frau zusammen, die gerade im Begriff war, das Haus zu verlassen. Sie prallte gegen seine Schulter und taumelte zurück. Geistesgegenwärtig griff Eòran nach ihr und schlang einen Arm um ihre Taille, ehe sie stürzen konnte.

»Verzeiht«, beeilte er sich zu sagen. »Ich wollte nicht …« Ein Blick in ihre Augen ließ ihn verstummen. Sie waren vom erstaunlichsten Grün, das er je gesehen hatte. Unergründlich und zugleich voller Wärme nahmen sie ihn auf Anhieb gefangen. »Habt Ihr Euch verletzt?«

Sie schüttelte den Kopf. »Ihr habt Schlimmeres verhindert. Wenn keine heftige Windbö zur Tür hereinfährt, laufe ich wohl nicht länger Gefahr, zu stürzen.« Ein leises Lächeln umspielte ihre Lippen, als sie die Hand auf seinen Arm legte, mit dem er sie noch immer hielt. »Ich denke, Ihr könnt mich jetzt loslassen.«

»Nach mir könnte noch jemand hereinkommen«, erwiderte Eòran lächelnd. Sein Blick schweifte über ihre weichen Züge und die roten Locken, die sie zu einem Zopf zusammengefasst hatte, zurück zu ihren Augen. »Was, wenn derjenige weniger schnell reagiert und Ihr zu Fall kommt, weil ich Euch übereilt meine Hilfe entzogen habe?«

Ihr Lächeln verwandelte sich in ein herzliches Lachen. »Bisher ist es mir noch jeden Tag gelungen, das Haus zu verlassen, ohne dabei Schaden zu nehmen. Vermutlich schaffe ich das auch in Zukunft.«

Noch immer hielten ihn ihre Augen gefangen. Wenn er sie losließe, wäre sie in wenigen Herzschlägen durch die Tür entschwunden. Dabei kannte er nicht einmal ihren Namen. Dennoch schickte es sich nicht, sie länger festzuhalten. Ein wenig zögernd zog er seine Hand zurück und trat einen Schritt zur Seite, um den Weg freizugeben. Gleichzeitig machte sie einen Schritt in dieselbe Richtung, um ihm auszuweichen, sodass sie einander erneut gegenüberstanden.

»Wir sollten uns vielleicht absprechen«, lachte sie. »Ich nach links und Ihr auf die entgegengesetzte Seite?«

»Vorher würde ich Euch gerne noch etwas fragen.« Als sie nickte, fuhr er fort: »Werde ich Euch wiedersehen?«

»Seid Ihr immer derart unverblümt?«

»Würdet Ihr mir denn glauben, wenn ich sage, dass dem nicht so ist?« Während der vergangenen Jahre hatte er nur selten die Nähe einer Frau gesucht. Dass ihn nun ausgerechnet eine vollkommen Fremde derart faszinierte, erstaunte ihn.

Sie setzte zu einer Erwiderung an, als Hamishs Stimme ihr das Wort abschnitt. »Kommt endlich, MacDougal!«

Gerne hätte Eòran noch länger verweilt, doch Hamish ließ ihm keine Zeit. Der Clanskrieger verschwand bereits durch einen Durchgang aus seinem Blick.

»Verzeiht, ich muss gehen.« Er verneigte sich rasch. »Ich hoffe dennoch, wir sehen uns bald wieder.«

Laut hallten seine Schritte von den Wänden wider, als er Hamish durch die Halle zu einem Treppenhaus folgte. Als er sich, ehe er es betrat, noch einmal umwandte, war die junge Frau verschwunden.

Hamish führte ihn eine schmale Wendeltreppe hinauf in einen weiteren Gang. An dessen Ende blieb er vor einer Tür mit eisernen Beschlägen stehen. »Wartet dort drinnen.« Er stieß einen der beiden Türflügel auf, um Eòran einzulassen, dann drehte er sich um und ging davon.

Eòran hielt auf der Schwelle inne und blickte in die Große Halle. Ein karger Steinraum, zugig und so düster, dass er das Deckengebälk im Halbdunkel kaum ausmachen konnte. Durch die schmalen Fensteröffnungen auf der gegenüberliegenden Seite zwängte sich nur wenig Licht herein, gerade genug, um ihn erkennen zu lassen, dass er allein war. Hufeisenförmig angeordnete Tische aus schartigem Eichenholz nahmen den meisten Platz ein, die Längsseiten von klobigen Bänken flankiert. Lediglich an der Stirnseite, an der vermutlich der Chief mit seiner Gemahlin und den Ehrengästen zu sitzen pflegte, gab es hohe Lehnstühle. Hinter dem Sessel des Chiefs hingen zwei gekreuzte Schwerter an der Wand. Prachtvolle Stücke mit reich verzierten Griffen. Kohlebecken standen an den schmucklosen Wänden, doch die Glut darin war ebenso erloschen wie das Licht der Fackeln, die in regelmäßigen Abständen in Wandhalterungen angebracht waren. Die kalte Öffnung eines Kamins gähnte in der Wand gegenüber dem Platz des Chiefs.

Eòran hatte sich in Burgen noch nie wohlgefühlt. Als man

ihn vergangenen Sommer zum Zweiten Hauptmann befördert hatte, wäre es sein Recht gewesen, ein Quartier innerhalb des Haupthauses von Dunstaffnage zu beziehen. Er hatte es jedoch vorgezogen, auch weiterhin in den Truppenunterkünften zu bleiben. Mochte er schon die Mauern von Dunstaffnage nicht, so war seine Abneigung hier ungleich größer. So stark, dass er sich beinahe körperlich von diesem Gemäuer abgestoßen fühlte. Ein Gefühl, das nicht einmal der Gedanke an die Begegnung mit der jungen Frau mildern konnte.

Schließlich trat er dennoch über die Schwelle in den Raum. Eòrans Schritte knirschten vernehmlich auf dem kahlen Steinboden, als er die Tische umrundete. Seine Unruhe trieb ihn zu einer der Fensteröffnungen. Unter ihm erstreckte sich ein kleiner Garten. Ein schmales Quadrat saftig grünen Rasens, auf beiden Seiten begrenzt von blühenden Rosenbeeten. Zwei junge Frauen saßen im Gras. Die eine – eine atemberaubende Schönheit mit hochgesteckten, goldenen Locken – hatte damenhaft ihre Röcke um sich herumdrapiert. Sie hielt eine einzelne Rose in der Hand, drehte sie langsam zwischen den Fingern und zupfte vorsichtig an den Blättern, ohne sie auszureißen. Ihre Haut war hell, beinahe durchschimmernd, was sie umso zerbrechlicher wirken ließ. Trotz ihrer Schönheit war es die andere, die Eòrans Augenmerk auf sich zog.

Er hatte kaum zu hoffen gewagt, sie so bald wiederzusehen. Sie hatte die Beine angezogen und die Arme um die Knie geschlungen. Lächelnd blickte sie in den Himmel. Waren es zuvor ihre Augen gewesen, die ihn angezogen hatten, so war es jetzt die Zufriedenheit in ihren Zügen. Eine Zufriedenheit, nach der er selbst seit langem erfolglos suchte. Daran hatte sich auch in Dunstaffnage nichts geändert. Er hatte eine Familie, Freunde und einen angesehen Posten – alles, was ein Mann sich nur wünschen konnte –, und doch war da das Gefühl in ihm, nicht vollständig zu sein. Nur eine Kleinigkeit, aber dennoch ein wesentlicher Punkt, der ihn ausmachte: seine Herkunft.

Seit Duncan ihm und Kyle offenbart hatte, unter welchen Umständen sie nach Clachan Mòr gekommen waren, fragte sich Eòran, was damals geschehen war. Wie kam es, dass zwei Kinder allein in den Highlands umherirrten? Wer waren seine Eltern? Woher kam er?

Immer wieder hatte er sich einzureden versucht, dass es nicht wichtig sei. Duncan und Iona waren seine Familie – und natürlich Kyle. Dennoch ließ ihn die Ungewissheit nicht zur Ruhe kommen. Es gab nichts, was ihm einen Hinweis auf seine Vergangenheit gegeben hätte. Keine Erinnerungen, nur die Narbe an seinem Hals. Diese Frau anzusehen, die so sehr mit sich und der Welt im Einklang zu sein schien, erweckte eine tiefe Sehnsucht in ihm.

»Gefällt Euch, was Ihr in meinem Garten seht?«

Eòran wandte sich um. Er war so sehr in Gedanken gewesen, dass er den Mann nicht bemerkt hatte, der hinter ihm eingetreten war. Trotz des Halbdunkels, das jetzt, da er den Blick vom sonnigen Garten erneut in die Halle richtete, umso ausgeprägter zu sein schien, war Aonghas MacRae deutlich zu erkennen. Der Chief war ein hochgewachsener, dunkelhaariger Mann, der die vierzig Sommer bereits überschritten hatte. Etwas an ihm erschien Eòran seltsam vertraut. Als sei er ihm schon einmal begegnet. Vermutlich bei einem der Clanstreffen, zu denen er Chief John regelmäßig begleitete.

»Ich bin nicht gekommen, um die Aussicht zu genießen«, erwiderte er, »sondern um mit Euch zu sprechen.«

Der Chief kam näher. Erst jetzt sah Eòran die feinen silbernen Fäden, die sein Haar durchzogen. Winzige Fältchen umgaben seine dunklen Augen wie feine Linien, doch sein Blick war wachsam. Er ging an Eòran vorbei und setzte sich auf seinen Stuhl am Kopfende der Tafel. »Ich nehme an, es geht um den Gefangenen.«

Eòran trat in die Mitte der Halle. Lediglich der massive Tisch trennte ihn jetzt noch vom Oberhaupt der MacRaes. Der Chief betrachtete Eòran eingehend. »Wie sagtet Ihr, ist Euer Name?«

»Eòran MacDougal, Herr.«

Der Blick des Chiefs ruhte auf Eòrans Augen. »Sind wir uns schon einmal begegnet?«

»Möglicherweise auf einem Clanstreffen, zu dem ich meinen Chief begleitet habe«, entgegnete Eòran. »Herr, einer Eurer Gefangenen ist mein Bruder. Sein Name ist Kyle. Ich möchte Euch bitten, ihn gehen zu lassen.«

»Darum habt Ihr mich nun gebeten. Dann gibt es wohl nichts weiter zu besprechen.«

»Werdet Ihr –«

»Es tun?« Aonghas schüttelte den Kopf. »Nein.«

»Ich weiß, was ihm vorgeworfen wird«, sagte Eòran. »Ich bitte Euch dennoch um Nachsicht. Ich versichere Euch, dass er es nicht noch einmal tun wird.«

»Das wird er ganz bestimmt nicht.«

»Verschont ihn! Er ist noch so jung!«

»Alt genug, um mein Eigentum zu stehlen.« Der Chief erhob sich. »Einer meiner Krieger wird Euch hinausgeleiten.« Er wandte sich ab und wollte zur Tür.

Eòran war nicht bereit, aufzugeben. »MacRae! Hört mich an!« Tatsächlich hielt MacRae inne. »Kyle ist ein junger Heißsporn. Lasst ihn nicht für seine Jugend und Unerfahrenheit bezahlen!«

Der Chief drehte sich zu Eòran herum. »Benutzt seine Jugend nicht als Entschuldigung für seine Taten!«

»Wie wäre es dann mit Hunger oder dem Wunsch, den Menschen, die er liebt, aus ihrer Not zu helfen? Könnt Ihr Euch dem wirklich verschließen?«

»Er ist ein Verbrecher, und sobald ich weiß, wo er mein Vieh versteckt hat, wird er baumeln!«

Eòran ballte die Hände zu Fäusten. Noch immer suchte er nach Worten, die MacRae überzeugen konnten. Er schluckte seinen Stolz hinunter. »Wenn Ihr es wünscht, werde ich mich vor Euch in den Staub werfen und Euch um Kyles Leben anflehen.«

MacRae betrachtete ihn ungerührt. »Was hätte ich davon? Nennt mir nur einen vernünftigen Grund, warum ich einen Verbrecher verschonen sollte!« Er schwieg einen Moment, dann schüttelte er den Kopf. »Ihr sagtet selbst, Euer Bruder sei ein Heißsporn. Das macht ihn unberechenbar und gefährlich. Er muss hängen!«

Eòran presste die Lippen aufeinander. »Ihr habt mein Wort, dass er nie wieder in die Nähe Eures Eigentums kommen wird!«, versuchte er es erneut. »Dafür werde ich sorgen!«

»Dafür sorge ich lieber selbst.«

3

Sobald er allein war, ließ Aonghas sich wieder in seinem Stuhl nieder. Nachdenklich blickte er auf die Tür, durch die der junge MacDougal die Halle einen Atemzug zuvor verlassen hatte. Etwas an diesem Mann war ihm seltsam vertraut erschienen. Etwas, was ihn die ganze Zeit über gezwungen hatte, ihn anzusehen. Ihm blieb keine Zeit, darüber zu sinnieren, denn nur einen Moment später wurde die Tür erneut geöffnet und Cormac erschien auf der Schwelle. Im spärlichen Licht wirkte sein schmächtiger Freund noch betagter als sonst. Manchmal erschreckte ihn Cormacs Anblick. Obwohl er nicht älter war als Aonghas selbst, war er doch weit vor seiner Zeit gealtert. Seine einst imposante Erscheinung war im Laufe der Jahre immer rascher dahingeschwunden. Dürr war er geworden, das ergraute Haar nur noch von wenigen dunklen Strähnen durchzogen. Doch auch wenn seine gebeugte Gestalt und die faltigen Züge die eines weit älteren Mannes sein mochten, änderte das nichts an seinem wachen Verstand. Eine Intelligenz, die auch aus seinen Augen sprach, die keineswegs von der Müdigkeit der Jahre getrübt waren. Cormac war der wichtigste Mensch in Aonghas' Leben – bedeutender noch als Owen, den er ebenfalls zu seinen engsten Freunden zählte. Doch während Owen eher ein Mann fürs Grobe war, hatte er in Cormac einen klugen Ratgeber gefunden, der stets auf alles eine Antwort parat zu haben schien.

Cormac blieb in der Tür stehen. Sein Blick folgte dem jungen MacDougal, ehe er sich Aonghas zuwandte. »Was wollte der?«

»Er war hier, um die Freilassung seines Bruders zu erbitten.«

»Der Viehdieb?«

Aonghas nickte, nicht imstande, etwas anderes zu sagen. Noch immer versuchte er zu verstehen, was ihn am Anblick dieses Mannes derart beunruhigte. Zunächst fand er nichts Ungewöhnliches an MacDougals Auftreten. Dann jedoch traf ihn die Erkenntnis wie ein Blitzschlag. Konnte es sein, dass …? War der Tag gekommen, vor dem er sich immer gefürchtet hatte? All die Jahre hatte er in dem Glauben gelebt, es sei ihm gelungen, seine Ankunft für immer zu verhindern.

Nach dem Tod seines Bruders und seiner Brut hatte er alles getan, damit der Clan keinen Hunger mehr leiden musste. Er hatte das Versprechen erfüllt, das er sich damals selbst gegeben hatte. Denn obwohl das Land der MacRaes nicht zu den fruchtbarsten Gebieten in den Highlands zählte, hatte er sicherstellen können, dass es seinen Leuten an nichts mangelte. Er hatte Bündnisse geschlossen, indem er Williams hervorragend ausgebildete und ausgerüstete Krieger zum Schutz der anderen Clans einsetzte. Im Gegenzug schworen ihm jene, die seine Hilfe in Anspruch nahmen, Gefolgschaft und zahlten ihm Abgaben in Form von Vorräten und Vieh. Um die Zukunft des Clans dauerhaft zu sichern, war er sogar bereit gewesen, sich auf eine Ehe einzulassen. Letzten Sommer hatte er Sheona, eine von Iomaér MacKenzies Töchtern, zum Weib genommen. Eine Verbindung, die ihn schon bald für immer ans Ziel seiner Wünsche bringen würde, denn endlich war sie guter Hoffnung. In einem halben Jahr würde sie seinen Erben zur Welt bringen. Sheona war ein gutes, pflichtbewusstes Weib. Doch neben der Erinnerung an Marjorie verblasste selbst ihre Schönheit.

Die schreckliche Ironie, dass erst ihr Tod Williams Tyrannei ein Ende gesetzt hatte, begleitete ihn jeden Tag. Heute ging es den MacRaes besser denn je. Niemand hatte je die Umstände, die zu Williams Tod geführt hatten, in Frage gestellt oder etwas über den Verbleib seiner Söhne wissen wollen. Die Gewissheit, dass es ihnen künftig besser gehen würde, hatte ihnen genügt. Gemeinsam mit Cormac und Owen hatte Aonghas aus dem Clan das gemacht, was er heute war: eine der wohlhabendsten und einflussreichsten Sippen Schottlands. Das würde er sich von niemandem mehr zerstören lassen.

Er sah abrupt auf. »Wir müssen uns auf Schwierigkeiten einstellen.«

Cormac furchte die Stirn. »Wegen eines Viehdiebs und seines Bruders?«

»Hast du seine Augen gesehen?«

Cormac schüttelte den Kopf.

»Er hat *ihre* Augen.«

»Was? Aonghas ...« Cormac kam näher. Erst unmittelbar vor dem Tisch blieb er stehen. Beinahe an derselben Stelle, an der zuvor Eòran MacDougal gestanden hatte. Wieder schüttelte sein Freund den Kopf. »Das ist nicht möglich. Sie sind tot. Alle beide.«

Aonghas war sich dessen inzwischen nicht mehr so sicher. »Ruf Owen. Er wird uns sagen können, ob es möglich ist oder nicht.«

4

Als Eòran auf den Burghof trat, kniff er geblendet die Augen zusammen. MacRae mochte ihn fortgeschickt haben, aufgeben würde er deshalb noch lange nicht. Er ballte die Hände zu Fäusten. *Ich werde einen Weg finden, dich zu befreien, Kyle.* Einer der Clansmen eilte an ihm vorbei. »Ist die Kutsche für die Herrin bereit?«, rief er einem anderen zu. Von einem Impuls getrieben, den er sich selbst nicht erklären konnte, drehte sich Eòran nach dem Mann um. Als er sich einen Augenblick später wieder nach vorne wandte, wäre er um ein Haar mit einem bärtigen, blonden Hünen zusammengestoßen. Im letzten Moment machte Eòran einen raschen Schritt zur Seite.

»Entschuldige, ich –« Die moosgrünen Augen des Blonden trafen auf Eòran und weiteten sich für einen Moment vor Verblüffung. »Habe ich dich hier schon einmal gesehen?«

Ähnliche Worte, wie er sie zuvor von Aonghas MacRae zu hören bekommen hatte. »Das scheint hier eine gängige Frage zu sein, um einen Fremden zu begrüßen«, knurrte Eòran unwirsch und wollte weiter.

Der Hüne vertrat ihm den Weg. Er starrte Eòran noch immer an, als wäre er der Leibhaftige selbst. Jetzt jedoch wanderte sein Blick weiter, heftete sich für einen Moment auf die feine Narbe an Eòrans Hals, ehe er zu seinen Augen zurückkehrte. Dann zischte er plötzlich: »Verlass Dun Cunnartach und komm nie wieder hierher zurück!«

Eòran zog eine Augenbraue hoch. »Soll das eine Drohung sein?«

Der große Mann schüttelte den Kopf. »Nur ein gut gemeinter Rat. Andernfalls wird er dich töten.« Ohne eine weitere Erklärung machte er kehrt und verschwand im Haupthaus.

Kopfschüttelnd ging Eòran zur Mauer, wo sein Pferd auf ihn wartete. Alles in ihm sträubte sich dagegen, Kyle hier zurückzulassen. Bevor er gegangen war, hatte er MacRae gebeten, ihm zumindest zu gestatten, Kyle zu sehen, doch der Chief hatte ihm sogar das verweigert. »Geht jetzt!«, hatte er gesagt und ihm den Weg zur Tür gewiesen. »Ihr habt nichts Unrechtes getan, Eòran MacDougal. Sorgt dafür, dass das so bleibt. Ich will nicht eines Tages bereuen müssen, dass ich Euch jetzt ziehen lasse.«

Unter Hamishs mürrischem Blick erreichte Eòran sein Pferd. Schweigend legte er seinen Schwertgürtel um und verstaute das Sgian Dubh wieder in seinem Ärmel. Dann griff er nach dem Zügel, schwang sich in den Sattel und lenkte das Tier durch das Burgtor hinaus. MacRae hatte ihn nicht zum letzten Mal gesehen!

5

Mit festen Schritten stieg Owen die Stufen hinauf und betrat das Haupthaus. Sobald er in die Schatten der Eingangshalle eintauchte, blieb er stehen. Er fühlte sich, als hätte ihm jemand einen Hieb versetzt. Im ersten Moment hatte er geglaubt, einem Geist gegenüberzustehen. Doch was er gesehen hatte, war wirklich. Es waren nicht nur Williams kantige Züge und Marjories graue Augen, die ihn davon überzeugt hatten. Auch alles andere passte. Er war im richtigen Alter und ... *Was hat der Junge hier zu suchen?* Wusste er denn nicht, wie gefährlich Dun Cunnartach für ihn war? Wenn Aonghas ihn sah ...! In den Schrecken, den die Begegnung in ihm hervorgerufen hatte, mischte sich Erleichterung. Endlich hatte die Frage, die ihn all die Jahre umgetrieben hatte, eine Antwort gefunden. Die Jungen – zumindest einer von ihnen – waren am Leben. Die Gewissensqualen, die Owen seither Tag für Tag durchlitt, hatte er stets als gerechte Strafe für das, was er den Kindern angetan hatte, hingenommen.

In jener Nacht, in der Owen sich auf Aonghas' Geheiß hin um die Kinder gekümmert hatte, war er zu einem Monster geworden, das schon lange nicht mehr in den Spiegel schauen konnte.

Er hatte das Haupthaus nur betreten, um dem Anblick des Jungen – *Er ist längst ein Mann* – zu entkommen. Aber womöglich hatte ihn auch etwas anderes ins Haus geführt. Vielleicht war es an der Zeit, endlich mit diesem Leben abzuschließen, das er so sehr verabscheute. Er würde jetzt zu Aonghas gehen und ihm sagen, dass er Dun Cunnartach verlassen wollte. Für immer. Entschlossen durchquerte er die Halle. Als er die Wendeltreppe erreichte, kam ihm Cormac entgegen.

»Gut, dass du da bist«, begrüßte er Owen. »Aonghas braucht dich! Komm mit!«

Owen folgte Cormac, ohne Fragen zu stellen, nach oben. Es war jedoch nicht Aonghas' Aufforderung, die ihn zu seinem Chief trieb, sondern einzig und allein der Wunsch, all das ein für alle Mal hinter sich zu lassen.

Sobald sie die Große Halle betraten, richtete Aonghas sich kerzengerade in seinem Stuhl auf. Eine Haltung, mit der er Owen über die Jahre hinweg stets beeindruckt hatte. Heute jedoch sah Owen in seinem Freund nicht den Ehrfurcht gebietenden, allseits beliebten Chief, sondern einen Mann, der – wie Cormac und er selbst – im Laufe der Jahre zu weit gegangen war.

Im Herzen der hufeisenförmigen Tafel blieben Owen und Cormac stehen.

»Bei mir war gerade ein junger Mann«, eröffnete Aonghas. Owen stockte der Atem. Aonghas hatte den Jungen gesehen! Sein Leben war verwirkt! Aonghas' nächste Worte beruhigten Owen wieder ein wenig: »Sein Name ist Eòran MacDougal. Er war hier, um um das Leben seines Bruders – des Viehdiebs – zu bitten.«

Der Junge hatte einen Zweig am Plaid getragen. Krampfhaft versuchte Owen sich zu erinnern, ob es das weiß blühende Glockenheidekraut der MacDougals gewesen war. Doch sosehr er sich auch bemühte, er vermochte nicht, sich den Zweig ins Gedächtnis zu rufen. Der größte Teil seiner Aufmerksamkeit hatte dem Gesicht des Jungen gegolten. Warum war er so verrückt, ausgerechnet hierherzukommen? Wusste er am Ende nicht …? *Jemand muss ihn warnen!* »Ich nehme an, du hast ihn fortgeschickt.«

»Natürlich.« Aonghas erhob sich und umrundete den Tisch. Vor Owen blieb er stehen und heftete den Blick auf ihn. »Aber darum geht es nicht. Er hat mich an jemanden erinnert.«

Owen unterdrückte einen Fluch. »Aonghas …«

Der Chief hob den Kopf und richtete den Blick auf Owen. »Du hast die Kinder nicht getötet, nicht wahr?«

Sein erster Impuls war es, zu widersprechen. *Sei ein Mann! Steh zu dem, was du getan hast!* »Nein«, sagte er fest. »Ich habe es versucht, doch ich konnte es nicht.«

Er sah den Schlag erst kommen, als es bereits zu spät war. Aonghas' Faust krachte gegen sein Kinn und schickte ihn zu Boden. Sofort war Aonghas über ihm, beugte sich herab und packte ihn beim Plaid. Owen dachte schon, er würde ihn erneut schlagen, stattdessen riss er ihn auf die Beine. Aonghas hielt ihn noch immer gepackt. Seine wutverzerrten Züge waren ganz nah. »Wenn du nicht mein Freund wärst, würde ich dich jetzt …« Mit einem Ruck gab er Owen frei, sodass er einen Schritt zurücktaumelte. Sein Kiefer schmerzte und er schmeckte Blut, dennoch hob er nicht die Hand, um danach zu tasten. Seine Augen hingen unverändert auf Aonghas. »Ich vergebe dir«, sagte Aonghas unvermittelt und warf ihm ein Tuch zu. Owen fing es auf und wischte sich das Blut aus dem Mundwinkel. Aonghas' Verhalten überraschte ihn. Jener Aonghas, der ihm verzieh, war der, den er schon sein ganzes Leben lang kannte und zu dem er stets wie zu einem großen Bruder aufgesehen hatte. Doch es gab noch einen anderen, dunkleren Aonghas. Jenen Mann, dessen einziges Bestreben es war, seinen Clan vor erneuter Armut zu bewahren.

Nach Williams Tod hatte es mit Aonghas endlich einen Chief gegeben, der es vermocht hatte, den Menschen Hoffnung zu geben. Im Laufe der Zeit war es ihm gelungen, den Wohlstand zurückzuerlangen. Doch selbst jetzt, da der Clan zu den reichsten und mächtigsten des Landes zählte, war ihm das noch nicht genug. Nicht, solange es noch jemanden gab, der mehr hatte. Aonghas' Streben nach Wohlstand war zu einer Besessenheit geworden, über der er längst jedes Maß verloren hatte.

Anfangs, als die MacRaes noch mittellos waren, hatte Aonghas hart mit anderen Clans verhandeln müssen, um Vorräte und Vieh zu bekommen. Durch sein geschicktes Vorgehen kamen Ackerbau und Viehzucht in Schwung. Bald war keine Hungersnot mehr zu befürchten. Doch das Wissen genügte ihm nicht. Als ein kleinerer Clan ihm nach einem harten Winter Saatgut verweigerte, sandte er Owen mit einigen Kriegern aus, um es sich gewaltsam zu holen. Die Mac Raes hätten es auch so geschafft. Sie hätten nicht im Überfluss gelebt, doch es wäre auch niemand verhungert. So jedoch hatte es in jenem anderen Clan einige Tote gegeben, woraufhin deren Chief einen Trupp Krieger gen Dun Cunnartach gesandt hatte, um Wiedergutmachung zu verlangen. Aonghas ließ den Trupp auslöschen und schickte erneut Owen mit seinen Kriegern aus. Sie töteten den Chief und alle, die nicht bereit waren, sich Aonghas zu unterwerfen.

Es war das erste Mal gewesen, dass Aonghas auf diese Weise Land und Vieh gewonnen hatte. Nach diesem offenen Gewaltausbruch, den er vor anderen Chiefs durch einen kriegerischen Akt gegen die MacRaes begründete, ging er jedoch künftig geschickter vor.

Wenn er etwas wollte, von dem er wusste, dass man es ihm nicht freiwillig geben würde, sandte er Owen und seine Krieger aus. Wann immer sie zuschlugen, sorgten sie dafür, dass niemand erkennen konnte, welchem Clan sie angehörten. Ebenso achteten sie darauf, nicht verfolgt zu werden. Niemals nahmen sie dabei, was Aonghas haben wollte. Owens Aufgabe bestand darin, die umliegenden Clans in Angst und Schrecken zu versetzen, sodass sie sich Hilfe suchend an Aonghas wandten, von dem sie wussten, dass er über viele Krieger verfügte. Dieser ließ sich den vermeintlichen Schutz teuer bezahlen. Gefolgschaft, Abgaben in Form von Land, Vieh oder Teilen der Ernte.

Bald sprachen alle von einer Horde clanloser Räuber, die die Highlands unsicher machte – ein Gerücht, das ebenfalls von Aonghas in die Welt gesetzt worden war. Von Zeit zu Zeit präsentierten Aonghas' Clanskrieger die Leichen harmloser Strauchdiebe und gaben sie als Mitglieder jener Räuberbande aus, die sie zur Strecke gebracht hatten. Auf diese Weise behielten die übrigen Chiefs im Gedächtnis, dass sie Aonghas' Schutz auch weiterhin bedurften. Hin und wieder, wenn jemand laut darüber nachdachte, nicht zu bezahlen, befahl er Owen, mit seinen Männern ein Gehöft zu überfallen und niederzubrennen. Dieses Vorgehen wirkte immer.

Owen verachtete sich selbst für das, was er im Namen seines Chiefs tat. Er verabscheute, was aus ihm geworden war, so sehr, dass er sogar versucht hatte, Aonghas' Treiben zu entlarven. Er hatte jedoch schnell begriffen, dass ihm niemand Glauben schenken würde. Aonghas setzte seinen Einfluss so geschickt ein, dass ihm die anderen Chiefs mittlerweile blind vertrauten.

Aonghas war neben dem Fenster stehen geblieben und blickte hinaus. »Ich habe den Gefangenen noch nicht gesehen, aber ich nehme an, dass auch er gewisse Ähnlichkeit mit meinem Bruder oder Marjorie hat.«

»Sollen wir ihn sofort hängen lassen?«, fragte Cormac.

Aonghas schüttelte den Kopf. »Erst muss James oder Eòran, wie er sich jetzt nennt, sterben.« Er wandte sich vom Fenster ab und sah Owen an. »Darum wirst du dich kümmern.« Ein grimmiges Lächeln glitt über seine Züge. »Es ist leichter, einen Mann zu töten als ein Kind. Sein Bruder bleibt im Kerker, bis wir ihn haben. Womöglich kann er uns noch als Köder nützlich sein.«

Owen erwiderte nichts. Aonghas großmütiges Verzeihen

hatte seinen Entschluss, Dun Cunnartach zu verlassen, für einen Moment ins Wanken gebracht. Der Chief und Cormac waren zugleich seine Freunde und seine Familie. Sie zu verlassen, bedeutete, alles zu verlieren. Der Gedanke jedoch, weiterhin für Aonghas die Drecksarbeit zu erledigen, stieß ihn ab. Wie oft hatte er gehofft, Aonghas würde sich ändern! Er war längst mächtig genug, dass ihm die Chiefs auch ohne die vermeintliche Gefahr, die ihnen vonseiten der Räuber drohte, folgen würden. *Warum genügt ihm das nicht?*

Owen würde sich weder auf die Suche nach James machen noch ihn töten. Stattdessen dachte er daran, nach Einbruch der Dunkelheit zum Kerker zu schleichen und Robert zu befreien. Danach würde er Dun Cunnartach für immer den Rücken kehren.

»Es gibt noch eine wichtige Frage.« Cormac verschränkte die Arme vor der schmalen Brust und sah Aonghas an. »Ändert sich durch das Erscheinen des Jungen etwas an unseren Plänen bezüglich der MacKenzies?«

Wieder schüttelte Aonghas den Kopf. »Ich will Iomaérs Land!«

Sogar mit Iomaér MacKenzie, seinem eigenen Schwiegervater, spielte er ein falsches Spiel. Iomaér war zu mächtig, als dass er auf Aonghas' Schutz angewiesen wäre. Mit Räubern würde er selbst kurzen Prozess machen. Manchmal erstaunte es Owen, dass sich Iomaér noch nicht in die Vorgänge eingemischt hatte. Vermutlich war er zu der Überzeugung gelangt, Aonghas hätte alles unter Kontrolle. Womöglich wusste er auch gar nicht, was in den nördlichen Highlands vor sich ging, denn seine eigenen Ländereien lagen im Südwesten. Mit den nördlichen Clans, die Aonghas' »Schutz« unterstanden, hatte er nur wenig oder keinen Kontakt.

Aonghas hatte alles von Anfang an geschickt eingefädelt. Durch seine Ehe mit MacKenzies Tochter hatte er sich mit einem Clan verbunden, der noch mächtiger und reicher war als die MacRaes. Aonghas wollte, was sie hatten. Um es zu bekommen, musste er jedoch sehr umsichtig vorgehen. Sheona zu heiraten war der erste Schritt.

Die junge Frau tat Owen leid, denn während sie ihren Gemahl aufrichtig zu lieben schien, war sie für ihn nicht mehr als ein Werkzeug. Solange sie seinen Erben im Leib trug, war sie in Sicherheit. Owen bezweifelte jedoch, dass Aonghas noch Interesse an ihr haben würde, wenn das Kind erst einmal geboren war.

»Ich bin nun lange genug mit Sheona verheiratet«, fuhr Aonghas fort. »Es ist an der Zeit, den Plan weiter voranzutreiben.«

Der Plan. Owen hasste dieses Wort. Nach seiner Vermählung hatte Aonghas längere Zeit nicht mehr darüber gesprochen, sodass Owen gehofft hatte, er sei inzwischen von seinem Vorhaben abgekommen. Doch sichtlich hatte er sich nur in Geduld geübt, ehe er sich an den nächsten Schritt wagen wollte.

Aonghas' Plan sah vor, Blane und Gabhan, Iomaérs männliche Erben, zu beseitigen, bis Sheona als älteste Tochter die Nächste in der Erbfolge wäre. *Und damit Aonghas.* Ob er Iomaér dann ebenfalls töten oder warten würde, bis er eines natürlichen Todes starb, hatte Aonghas noch nicht entschieden.

»Blane?«, fragte Cormac.

Aonghas nickte. »Es ist unauffälliger, zuerst den Jüngeren zu beseitigen.«

Ein Geräusch an der Tür – ein unterdrücktes Keuchen? – ließ alle drei zugleich herumfahren. Owen war der Tür am nächsten. Das Erste, was er sah, war, dass er sie bei seinem Eintreten nicht richtig geschlossen hatte. Fluchend schoss Aonghas an ihm vorbei, riss die Tür auf und blickte auf den

Gang hinaus. Owen, der Aonghas gefolgt war, glaubte Schritte im Treppenhaus zu vernehmen, die sich hastig entfernten. Womöglich war es auch ein Echo von Cormacs Bewegung, als dieser nun ebenfalls die Tür erreichte.

Während Owen noch den Gang entlangblickte, bückte sich Aonghas nach etwas. Als er sich wieder aufrichtete, hielt er ein grünes Haarband in Händen. »Cinhaé.«

Owens Herzschlag setzte für einen Moment aus. O *mein Gott, nicht sie!*

Aonghas bedeutete Owen und Cormac, in die Halle zurückzukehren. Ehe er ihnen folgte, schloss er – dieses Mal sorgfältig – die Tür hinter sich. Nachdenklich betrachtete er das Haarband seiner Schwägerin, zog es immer wieder zwischen seinen Fingern hin und her, bis er plötzlich die Faust darum ballte und aufsah. Sein eisiger Blick richtete sich geradewegs auf Owen. »Du wirst die Burg noch in dieser Stunde verlassen. Allein. Ich will kein Aufsehen. Versteck dich draußen und warte auf die Kutsche. Meine Frau und Cinhaé werden darin sein. Folge ihnen unbemerkt. Sobald sie zwei Tagesreisen von Dun Cunnartach entfernt sind, schlägst du zu. Meiner Frau und meinem Ungeborenen darf dabei nichts geschehen. Und was Cinhaé angeht: Es muss wie ein Unfall aussehen!«

6

Als Eòran sein Pferd im Lager zügelte, empfingen ihn die Männer mit erwartungsvollen Mienen. »Was ist passiert?«, rief Murray, kaum dass Eòran sie erreichte. Der blonde Mann packte das Pferd am Halfter und hielt es fest. »Hast du etwas erreicht?«

»Sieh dir sein Gesicht an, Murray! Sieht er etwa aus, als hätte er etwas erreicht?« Finn drängte sich an ihm vorbei. Sein Blick richtete sich auf Eòran. »Wie schlimm ist es?«

Eòran glitt aus dem Sattel. Nachdenklich senkte sich sein Blick auf die Waffen der Männer, die in der Nähe der Feuerstelle lagen. »Er hat nicht mit sich reden lassen.« Er ballte die Hände zu Fäusten. »Selbst ihn zu sehen, verweigerte er mir.« In wenigen Worten gab er seine Unterredung mit Aonghas MacRae wieder. Während er sprach, war es, als erlebte er alles noch einmal. Die Kälte in der Großen Halle, MacRaes Unnachgiebigkeit, die seltsame Begegnung mit dem blonden Hünen. *Verlass Dun Cunnartach und komm nie wieder hierher zurück! Andernfalls wird er dich töten.* Eòran spürte Zorn in sich aufsteigen. Was glaubte dieser Kerl? Dass ihn ein paar Drohungen davon abhalten würden, alles daran zu setzen, Kyle zu retten?

Während er noch darüber nachdachte, was er nun tun sollte, kam ihm etwas in den Sinn. Etwas, das er in Dun Cunnartach nicht bewusst wahrgenommen hatte. »Die Kutsche!« Er spürte die verständnislosen Blicke der Männer auf sich ruhen. »MacRae wollte von mir einen Grund, Kyle nicht zu hängen. Den soll er bekommen!«

Finn kniff die Augen zusammen. »Was hast du vor?«

»Wenn ihm das Leben seiner Frau etwas bedeutet, wird er Kyle freilassen.«

7

Quälend langsam ruckelte die Kutsche voran.

Cinhaé MacKenzie blickte unruhig durch das Fenster auf die atemberaubenden Highlands. Sanft geschwungene Höhenzüge lösten sich mit zerklüfteten Felslandschaften und lang gezogenen Ebenen, bedeckt von rostrotem Heidekraut, ab. Gelb blühender Stechginster wucherte zwischen Farnen und schottischen Pinien, die sich zu einem Wäldchen zusammendrängten. Sie liebte die herbe Schönheit des Landes, doch noch mehr hätte sie es zu schätzen gewusst, nicht in der stickigen Enge der Kutsche gefangen zu sein. Tatsächlich konnte sie sich nicht erinnern, jemals auf derart unbequeme Art und Weise gereist zu sein. *Und niemals zuvor so langsam!*

Seit sie Zeugin des Gesprächs zwischen ihrem Schwager und seinen Handlangern geworden war, schrie alles in ihr danach, zu fliehen. In dem Augenblick, als sie von Aonghas' finsteren Plänen gehört hatte, war ihr ein entsetztes Keuchen entfahren. Ein Laut, durch den die Männer erst auf die angelehnte Tür aufmerksam geworden waren. Sie hatte kehrtgemacht und war den Gang entlang und dann die Treppe nach oben in ihr Gemach geflohen. Lange Zeit war sie hin und her gelaufen, immer darauf gefasst, dass die Tür jeden Moment auffliegen und Aonghas sie holen würde. Als sie dann auch noch bemerkte, dass ihr Haarband fort war, wäre ihr vor Schreck fast das Herz stehen geblieben. Ihre Furcht legte sich erst wieder ein wenig, als eine Magd es ihr brachte. Das Mädchen hatte das Band im Garten gefunden.

Entgegen allen Befürchtungen war Aonghas nicht zu ihr gekommen. Als er später bei der Kutsche erschien, hatte Cinhaé geglaubt, jetzt wäre es um sie geschehen. Doch er hatte sich lediglich von seiner Gemahlin und ihr verabschiedet, ehe er in Cormacs Begleitung ins Haus zurückgekehrt war.

Obwohl Dun Cunnartach inzwischen einige Stunden hinter ihnen lag, verspürte Cinhaé noch immer den Drang, mehr Abstand zwischen sich und die Burg ihres Schwagers zu bringen. Während sie auf die Abreise gewartet hatte, war ihr immer wieder der Gedanke durch den Kopf geschossen, sich ein Pferd aus dem Stall zu nehmen und zu fliehen. Doch was sollte das bringen? Wenn Aonghas wusste, dass sie gelauscht hatte, hätte er die Torwachen angewiesen, sie keinesfalls passieren zu lassen. Abgesehen davon würde sie Sheona nicht bei diesem eiskalten Bastard zurücklassen!

Sheona, die ihr gegenüber auf der Bank saß, musterte sie aufmerksam. Eine blonde Strähne hatte sich aus ihrem sorgsam aufgesteckten Haar gelöst und hing ihr in die Stirn. »Du bist sehr blass. Fühlst du dich nicht wohl?«

»Es geht mir gut«, log Cinhaé. »Es ist nur schrecklich unbequem.«

Die arme Sheona war der Grund, warum sie überhaupt in dieser Kutsche saßen. Sie war lange Zeit krank gewesen, so sehr, dass nicht nur ihr ungeborenes Kind, sondern auch Sheonas Leben in Gefahr gewesen war. Niemand wusste genau, woran sie gelitten hatte, doch ihre Krankheit war mit hohem Fieber und heftigen Erstickungsanfällen einhergegangen. Als Cinhaé davon erfuhr, war sie sofort zu ihrer Schwester gereist, um ihr Beistand zu leisten. Lange Zeit hatte es ausgesehen, als würde sie sich nicht mehr erholen, dann jedoch war das Fieber allmählich gewichen und Sheona hatte begonnen, sich von Tag zu Tag ein wenig besser zu fühlen. Sie war noch immer etwas schwach, doch seit ihre Lebensgeister zurückgekehrt waren, war ihr einziger Wunsch, ihren Vater und ihre Brüder auf Eilean Donan zu besuchen. Ihr Zustand machte es jedoch unmöglich, zu reiten. Um ihr dennoch die Reise zu ermöglichen, hatte Aonghas ihnen die Kutsche zur Verfügung gestellt.

Seit die Kutsche vom Hof gerollt war, hatte Cinhaé ihrer Schwester mehrmals sagen wollen, was sie gehört hatte. Doch jedes Mal hatten ihr die passenden Worte gefehlt. Sheona liebte Aonghas. Der Gedanke, das Wissen um seine Pläne könne womöglich einen Rückfall bei Sheona auslösen, bereitete Cinhaé Kopfzerbrechen. Alles, was sie sagte und tat, konnte Auswirkungen auf Sheonas Gesundheitszustand und den ihres ungeborenen Kindes haben. *Ich sollte einfach den Mund halten. Wenn wir erst in Eilean Donan sind, kann ich Vater alles erzählen. Er wird wissen, was zu tun ist.*

Niemals zuvor hatte Cinhaé sich derart einsam gefühlt. Sie sehnte sich nach der tröstlichen Nähe ihres Vaters und ihrer Brüder. *Alles wird gut*, versuchte sie sich selbst zu beruhigen. *Niemand hat mich bemerkt und bald weiß Vater, was Aonghas plant.*

Erneut wanderte ihr Blick aus dem Fenster. Wenn sie den Kopf ein wenig reckte, konnte sie einen von Aonghas' Clanskriegern erkennen, der neben der Kutsche ritt. Einer von vier Männern, die ihre Reise begleiteten. Mit einem unterdrückten Seufzen lehnte sie sich zurück und starrte auf die Maserung der Rückwand hinter Sheona.

»Ich habe mich noch nicht einmal bei dir bedankt, dass du nach Dun Cunnartach gekommen bist«, sagte Sheona unvermittelt. »Ich weiß doch, wie sehr du Eilean Donan jedes Mal vermisst, wenn du es verlassen musst.«

Cinhaé schüttelte den Kopf. »Wenn ich auf Eilean Donan wäre, würde ich mich ständig fragen, wie es dir geht und ob ich etwas für dich tun könnte.«

Sheona betrachtete sie eingehend. »Ich weiß, dass dir unsere Brüder immer näher waren als ich. Du bist lieber mit ihnen durch die Highlands gestreift, als mit Mutter und mir Handarbeiten zu machen.«

»Dass ich mich nicht für Handarbeiten interessiere, bedeutet doch nicht, dass ich dich deswegen weniger liebe als Blane oder Gabhan«, fiel Cinhaé ihr ins Wort. *Es ist unauffälliger, zuerst den Jüngeren zu beseitigen.* Aonghas' Worte streiften ihren Verstand und ließen sie beinahe erstarren. Sie zwang sich, jeden Gedanken daran von sich zu schieben und sich ganz auf das Gespräch mit Sheona zu konzentrieren. Was hatte sie gerade gesagt? Handarbeiten! Es stimmte, dass sie es für Zeitverschwendung hielt, kostbare Nachmittage mit Handarbeiten zu verbringen, wenn sie stattdessen draußen sein konnte. Cinhaé und Sheona waren schon immer so gegensätzlich gewesen, wie zwei Schwestern nur sein konnten. Während Sheona es liebte, sich nach der neuesten englischen Mode prachtvoll auszustaffieren, gab sich Cinhaé mit einfachen Kleidern zufrieden. Praktisch und bequem mussten sie sein, das genügte ihr.

Sheona lächelte. »Du gerätst ganz nach Tante Sessany. Sie hat sich auch nie für die Dinge interessiert, die einer Frau gut anstehen.«

Geschadet hat es ihr nicht. Tante Sessany hatte einen Mann gefunden, für den sie mehr war als nur die Mutter seiner Kinder. Cinhaé beneidete ihre Tante, die in ihrem Leben etwas hatte, das ihrem Vater – und sichtlich auch Sheona – nicht vergönnt war: eine Ehe, die von gegenseitiger Liebe und Zuneigung geprägt war, statt nur von Pflichtgefühl oder dem Wunsch, Vorteile aus der Verbindung zu ziehen.

Obwohl Cinhaé das jüngste von vier Kindern war, würde auch sie eines Tages heiraten müssen. Seit sie gesehen hatte, wie Sheonas Augen am Tage ihrer Vermählung geleuchtet hatten, wünschte sie sich, einmal einen Mann zu finden, der ein ähnliches Strahlen in ihre Züge zauberte. Unwillkürlich dachte sie an den Zusammenstoß von heute Morgen zurück. Der fremde Clanskrieger war forsch gewesen, ohne dabei aufdringlich zu wirken. Selbst als er den Arm um ihre Taille geschlungen hatte, um ihren Sturz zu verhindern, und diesen Griff länger beibehielt, als es sich schickte, hatte sie sein Verhalten nicht als zudringlich empfunden. Ein Blick in seine grauen Augen hatte ihr das Gefühl gegeben, dass er sie vor allen Gefahren beschützen konnte. Obwohl sie sich redlich bemüht hatte, sich nichts anmerken zu lassen, hatten sein Lächeln und seine Worte sie in ungewohnte Verwirrung gestürzt. Auch wenn sie es sich wünschte, glaubte sie nicht, dass sie ihn wiedersehen würde. Er war in Aonghas' Burg gewesen. Womöglich war er einer seiner Verbündeten. Cinhaé schob den Gedanken an den unbekannten Krieger beiseite. Sie rechnete nicht damit, dass sie den Mann lieben würde, den ihr Vater eines Tages für sie auswählte. Aber sie wünschte sich, dass das Verhältnis zwischen ihr und ihrem zukünftigen Gemahl zumindest dem ihrer Eltern ähneln möge. Ihre Beziehung war zwar nicht von Liebe, dafür aber von gegenseitigem Respekt und Achtung geprägt. Aonghas wollte das alles zerstören! Ihre Familie! Ihre Zukunft!

»Cinhaé?«

Sheonas Stimme ließ sie erschrocken zusammenzucken. »Ja?«

»Bist du sicher, dass es dir gut geht?«, fragte Sheona besorgt. »Bei Gott, ich glaube nicht, dass ich dich je so durcheinander gesehen habe.«

»Das bildest du dir ein.«

»Ach ja?« Sheona verzog das Gesicht. »Bilde ich mir ein, dass du dich immer wieder umdrehst, als hättest du Angst, jemand stünde hinter dir? Entspringt es etwa auch meiner Vorstellungskraft, dass du heute leicht zu erschrecken scheinst? Cinhaé, ich habe Augen im Kopf. Denkst du im Ernst, ich würde nicht sehen, dass etwas nicht stimmt?«

Cinhaé dachte daran, sich in weitere Ausreden zu flüchten, entschied sich dann aber dagegen. Sheona würde es merken. Abgesehen davon hatte sie ein Recht, zu erfahren, was vor sich ging. *Sie ist stärker, als sie nach außen wirken mag. Sie wird damit fertig.* »Nein«, seufzte sie kopfschüttelnd, »du hast recht. Es geht mir nicht gut.« Sie vergrub die Finger im Stoff ihres Rockes. »Sheona, ich habe ein Gespräch mit angehört.

Aonghas spielt dir etwas vor. Für ihn ist eure Ehe nichts weiter als ein Mittel zum Zweck.« Sheona öffnete den Mund, um zu widersprechen, doch Cinhaé ließ sie nicht zu Wort kommen. »Er will Blane und Gabhan töten, damit du die Nächste in der Erbfolge bist. Womöglich wird er Vater eines Tages ebenfalls umbringen! Dann wärst du die Herrin über unseren Clan – und damit er. Wenn es erst so weit ist, braucht er auch dich nicht länger.«

Sheona starrte Cinhaé aus aufgerissenen Augen an. Dann veränderte sich ihre Miene. Ein spöttisches Lächeln erfasste ihre Mundwinkel. »Ich dachte, ich wäre diejenige gewesen, die unter Fieber zu leiden hatte.«

»Sheona, das ist kein Scherz. Ich habe selbst –«

»Hör auf, Cinhaé!«, rief Sheona überraschend heftig. »Ich weiß, wie sehr du dir eine ähnliche Liebe wie die wünschst, die Aonghas und mich verbindet. Glaube mir, ich würde dir von Herzen gönnen, einen ebenso wundervollen Mann zu finden. Aber ich werde nicht zulassen, dass deine Eifersucht mein Glück zerstört!«

Ich hätte wissen müssen, dass sie mir nicht glaubt. Aonghas behandelte Sheona mit ausgesprochener Liebenswürdigkeit und Fürsorge. Während Cinhaé auf Dun Cunnartach gewesen war, hatte sie kein einziges Mal erlebt, dass er sich seiner Gemahlin gegenüber anders präsentiert hätte, als es ein besorgter Ehemann tun würde. Kein Wunder, wenn Sheona keinen Anlass hatte, an seiner Zuneigung zu zweifeln. Dass Cinhaé ihr einmal von ihrem Wunsch, einen liebenden Mann zu finden, erzählt hatte, machte die Sache nicht leichter. Dennoch wollte sie nicht so schnell aufgeben. Sie wollte gerade ein weiteres Mal versuchen, Sheona davon zu überzeugen, dass Aonghas nicht der war, für den sie ihn hielt, als draußen Stimmen laut wurden. Jemand brüllte etwas, das Cinhaé nicht verstand. Dann ging plötzlich ein heftiger Ruck durch die Kutsche, der sie beinahe von ihrem Sitz geworfen hätte. Es gelang ihr gerade noch, sich festzuhalten.

Sheona hatte ihr Gleichgewicht einen Moment früher wiedergefunden. »Ist der Kutscher verrückt geworden!« Die Hand schützend auf ihren noch flachen Leib gelegt, richteten sich ihre Augen auf Cinhaé. »Hast du dich verletzt?«

Cinhaé schüttelte den Kopf, dann reckte sie den Kopf aus dem Fenster, um zu sehen, was den Kutscher zu diesem Manöver veranlasst hatte. Womöglich blockierte ein Fels oder ein umgestürzter Baum die Straße. Ehe sie mehr als einen flüchtigen Blick auf die Umgebung erhaschen konnte, lenkte einer der Clanskrieger sein Pferd neben die Kutsche.

»Schließt die Fenster!«, rief er und zog sein Schwert. Als Cinhaé nicht gleich reagierte, brüllte er: »Sofort!«

Cinhaé packte den Fensterladen, warf ihn zu und legte den Riegel vor, dann machte sie dasselbe auf der anderen Seite. Im Inneren der Karosse wurde es dunkel.

»Großer Gott! Cinhaé, was hat das zu bedeuten?« Sheonas ängstliche Stimme kroch durch die Schatten. »Hast du etwas gesehen? Ein wildes Tier? Ein –«

Dumpfe Rufe von draußen ließen Sheona verstummen. Jemand brüllte etwas. Die Kutsche machte einen Satz nach vorne, als versuchte der Kutscher die Pferde anzutreiben, und blieb so abrupt stehen, dass Cinhaé nun doch vom Sitz geworfen wurde. Ein grauenvolles Stechen schoss durch ihren linken Knöchel, als ihr Bein heftig umknickte. Einen Atemzug später prallte sie mit dem Kopf gegen die Holzbank, dass ihr die Sinne schwanden. Eine Weile war da nichts. Keine Geräusche, keine Gerüche, nur absolute Stille und Finsternis. Dann drang ein Hämmern in ihren Geist. Es dauerte geraume Zeit, ehe sie begriff, dass es sich nicht um Schläge, sondern um Worte handelte, die mit schmerzhafter Intensität auf sie niederprasselten.

»Cinhaé!«, rief Sheona nun zum wiederholten Mal. Die Stimme kam von über ihr. »Um Gottes willen, was ist mit dir? Warum sagst du nichts?«

Stöhnend öffnete Cinhaé die Augen. Dunkelheit. *Die Fensterläden!* Da erst wurde ihr bewusst, dass Sheona nicht sehen konnte, was passiert war. Die Kutsche war jetzt vollständig zum Halten gekommen. »Schon gut«, beschwichtigte sie ihre Schwester, »ich hab mir nur den Kopf gestoßen.« Sie hob die Hand an die Schläfe und zuckte zusammen, als ihre Finger warmes, klebriges Blut ertasteten. Cinhaé wollte aufstehen, doch ihre langen Röcke hatten sich um ihre Beine verheddert und hielten sie gefangen. Sie kämpfte mit dem Stoff, zerrte daran, bis sie etwas reißen hörte. Dann war ihr Bein frei. Als sie erneut versuchte aufzustehen, fuhr ein stechender Schmerz durch ihren Knöchel. Sie sog scharf die Luft ein. »Ich glaube, ich habe mir den Fuß verstaucht.« Fluchend zog sie sich auf die Bank. »Sheona?«, fragte sie in die Dunkelheit. »Bist du verletzt?«

»Mir fehlt nichts«, kam sogleich die erlösende Antwort. »Cinhaé, was geht da draußen vor?«

»Ich weiß es nicht.« Cinhaé wollte ihr sagen, dass es keinen Grund zur Furcht gab, immerhin wurden sie von vier geübten Kriegern beschützt, als weitere Geräusche sie innehalten ließen. Sie legte das Ohr an den Wagenschlag in der Hoffnung, besser hören zu können.

»Cinhaé?«

»Still!«, zischte sie und presste das Ohr fester auf das raue Holz. Noch mehr Stimmen. Aufgeregte Rufe. Cinhaé furchte konzentriert die Stirn und schrak zusammen, als sie glaubte, das Klirren von Schwertern zu hören, das sich mit dem Stampfen von Pferdehufen mischte. Die Geräusche wurden mal lauter, dann wieder leiser, als wogte der Kampf unentschieden hin und her. Sie versuchte aus dem Gewirr von

Stimmen und dem Krachen von Stahl, der auf Stahl prallte, Worte herauszuhören, doch es wollte ihr nicht gelingen. Ihr gegenüber stieß Sheona ein unterdrücktes Schluchzen aus. Cinhaé wollte sie trösten, doch zuerst musste sie wissen, was draußen geschah. Sie tastete über die Kutschentür, bis ihre Finger den kleinen Riegel fanden, der den Fensterladen an seinem Platz hielt. Als sie ihn lösen wollte, entglitt er ihren zitternden Fingern. Sie packte fester zu. Ein kurzer Ruck, dann glitt der kleine Haken nach oben. Cinhaé zog den Fensterladen einen Fingerbreit auf. Blinzelnd starrte sie gegen das Licht, das sich durch den winzigen Spalt in die Kutsche zwängte, und versuchte etwas zu erkennen.

»Um Himmels willen!«, keuchte Sheona entsetzt. »Schließ sofort den Laden!«

»Noch nicht. Erst will ich ...« Sie kniff die Augen zusammen, doch der Ausschnitt, der sich ihr durch den kleinen Spalt bot, war zu winzig. Noch immer war vom vorderen Teil der Kutsche Kampflärm zu hören. Vielleicht konnte sie auf der anderen Seite mehr erkennen. Den Schmerz in ihrem Knöchel ignorierend, rutschte sie über die Sitzbank zum Fenster zu ihrer Linken. Jetzt, da sie den Riegel im Halbdunkel erkennen konnte, fiel es ihr leichter, ihn anzuheben.

»Cinhaé, bitte«, flehte Sheona. »Du bringst uns in Gefahr.«

Als ob wir hinter einem lächerlichen Holzverschlag in Sicherheit wären! Cinhaé schluckte die Worte hinunter. »Nur ein winziger Spalt«, beruhigte sie ihre Schwester stattdessen. »Niemand wird es sehen.«

Sehr vorsichtig zog sie den Fensterladen ein kleines Stück zu sich heran und erstarrte mitten in der Bewegung, als sie den Schatten unmittelbar davor gewahrte. Sie blickte geradewegs auf den breiten Rücken eines Mannes. Mit dem Claymore in der Hand stand er da und beobachtete die Umgebung. Es dauerte einen Moment, ehe er sich weit genug zur Seite drehte, dass sie sein Gesicht erkennen konnte. Ein älterer Krieger mit wettergegerbten Zügen, keiner von Aonghas' Clansmen. Angespannt ließ der Fremde seinen Blick umherstreifen. Plötzlich wandte er den Kopf.

»Habt ihr alle?«, rief er jemandem zu.

»Eòran und Niall kümmern sich gerade um sie«, antwortete eine raue Stimme. »Die werden uns nicht mehr gefährlich.«

Tatsächlich war der Kampflärm verebbt. Cinhaé hielt den Atem an. Bedeutete das, dass Aonghas' Clanskrieger besiegt waren? Tot? Was würde jetzt mit Sheona und ihr geschehen? *Was soll ich Sheona sagen?* Cinhaé schloss den Fensterladen lautlos und wandte sich erneut der anderen Seite der Kutsche zu. Dort stand der Laden noch immer einen Spalt offen. Ganz langsam zog sie ihn weiter auf und spähte hinaus. Niemand zu sehen. Kein Rücken versperrte ihr die Sicht auf das Land jenseits der Straße. Nur ein paar Meter von der Kutsche entfernt war ein dichtes Gebüsch inmitten einer schattigen Baumgruppe. Sie wandte sich Sheona zu. »Da drüben sind ein paar Büsche und Bäume. Wenn es uns gelingt, dorthin zu gelangen und uns zu verstecken, sind wir in Sicherheit.«

»Ich glaube nicht, dass ich das kann.«

Cinhaé ergriff Sheonas Hand. »Wir müssen nur einen Streifen Wiese überqueren. Ganz ebenes Gelände. Fünfzehn Schritt, Sheona, das ist alles. Das schaffst du.« *Die Frage ist, ob ich es schaffe.* Das Pochen in ihrem Knöchel wurde mit jedem Augenblick schlimmer.

Sheona stieß den Atem aus. »Eine andere Möglichkeit gibt es wohl nicht. Versuchen wir es.«

»Du wirst sehen, es geht.« Cinhaé drückte ihre Hand, dann öffnete sie den Fensterladen ganz. Nachdem sie auch jetzt niemanden erkennen konnte, griff sie nach der Klinke und drückte die Tür auf. Zunächst nur ganz leicht. Sie wartete einen Moment, und als sich nichts rührte, stieß sie sie auf. Ein dumpfer Laut erklang, als die Tür gegen etwas prallte, zurückschwang und wieder zufiel. Cinhaé hielt erschrocken den Atem an. Ohne ihr Bein zu belasten, schob sie sich ans Fenster heran und sah hinaus. Niemand schien etwas bemerkt zu haben. Ihr Blick wanderte auf der Suche nach dem Hindernis nach unten und fand einen großen Felsbrocken. Cinhaé stieß einen gedämpften Fluch aus. »Ein Felsen blockiert die Tür.« Deshalb stand also hier niemand. Die Tür ging nicht auf und das Fenster war zu klein, um dadurch entwischen zu können.

»Soll das heißen, wir sind hier drin gefangen?«

»Sieht so aus.« Cinhaé sah sich um, da fiel ihr Blick auf Sheonas Halskette. Wenn die Männer Räuber waren, sollten sie bekommen, wonach sie suchten. »Nimm deinen Schmuck ab.«

Sheona runzelte die Stirn. »Willst du ihn verstecken?«

»Nein. Wir werden ihnen den Schmuck einfach geben.« *Besser so, als wenn sie dir den Finger oder die Ohren abschneiden, um das Geschmeide zu bekommen.* »Wenn wir es freiwillig tun, wird niemand verletzt.« Das hoffte sie zumindest.

Als Sheona die goldene Kette ablegte und nach ihren Ohrringen griff, sah sich Cinhaé nach etwas um, worin sie den Schmuck aufbewahren konnten. Ihr Blick fiel auf ihren Rock, in dem ein Riss bis zum Knie klaffte. Sie schlug ihn zurück und griff nach dem Untergewand. Mit einem Ruck riss sie ein Stück Stoff heraus und hielt es Sheona entgegen, damit sie ihr Geschmeide hineinlegen konnte. Ohrringe, Kette und Ringe fielen hinein. Nachdem Sheona ihren Schmuck abgelegt hatte, löste Cinhaé den Verschluss ihrer Kette. Das schlichte, silberne Kreuz war ein Geschenk ihres Vaters und zugleich das einzige Schmuckstück, das sie trug. Sie ließ es zu den anderen Kleinodien ins Tuch gleiten, dann machte sie sich daran, die Ecken miteinander zu verknoten.

»Cinhaé, du musst mir etwas versprechen.«

»Keine Angst, ich werde nicht von deiner Seite weichen.«

»Das meine ich nicht.« Sheonas Tonfall ließ Cinhaé aufhorchen. Sie hob den Kopf. Da sah sie den Blick ihrer Schwester, der auf ihrem nackten Knie ruhte. »Wenn diese Männer mehr als unseren Schmuck wollen«, fuhr sie mit zitternder Stimme fort. »Wenn sie ... du darfst dich nicht wehren, Cinhaé. Dann tut es nicht so weh.«

Zum ersten Mal seit die Männer bei der Kutsche aufgetaucht waren, bekam Cinhaé wirklich Angst. Sie war gerade einmal siebzehn Jahre alt und ihre Erfahrungen mit Männern beschränkten sich auf das, was andere ihr hinter vorgehaltener Hand erzählten. Unwillkürlich zog sie den zerrissenen Rock über den Knien zusammen. Ihre Augen wanderten durch das Innere der Karosse. Es musste einen Ausweg geben! Sie beugte sich nach vorne, um das Holz unter ihren Füßen in Augenschein zu nehmen. Im selben Moment riss jemand die Kutschentür auf. Sonnenlicht flutete in den Innenraum über Sheona und Cinhaé hinweg. Sheona stieß einen entsetzten Schrei aus, als ein Paar Arme sie aus der Kutsche zerrten.

»Sheona!« Den pochenden Schmerz in ihrem Bein ebenso ignorierend wie den hinter ihrer Schläfe, sprang Cinhaé auf und wollte sich auf den Kerl stürzen, der ihre Schwester gepackt hielt. Mitten im Sprung wurde sie abgefangen. Zappelnd fand sie sich im Griff eines Mannes wieder, der sie von der Kutsche forttrug. Cinhaé strampelte und versuchte sich ihm zu entziehen, doch jegliche Gegenwehr prallte wirkungslos an ihm ab.

»Hört auf zu zappeln oder wollt Ihr, dass ich Euch fallen lasse?« Seine Stimme klang so volltönend und warm, dass sie vor Überraschung sogar vergaß nach ihm zu treten. »So ist es gut«, stimmte er zu, als sie sich nicht regte.

Cinhaé hob den Kopf und blickte in ein Paar blauer Augen, das ihr aus einem freundlichen Gesicht entgegenblickte. Rötliche Bartstoppeln überzogen sein Kinn wie rostige Sprenkel. Über seinem Rücken hing ein Claymore, doch im Augenblick benötigte er die Waffe nicht. Er war so muskulös, dass er Cinhaé mit einem einzigen Griff zerquetschen könnte, wenn er es darauf anlegte. Ein Zweig Glockenheidekraut steckte an seiner Kappe. Das Clanszeichen der MacDougals! War der Fremde von heute Morgen nicht ebenfalls ein MacDougal gewesen? Waren die Männer in Aonghas' Auftrag hier, um sie zu töten? *Warum tun sie es dann nicht sofort?*

Der Krieger trug sie ein paar Meter von der Kutsche fort, ehe er sie vorsichtig am Straßenrand abstellte. Ein stechender Schmerz schoss durch ihren Knöchel, als ihr Bein den Boden berührte. Cinhaé keuchte auf.

Als sie sich nach Sheona umsah, fand ihr Blick Aonghas' Krieger. Die vier Männer waren entwaffnet und lagen gefesselt im Straßengraben. Sie bluteten aus kleineren Schnitten und Schürfwunden, schienen jedoch nicht ernstlich verletzt zu sein. Allerdings würden sie ihr auch nicht helfen können, solange sie keinen Weg fand, sie von ihren Fesseln zu befreien. Cinhaés Blick blieb an einem Claymore hängen, das einige Meter entfernt im Straßenstaub lag. *Das wäre ein Anfang.* Aber wie sollte sie an den fremden Kriegern vorbeigelangen? Mit dem Mann neben ihr waren es vier. Einer trieb die Pferde der MacRaes zusammen. Ein anderer sammelte die Waffen ein, die sie den MacRaes abgenommen hatten.

»Sofort loslassen!« Sheonas Ruf ließ Cinhaé auffahren. Ein Stück die Straße entlang war der Kerl mit dem wettergegerbten Gesicht dabei, Sheona vor sich auf ein Pferd zu heben. Sie versuchte sich zu wehren, doch er hielt sie fest umklammert.

Cinhaés Blick fiel auf einen fünften Mann, den sie zuvor nicht bemerkt hatte. Ein hochgewachsener Krieger mit einem Claymore in der Hand. Er stand ein wenig abseits und ließ seine Augen wachsam umherwandern. *Das darf doch nicht wahr sein!* Bei ihrem Zusammenstoß im Haus hatte er sie gefragt, ob er sie wiedersehen würde. Der Gedanke hatte ihr gefallen, ebenso wie sein einnehmendes Lächeln. *Wie hätte ich ahnen können, unter welchen Umständen dieses Wiedersehen stattfinden würde!* Der Wunsch, ihm noch einmal zu begegnen, war ebenso verflogen wie sein Lächeln von heute Morgen. Jetzt wirkten seine kantigen Züge finster.

»Was machen wir mit der Kleinen hier? Zu den Pferden?«

Cinhaé zuckte erschrocken zusammen, als die Stimme ihres Bewachers über sie hinwegdonnerte. Der Mann am Straßenrand wandte den Kopf. Seine grauen Augen schimmerten beinahe silbern im Nachmittagslicht, als er sie musterte. Schließlich schüttelte er den Kopf. »Lass sie bei den Kriegern zurück. Wir nehmen nur MacRaes Weib und den Kutscher mit.«

Mitnehmen? Der Schrecken fuhr mit eisigen Fingern durch Cinhaés Glieder. Sie konnte Sheona unmöglich diesen Barbaren überlassen!

Ehe sie wusste, was sie tat, machte sie einen Satz nach vorne. Sie spürte die Bewegung ihres Bewachers in ihrem Rücken. Um ein Haar hätte er sie erwischt, doch in diesem Moment knickte ihr Knöchel unter der Last ihres Gewichts ein und sie musste sich nach vorne beugen, um nicht zu stürzen. Seine Hand griff ins Leere. Fluchend versuchte er, sie zu packen. Cinhaé stolperte unter seinem ausgestreckten Arm hindurch. Sie biss die Zähne zusammen und kämpfte gegen den tobenden Schmerz an, der in ihrem Bein explodierte. Hinkend lief sie los, auf die Stelle zu, an der noch immer das Claymore im Staub lag. Wenn es ihr gelang, die Waffe in die

Finger zu bekommen ... Vor ihrem inneren Auge sah sie sich selbst, wie sie mit einer Waffe auf den Mann mit den grauen Augen losging. Er schien der Anführer dieser Krieger zu sein. Wenn sie ihn ... *Wenn ich ihn was? Besiegen kann?* Ihr blieb keine Zeit mehr, den Gedanken zu Ende zu bringen. Sie hatte das Schwert erreicht. Der Schmerz in ihrem Knöchel war mittlerweile so stark, dass ihr übel wurde. Sie hielt den Atem an in der Hoffnung, die Übelkeit zu unterdrücken, und hob die Waffe auf. Das Claymore war schwer. Die Spitze schleifte über den Boden, als Cinhaé sich damit aufrichtete und in Richtung des Anführers umwandte. Sie zuckte erschrocken zusammen, als sein Schatten auf sie fiel. *Was habe ich erwartet? Dass er am Straßenrand wartet, bis ich ihn mit einem Schwert, das ich kaum heben kann, erschlage?* Ihr Blick suchte nach etwas in seinen Augen, was es ihr leichter machte, ihn anzugreifen; vielleicht Hass oder Niedertracht. Doch alles, was sie darin fand, war Entschlossenheit. *Er wird mich in Stücke schlagen!* Cinhaé umfasste das Heft der Waffe mit beiden Händen. Im selben Atemzug bewegte sich MacDougal. Er führte sein Schwert nur mit einer Hand. Sie wollte den Angriff abwehren, doch sie war zu langsam. Mit einem beiläufigen Hieb fegte er ihr das Claymore aus der Hand. Cinhaé wollte zurückweichen. Da gab der Knöchel endgültig unter ihr nach. Sie knickte um und stürzte. Schwer atmend lag sie im Staub und wartete auf den tödlichen Stoß. Stattdessen hob er das Schwert auf, das er ihr abgenommen hatte.

Für einen langen Moment ruhte sein Blick auf ihr. »Verzeiht mir.« Die Worte waren so leise gesprochen, dass Cinhaé sie mehr von seinen Lippen ablas, als dass sie sie tatsächlich hörte. Dann machte er kehrt und ging zu seinen Männern, die ihn bei den Pferden erwarteten. Cinhaé kämpfte sich auf die Beine. Ihr war schwindlig, dennoch zwang sie sich aufzustehen. Sie durfte nicht zulassen, dass diese Männer mit

Sheona davonritten! Taumelnd tat sie einen Schritt auf die Männer zu. Ihr Anführer schwang sich gerade in den Sattel. Auf einem der Tiere entdeckte Cinhaé den Kutscher, der bäuchlings über den Pferderücken geworfen worden war. *Was wollen sie mit ihm?* Sie sah sich noch einmal nach Aonghas' Kriegern um. Ihr blieb nicht genug Zeit, ihre Fesseln zu lösen. Und was sollten sie schon ausrichten? Sie hatten weder Waffen noch Pferde, mit denen sie den Räubern – *Entführern!* – folgen konnten! Wenn es ihr nicht gelang, sie aufzuhalten, wären sie bald mit Sheona auf und davon! Cinhaé hob einen faustgroßen Stein auf, nahm Maß und schleuderte ihn mit aller Kraft.

Ein harter Schlag traf Eòran zwischen den Schulterblättern und raubte ihm für einen Moment den Atem. Er riss sein Pferd herum. Statt eines Kriegers erblickte er die junge Frau mit den kupferroten Locken. Dieselbe Frau, mit der er am Morgen zusammengestoßen war und die zuvor versucht hatte, ihn anzugreifen. Als sie plötzlich vor ihm gestanden hatte, hätte er um ein Haar das ganze Unterfangen abgebrochen. Einzig das Wissen, dass es für Kyle keine andere Hoffnung gab, hatte ihn fortfahren lassen. Jetzt hob sie einen weiteren Stein auf und kam hinkend näher. Obwohl ihr Bein sie kaum noch zu tragen schien, wurde sie mit jedem ihrer unbeholfenen Schritte schneller. Der Abstand zwischen ihnen verkürzte sich. *Wenn sie mich dieses Mal trifft, wird sie womöglich mehr Schaden anrichten.*

Eòran löste seinen Blick von ihr und wendete sein Pferd. »Lasst uns verschwinden!« Er wartete, bis Tormond, der MacRaes Frau vor sich auf dem Pferd hatte, an ihm vorbei war, dann trieb er sein Tier an.

»Herrin, nicht!«, erklang ein Ruf in seinem Rücken. Einer von MacRaes Kriegern.

Herrin? Was, wenn …? War es möglich, dass sie die Falsche erwischt hatten? Er zerrte am Zügel und brachte sein Tier abrupt zum Stehen. Die Warnung des gefesselten Clanskriegers ignorierend, kam sie näher. Jetzt hatte sie in jeder Hand einen Stein. Blut sickerte aus einer Platzwunde an ihrer Stirn und verlieh ihrem Blick etwas Wildes.

»Was ist los?« Finn lenkte sein Pferd neben ihn.

»Hast du es nicht gehört?«

Finn runzelte die Stirn. »Was? Den Warnruf?« Er nickte. »Natürlich habe ich –«

»Er hat sie Herrin genannt!«, fiel Eòran ihm ins Wort.

»Und jetzt glaubst du …?«

»Wir können sie nicht zurücklassen. Nicht, wenn die Möglichkeit besteht, dass sie MacRaes Frau ist!«

Finn kratzte sich am Bart. »Das lässt sich ganz leicht herausfinden.«

»Ach ja?« Eòrans Blick zuckte in Richtung der Rothaarigen. Da warf sie einen weiteren Stein. »Ducken!« Eòran zog den Kopf ein ebenso wie Finn. Das Geschoss zischte nur knapp über ihnen hinweg. »Wie willst du das anstellen?«

»Wie heißt MacRaes Frau? Der kleine Steinteufel hier hat die Blonde Sheona genannt. Wenn –«

»Ich habe keine Ahnung, wie sie heißt!«, schnappte Eòran und zuckte zusammen, als ihn ein Stein am Arm traf. »Verflucht!« Sein Pferd tänzelte nervös und er musste den Zügel fester packen, um es zur Ruhe zu zwingen. »Ich weiß nur, dass er irgendeine MacKenzie geheiratet hat.«

Finn seufzte. »Schon gut. Ich hole sie.« Er wendete sein Pferd und ritt ihr entgegen. Sie schleuderte einen weiteren Stein, verfehlte ihn jedoch. Dann war Finn aus dem Sattel. Ehe sie den nächsten Brocken werfen konnte, packte er sie und entwand ihr das Geschoss. Sie schrie und versuchte sich loszureißen, doch Finn hatte sie bereits fest im Griff. Eòran trieb sein Pferd näher, um seinem Freund zu helfen, sie in den Sattel zu heben. Finn hatte jedoch seine eigene Methode. Er umklammerte die junge Frau fest mit beiden Armen. Sein eiserner Griff nahm ihr nicht nur jede Kraft, sondern auch den Atem. Ihre wütenden Schreie verstummten. Schließlich gab sie ihren Widerstand auf. Da warf er sie vor sich über den Pferderücken und stieg dann selbst auf. Sobald er im Sattel Halt gefunden hatte, hob er sie herum, bis sie aufrecht vor ihm saß. Sie versuchte erneut, sich zu befreien, doch ihre Gegenwehr erlahmte zusehends. Sie war erschöpft und schien Schmerzen zu haben.

Eòrans Blick wanderte zu ihrem Knöchel. Das Gelenk schien geschwollen zu sein. Er versuchte, nicht auf ihr entblößtes Bein zu starren, dennoch konnte er nicht verhindern, dass seine Augen nach oben streiften. Unter dem zerrissenen, rostroten Rock schaute der Stoff ihres Untergewands hervor. Derselbe Stoff, in den der Schmuck gewickelt gewesen war, den er zuvor in der Kutsche gefunden hatte. Er hatte das kleine Bündel zusammen mit einem Teil des Gepäcks an sich genommen und in einer der Packtaschen verstaut. Eòran löste seine Augen von ihrem Bein und sah sich um. Tormond und die anderen waren in einiger Entfernung stehen geblieben und warteten.

»Brechen wir auf!«

8

Owen war Aonghas' Befehl gefolgt und sofort aufgebrochen. Er hatte sich im Wald verborgen und gewartet, bis die Kutsche endlich durch das Tor rollte. Dann war er ihnen gefolgt. Schon bald führte die Straße durch ein ausgedehntes

Waldgebiet. Dort verließ Owen den Weg und lenkte sein Pferd zwischen die Bäume. Im Schutz schattiger Kiefern und Tannen schloss er so weit auf, bis er den Tross vor sich sah.

Noch immer konnte er nicht glauben, was Aonghas von ihm verlangte. Owen war Krieger. Zu kämpfen – und wenn es sein musste, zu töten – gehörte zu seinem Leben wie das Licht zum Tag. Das hier war etwas anderes. Wie konnte Aonghas erwarten, dass er eine wehrlose Frau tötete! *Es muss wie ein Unfall aussehen.* Selbst jetzt, Stunden danach, wollte es ihm nicht gelingen, den Blick des Chiefs zu vergessen. Kalt und voller Kalkül. Wo war die Menschlichkeit geblieben, die er einmal so sehr an Aonghas geschätzt hatte? Güte, Aufrichtigkeit, Ehre. All die Eigenschaften, die Owen immer stolz sein ließen, diesen Mann seinen Freund zu nennen. Die bittere Wahrheit war, dass Aonghas sich verändert hatte. Wann war das geschehen? Owen vermochte es nicht zu sagen. Womöglich hatte es in jener Nacht begonnen, in der er Marjorie verlor.

Owen hatte es lange nicht wahrhaben wollen. Selbst als Aonghas den Chiefs Schutz vor einer Bedrohung anbot, die es nicht gab, hatte er seine Augen verschlossen. Er hatte sich eingeredet, Aonghas' Vorgehen sei nichts weiter als eine Spielart der Politik, die einem größeren, edleren Ziel diente. Als Aonghas ihn schließlich aufforderte, Cinhaé zu töten, war das für Owen endgültig wie ein Weckruf gewesen. Niemals könnte er ihr etwas antun! Während der letzten Wochen, in denen sie Sheona gepflegt hatte, war er ständig in ihrer Nähe gewesen. Aonghas hatte ihn zu ihrem Schutz abgestellt. Obwohl er nur ein einfacher Clanskrieger war, hatte Cinhaé ihn stets freundlich behandelt. Owen mochte ihre Herzlichkeit und die Wärme, mit der sie anderen begegnete. Er hätte lieber sein Leben gegeben als zuzulassen, dass ihr etwas zustieß.

Die Raffinesse, mit der Aonghas vorging, erschien ihm mit einem Mal nur noch abstoßend. Um Cinhaé in Sicherheit zu wiegen, hatte er das Haarband, das sie vor der Großen Halle verloren hatte, unbemerkt im Garten fallen lassen. Eine Magd hatte es gefunden und ihr gebracht.

Während Owen der Kutsche folgte, dachte er darüber nach, wie es jetzt weitergehen sollte. Wenn er Cinhaé nicht tötete – und das hatte er nicht vor –, gab es für ihn kein Zurück mehr. Noch einmal würde Aonghas ihm nicht verzeihen, dass er sich einem Befehl widersetzt hatte. Er wollte ohnehin nicht zurück. Die beiden Männer, von denen er sich noch Stunden zuvor eingeredet hatte, sie seien zugleich seine Freunde und seine Familie, waren, ohne dass er es bemerkt hatte, über die Jahre hinweg Fremde geworden.

Was sollte – *konnte* – er tun? Zunächst einmal musste er Cinhaé warnen und sie vor Aonghas schützen. Die Männer, die die Kutsche begleiteten, wussten nichts von seinem Auftrag. Deshalb beschloss Owen, vorzugeben, Aonghas habe ihn als zusätzliche Begleitung zum Schutze seiner Gemahlin und Schwägerin abgestellt. Auf diesem Weg konnte er Cinhaé sicher nach Eilean Donan geleiten und selbst mit Iomaér MacKenzie sprechen.

Er war gerade im Begriff, den Wald zu verlassen und auf die Straße zurückzukehren, um zur Kutsche aufzuschließen, als er Reiter hörte, die sich in rasendem Galopp näherten. Einer plötzlichen Eingebung folgend, verharrte er in der Deckung des Waldes, um zu sehen, was vor sich ging. Hatte Aonghas am Ende weitere Krieger geschickt? Warum sollte er das tun? Ihm ging es darum, dass Cinhaé *unauffällig* zum Schweigen gebracht wurde. Dafür war Owen der richtige Mann. Aonghas würde keine weiteren Krieger schicken.

Die Reiter kamen näher, und plötzlich ging alles ganz schnell. Noch ehe sich der Staub, den ihre Pferde aufgewirbelt hatten, senkte, waren die Clanskrieger, die die Kutsche begleiteten, überwältigt und entwaffnet. Für einen Moment dachte Owen daran, einzugreifen und Aonghas' Männern zu Hilfe zu kommen. Seine Hand war schon am Schwertgriff, da entdeckte er James – *Eòran MacDougal* – unter den Reitern. Der Anblick des jungen Mannes ließ ihn innehalten. *Was zum Henker hat er vor?* Owen blieb in seinem Versteck. Er hatte das Leben des Jungen damals nicht verschont, um es ihm jetzt zu nehmen. Nicht solange er ihm keinen Grund dazu gab.

Statt Aonghas' Clanskrieger zu töten, ließ er sie von seinen Männern fesseln. In dem Augenblick, als Owen sah, dass sie Sheona zu den Pferden brachten, war ihm klar, was James vorhatte. *Ein gerissener Bursche.* Owen war erleichtert, dass der Junge sichtlich nicht vorhatte, seinen Bruder im Stich zu lassen, denn jetzt, da er aufgebrochen war, um Cinhaé zu schützen, konnte er James' Bruder nicht mehr helfen.

Owen war noch immer unentschlossen. Sheona den Männern zu überlassen, war nicht ohne Risiko. Dann griff Cinhaé nach einem Claymore. Sie hinkte und schien sich kaum auf den Beinen halten zu können. Owen stockte der Atem. Eine Hand um den Zügel gekrampft war er kurz davor, ihr zu Hilfe zu kommen. James reagierte, ehe Owen es tun konnte. Er wischte ihr das Schwert einfach aus der Hand, machte kehrt und ging zu seinem Pferd.

Während Owen beobachtete, wie die Männer aufsaßen, nur um schließlich doch zurückzukehren und auch Cinhaé mitzunehmen, kam ihm ein Gedanke. Sollte er tun, wovor Aonghas sich am meisten fürchtete? Sollte er James von seinem Erbe berichten und ihn dazu bringen, darum zu kämpfen? War das der Weg, Aonghas aufzuhalten? Es juckte Owen in den Fingern, es herauszufinden.

James von seinem Erbe zu erzählen, würde alles verändern.

Ob zum Guten oder zum Schlechten, vermochte er noch nicht einzuschätzen. James war ein guter Junge gewesen, doch das bedeutete nicht, dass der Mann, zu dem er geworden war, es ebenfalls sein musste.

Owen beschloss, ihm zu folgen. Er würde ihn beobachten in der Hoffnung, mehr über ihn zu erfahren. Sollte es nötig sein, würde er Sheona und Cinhaé befreien und die beiden nach Eilean Donan bringen.

9

Immer wieder wanderte Eòrans Blick verstohlen zu der jungen Frau, die vor Finn auf dem Pferd saß. Sie wirkte erstaunlich gefasst. Wenn sie wie Sheona vor Angst gezittert und geweint hätte, wäre Eòran weniger misstrauisch gewesen. Nachdem er jedoch bereits Zeuge ihres Mutes geworden war, erfüllte ihn ihr Verhalten mit Argwohn. Längst hatte sie alle Gegenwehr aufgegeben, doch der Kampfgeist in ihren Augen war keineswegs erloschen.

Sie war erstaunlich jung. Wenn er nicht gewusst hätte, dass MacRae keine erwachsenen Kinder hatte, hätte Eòran sie für seine Tochter gehalten. Er war erleichtert, dass einer der Clansmen versucht hatte, sie zu warnen. *Ohne es zu ahnen, hat er auch uns damit gewarnt.* Nicht auszudenken, was geschehen wäre, wenn sie die Falsche verschleppt hätten! *Dann wäre alles umsonst gewesen.* Womöglich hätte MacRae Kyle dann aus reiner Bosheit aufknüpfen lassen – auch wenn er damit wissentlich das Leben der Frau in Gefahr brachte, die sich in Eòrans Gewalt befand. *Was schert MacRae das Schicksal einer Fremden!* Sein Blick kehrte zu der Rothaarigen zurück. Was auch immer ihn heute Morgen an ihr fasziniert hatte, durfte jetzt keinen Platz mehr in seinen Gedanken haben. Sie war MacRaes Weib! Ab sofort war sie nicht mehr als ein Mittel zum Zweck!

Er dachte daran, Sheona laufen zu lassen, entschied sich jedoch dagegen. Womöglich konnte ihm eine zweite Geisel noch von Nutzen sein. Die Entführung war gewagt, dennoch gestand Eòran sich keinen Gedanken an Scheitern zu. Er tat nur, was nötig war, um Kyles Leben zu retten.

Nachdem sie eine gute Stunde geritten waren, gab er das Zeichen zum Anhalten. Seine Augen wanderten die schmale Straße entlang, die sich zwischen zerklüfteten Felsformationen dahinwand. Ein Stück vor ihm gab es eine Abzweigung. Der rechte Pfad verschwand zwischen eng stehenden Felswänden im Schatten. Diesen Weg würde er mit seinen Männern nehmen. Der Kutscher jedoch würde sie nicht länger begleiten. Eòran lenkte sein Pferd neben das Tier, über dessen Rücken der gefesselte Mann lag. Als er Eòran bemerkte, hob er den Kopf. Haar, Gesicht und Kleidung waren von einer grauen Schicht Straßenstaub bedeckt. Seine Augen schimmerten furchtsam.

Eòran winkte Murray zu sich. »Bind ihn los!«

Murray schwang sich aus dem Sattel und löste die Stricke, die den Kutscher auf dem Pferd hielten. Mit einer Kraft, die Eòran an dem kleinen Mann jedes Mal wieder erstaunte, packte Murray den Gefangenen und stellte ihn neben dem Pferd auf die Beine. »Was hast du mit ihm vor?«, wollte er wissen.

»Er wird eine Nachricht für uns überbringen.« Eòran wandte sich an den Kutscher, der mit zitternden Knien vor ihm stand. Der Mann war so bleich, dass Eòran fürchtete, er würde jeden Augenblick zusammenbrechen. »Du wirst dieses Pferd nehmen und geradewegs nach Dun Cunnartach reiten. Sag Aonghas MacRae, dass Eòran MacDougal seine Frau und ihre Begleiterin in seiner Gewalt hat. Wenn er meinen Bruder nicht freilässt, werde ich sie töten. Beide.« Sein Blick streifte MacRaes Gemahlin. Hatte sie eben noch nahezu reglos in Finns Arm gehangen, ließen seine Worte sie auffahren. Sofort packte Finn sie fester. Eòran richtete seine Aufmerksamkeit wieder auf den Kutscher. »Sag deinem Herrn, dass ich ihm mitteilen werde, wann und wie Kyles Freilassung zu erfolgen hat. Versuch nicht, die Krieger zu befreien, die wir bei der Kutsche zurückgelassen haben. Reite ohne Umwege zu deinem Herrn. Eile dich!« Eòran beugte sich aus dem Sattel zu ihm hinab, packte ihn am Kragen und zog ihn zu sich heran. »Wenn meinem Bruder etwas zustößt, weil du zu langsam bist, ist dein Leben – ebenso wie das der Frauen – verwirkt! Ich werde dafür sorgen, dass MacRae erfährt, dass es deine Schuld war!« Er gab den Mann frei und richtete sich auf. »Und jetzt verschwinde!«

Murray half dem Kutscher aufs Pferd und schlug dem Tier, kaum dass der Mann im Sattel saß, aufs Hinterteil. Das Pferd preschte los. Es dauerte ein wenig, ehe der Kutscher seinen Schrecken überwand und das Tier unter Kontrolle brachte.

»Was denkst du«, fragte Finn, während er Tier und Reiter nachblickte, »wird er tun, was du von ihm verlangst?«

»Genügend Angst hat er wohl.« Wenn er es nicht tat, war alles verloren. »Verbindet den Frauen die Augen, wir reiten weiter.« Eòran wartete, bis Finn und Tormond den Geiseln Augenbinden angelegt hatten. Sie sollten nicht sehen, wohin sie gebracht wurden. Je weniger sie wussten, desto weniger Gefahr bestand für Eòran und seine Männer.

Schließlich ritten sie weiter, folgten dem schmalen Pfad, der zwischen steil aufragenden Felswänden hindurchführte. Nach einer Weile rückten die Felsen auseinander und öffneten sich zu einer sanft geschwungenen Ebene, überzogen von rostrotem Heidekraut. Würziger Torfgeruch erfüllte die Luft. Sie durchquerten die Heidelandschaft und anschließend ein Wäldchen. Bald darauf wurde das Land hügeliger. Saftig grüne Wiesen, unterbrochen von Felsen, die mit Flechten überzogen waren, säumten den Weg.

Am Nachmittag erreichten sie ihr Ziel. Ein verlassenes Gehöft in den südlichen Ausläufern des Glen Affric. Das strohgedeckte Bruchsteinhaus lag geschützt in einer Senke, auf einer Seite von Felsen flankiert. Unmittelbar hinter dem Haus führte der Weg in den Wald. Eòran hatte das Gehöft vor ein paar Jahren entdeckt, als er im Auftrag des Chiefs unterwegs gewesen war. Seither hatte er es hin und wieder als Unterschlupf für die Nacht genutzt, wenn er in der Gegend war. Es war das perfekte Versteck. Abgelegen von allen Straßen, schien sich niemand zu erinnern, dass es das Haus überhaupt gab.

Auf dem Hof zügelten sie ihre Pferde. Eòran glitt aus dem Sattel und warf einen Blick zum Haus. Die Steinwände waren verwittert und von Efeu überwuchert. Zum Teil klafften Lücken von über einer Handspanne zwischen den aufgeschichteten Bruchsteinen. Genug, um ein wenig Licht in das fensterlose Bauwerk zu lassen, doch zu wenig, als dass jemand hätte entkommen können. Das Strohdach war schon seit Jahren nicht mehr erneuert worden, dennoch war es noch immer dicht genug, um den Regen abzuhalten. Der einzige Zugang befand sich in der Mitte der Vorderfront. Eine Holztür, die, von der Witterung verzogen, ein wenig schief in den Angeln hing. Wenn man das Haus betrat, gelangte man zunächst in einen kleinen Vorraum, dahinter lag auf der linken Seite eines kurzen Ganges die Küche und rechts davon eine winzige Schlafkammer. Keiner der Räume verfügte über eine Tür, sodass sie sich nicht für die Unterbringung der Frauen eigneten. Lediglich Stall und Scheune, die den hinteren Teil des Hauses einnahmen, waren durch eine Tür an der Stirnseite des Ganges von den Wohnräumen abgetrennt. Obendrein besaß die Tür einen Riegel, der sich von außen vorlegen ließ.

»Pflockt die Pferde hinter dem Haus an«, rief er Niall zu, als der sein Tier auf das Haus zuführte, um es in den Stall zu bringen. Als Niall ihn mit gerunzelter Stirn betrachtete, fügte er hinzu: »Scheune und Stall brauchen wir für die Frauen.«

Niall nickte und führte sein Pferd um das Haus herum. Während Tormond absaß und Sheona aus dem Sattel hob, ging Eòran zu Finn, um ihm zu helfen. Er packte die Rothaarige bei den Hüften und hob sie vom Pferd. Sobald er sie auf den Boden stellte, knickte sie ein. Sofort griff er nach ihr, um sie aufzufangen. Sie versuchte seine Hände abzustreifen, doch Eòran gab sie nicht frei.

Er nahm ihr die Augenbinde ab. »Kommt, ich bringe Euch hinein.« Er wollte sie stützen, doch sie wehrte sich gegen seinen Griff. Alleine laufen lassen wollte er sie nicht. Zum einen fürchtete er, sie könne stürzen und sich noch schlimmer verletzen. Zum anderen sorgte er sich, dass sie versuchen könnte zu fliehen. Er hob sie auf seine Arme. Sie stieß einen entrüsteten Schrei aus und begann zu strampeln. Eòran packte sie fester und ging mit ihr auf das Haus zu. »Hört auf zu zappeln«, fuhr er sie an. »Oder soll ich Euch fallen lassen?«

»Könnte das schlimmer sein, als entführt zu werden?«, versetzte sie scharf.

»Ich will weder Euch noch Eurer Begleiterin etwas antun.« Eòran sah ihr fest in die Augen. »Das bedeutet jedoch nicht, dass ich es nicht tun *werde*, wenn man mich zwingt.«

Starr erwiderte sie seinen Blick. Falls ihr seine Worte Angst gemacht hatten, zeigte sie es nicht. Eòran duckte sich unter dem Türsturz hindurch und trug sie den Gang entlang in den Stall. Zwischen ein paar Verschlägen führte ein offener Durchgang in die kleine Scheune, die in dämmrigem Halbdunkel versank. Lediglich ein paar verirrte Lichtstrahlen zwängten sich durch die Spalten zwischen den Bruchsteinen und zeichneten dünne Linien auf den festgestampften Boden. Genug, damit die Frauen nicht in völliger Finsternis ausharren mussten.

Als er die Scheune betrat, erwartete Niall ihn bereits mit der anderen Frau. Die Arme um den Oberkörper geschlungen, presste Sheona sich in einer Ecke an die Wand und sah sich ängstlich um. »Was habt Ihr mit uns vor?«, rief sie ihm entgegen.

Eòran stellte die Rothaarige auf die Beine. Er dachte, dass sie sich setzen würde, doch sie blieb stehen. »Wenn Ihr Glück habt«, sagte er an Sheona gewandt, »werdet Ihr einige Zeit unsere Gäste sein, ehe wir euch beide sicher nach Hause zurückgeleiten.«

»Ach, und wenn wir weniger Glück haben?«, bohrte die Rothaarige.

Einmal mehr sah Eòran zu ihr. »Darüber machen wir uns Gedanken, wenn es so weit ist.« Sein Blick wanderte über die Platzwunde an ihrer Stirn. »Niall, ich brauche Verbandszeug!«

Während er wartete, schritt er Stall und Scheune ab und sah sich um. Er wollte sichergehen, dass es weder einen Fluchtweg noch etwas gab, das sich als Waffe einsetzen ließ. Die früheren Bewohner hatten das Haus leer hinterlassen. Die Wände waren mehr als einen Meter dick, und selbst in die größte Lücke, die zwischen den Bruchsteinen klaffte, passte nicht mehr als eine Faust hinein. Zufrieden kehrte er zu den Frauen zurück.

»Den Namen Eurer Begleiterin kenne ich bereits«, sagte er zu der Rothaarigen, »wärt Ihr womöglich so freundlich, mir den Euren zu nennen?«

»Wozu? Damit Ihr wisst, welchen Namen Ihr in mein Grabkreuz ritzen könnt?«

»Ihr seid reichlich schwarzseherisch.«

»Ich mache mir nur keine Illusionen«, erwiderte sie kühl.

»Zweifelt Ihr etwa an der Liebe Eures Gemahls?«

»Aber sie hat doch gar keinen –«, setzte Sheona an.

»Ich habe gar keinen Grund, an seiner Liebe zu zweifeln!«, fiel MacRaes Frau ihr ins Wort. »Aonghas wird mich befreien. Mich und meine Schwester! Und Euch wird er aufknüpfen lassen, elender Barbar!«

Eòran bezweifelte, dass MacRae es ihm so einfach machen und ihn lediglich aufknüpfen würde, wenn er ihn zu fassen bekam. *Falls* er ihn zu fassen bekam. Bevor er noch einmal nach ihrem Namen fragen konnte, kam Niall mit einem Bündel Verbandszeug und einem Wasserschlauch zurück.

»Setzt Euch, damit ich mir Euer Bein und Eure Stirn ansehen kann.«

Sie richtete sich kerzengerade vor ihm auf. Ihre katzenhaft grünen Augen schimmerten zornig. »Wenn Ihr näher kommt, werdet Ihr Euch meinen Absatz ansehen, den ich Euch mitten ins Gesicht trete!«

»Cinhaé, um Gottes willen!«, rief Sheona entsetzt.

Eòran achtete nicht auf Sheona. »Cinhaé, also«, sagte er, ohne auf ihre Drohung zu reagieren. »Habt Ihr Schmerzen, Cinhaé?« Zweifelsohne hatte sie die. Sie mochte sich noch so sehr bemühen, es zu verbergen, doch er hatte gesehen, dass sie kaum auftreten konnte. Dennoch schüttelte sie den Kopf. »Macht Ihr Euch etwa Gedanken, dass es sich nicht geziemt, mir Euer Bein zu zeigen? Der Riss in Eurem Rock lässt einen weit größeren Einblick zu, als ich ihn hätte, wenn ich nur Euren Knöchel versorgte.« Nachdem sie sich noch immer nicht rührte, lenkte er ein. »Also gut, dann lasst mich wenigstens Eure Stirn ansehen.« Er wollte ihr die

Locken aus dem Gesicht streichen, um die Wunde zu begutachten.

Ehe er sie berühren konnte, schlug sie seine Hand zur Seite. »Genügt es Euch nicht, dass wir Eure Gefangenen sind?«, zischte sie. »Lasst mich endlich in Frieden!«

Eòran gab auf. Er legte Verbandszeug und Wasserschlauch auf den Boden und ging zur Tür. »Wenn Ihr noch etwas benötigt, lasst es mich wissen«, sagte er an Sheona gewandt, dann verließ er zusammen mit Niall die Scheune.

10

Kaum war der Riegel zugefallen, ließ sich Cinhaé zu Boden sinken. Selbst jetzt, da endlich die Belastung von ihrem Fuß genommen war, wurde der Schmerz kaum erträglicher. Einen Moment saß sie still da, die Augen geschlossen, den Kopf an die Wand gelehnt, und konzentrierte sich nur auf ihre Atemzüge. Dann hörte sie, wie Sheona sich neben ihr bewegte. Träge öffnete sie die Augen.

»Himmel, Cinhaé! Willst du dich unbedingt umbringen?« Sheona kniete vor ihr nieder und griff nach dem Bündel, das MacDougal zurückgelassen hatte. »Was sollte das überhaupt? Warum hast du –«

Cinhaé stöhnte. »Gib mir einen Augenblick Zeit, dann werde ich dir alles erklären.« Erneut lehnte sie sich zurück und schloss die Augen. Zusätzlich zu dem Schmerz in ihrem Knöchel hämmerte es wie wild hinter ihrer Stirn.

Neben ihr hantierte Sheona mit dem Verbandszeug. Cinhaé hörte das leise Gluckern von Wasser, dann sagte Sheona: »Halt still, das wird jetzt etwas wehtun.« Kurz darauf glaubte sie, ihr Kopf würde zerspringen, als Sheona begann, die

Platzwunde mit einem feuchten Tuch zu säubern. Cinhaé kniff die Augen zusammen. Bisher hatte sie keine Zeit gehabt, ihre sich überschlagenden Gedanken zu ordnen. Auf dem Pferd war sie so erschöpft gewesen, dass es ihr nur mühsam gelungen war, sich aufrecht zu halten. Einzig der Schmerz hatte dafür gesorgt, dass ihr nicht die Augen zufielen. Als ihr klar geworden war, dass die Männer sie für Aonghas' Frau hielten, hatte sie nichts getan, um das Missverständnis aufzuklären. »Sie hätten mich nicht mitgenommen, wenn sie nicht gedacht hätten, ich sei Aonghas' Frau«, sagte sie, ohne die Augen zu öffnen. »Ich konnte dich doch nicht allein lassen.«

»Du wärst frei gewesen, Cinhaé! Du hättest ...«

Ich hätte dich niemals allein in der Gewalt dieser Barbaren zurücklassen können! »Was hätte ich? Zu Aonghas laufen und ihm von deiner Entführung berichten können?« Sie schüttelte den Kopf und wurde sofort mit einem heftigen Brennen an ihrer Stirn belohnt, als Sheonas Finger gegen die Wunde stieß. »Au!« Jetzt öffnete sie doch die Augen und sah ihre Schwester an. »Ich habe einen besseren Einfall!«

Sheonas Finger zitterten so sehr, dass sie das Tuch fallen ließ. »Wie kannst du von Einfällen sprechen!«, rief sie entsetzt. »Wir sind Gefangene! Wir sind ihnen ausgeliefert. Sie werden ...«

»Hab keine Angst«, flüsterte Cinhaé und strich ihr sanft über den Arm. »Sie werden uns nichts tun.« *Zumindest nicht, solange Aonghas tut, was sie verlangen.*

»Woher willst du das wissen? Was, wenn Aonghas sich nicht erpressen lässt?«

»Er wird alles tun, um dein Leben zu retten.« *Er braucht dich für seine Pläne.* »Du trägst sein Kind unter dem Herzen.«

Nachdem Sheona die Wunde versorgt hatte, setzte sie sich neben Cinhaé. Einmal mehr ruhte ihre Hand auf ihrem noch kaum gewölbten Leib. »Ich verstehe nicht, wie du so ruhig sein kannst. Hast du denn gar keine Angst?«

»Doch«, gab Cinhaé zu, »aber etwas Besseres hätte uns kaum passieren können.«

»Bist du verrückt!«

Cinhaé schüttelte den Kopf. »Ich weiß, dass du dir Aonghas' Liebe wünschst, doch glaube mir, er hat Übles im Sinn!« Ein Blick in Sheonas Züge genügte, um zu erkennen, dass es ihr noch immer nicht gelungen war, sie davon zu überzeugen, dass Aonghas nicht der liebevolle Gemahl war, für den Sheona ihn halten wollte. Im Augenblick war es sinnlos, es weiter zu versuchen.

Das Gute an ihrer misslichen Lage war, dass Aonghas alles tun würde, um seine Frau und seinen Erben zurückzubekommen. Darauf würde er all seine Aufmerksamkeit richten. Das ließ ihm keine Zeit, seine Pläne, Blane zu töten, in die Tat umzusetzen. Wenn es ihnen gelang, den Entführern zu entkommen und Eilean Donan zu erreichen, konnte sie ihren Vater rechtzeitig warnen.

Sie griff nach Sheonas Händen. »Ich weiß, dass du mir nicht glaubst. Lass uns Folgendes tun: Wir gehen zu Vater und ich sage ihm, was ich gehört habe. Dann kann er sich um alles Weitere kümmern. Einverstanden?« Als Sheona nickte, fügte sie hinzu: »Dann müssen wir jetzt nur noch entkommen.«

»Nur?«, echote Sheona. »Das sind Krieger! Die werden uns umbringen, wenn wir nicht tun, was sie verlangen. Vielleicht töten sie uns ohnehin!«

»Das werden sie nicht«, behauptete Cinhaé, obwohl sie nicht wirklich davon überzeugt war. MacDougals Drohung, zu tun, was nötig war, hatte sich durchaus glaubwürdig angehört. Das behielt sie jedoch für sich. Wenn sie entkamen, mussten sie sich auch vor MacDougal und seinen Freunden nicht länger fürchten. »Diese Männer wollen etwas von Aonghas. Wenn sie uns töten, werden sie es nicht bekommen.«

»Wie stellst du dir das vor? Wie willst du fliehen?« Sheona schüttelte heftig den Kopf. »Du kannst doch kaum stehen! Ich wage gar nicht, mir auszumalen, welche Schmerzen du haben musst!«

»Ich halte das schon aus.«

»Lass uns wenigstens eine Nacht warten. Ruh dich aus. Schone dein Bein und morgen Nacht –«

»Nein!« Der Gedanke an eine Nacht Ruhe und Schlaf erschien Cinhaé durchaus verlockend. Aber was, wenn es kein morgen Nacht gab? *Was, wenn sie schon morgen diese Übergabe machen und wir uns auf Dun Cunnartach wiederfinden, ohne Gelegenheit zur Flucht gehabt zu haben?* Das wollte sie unmöglich riskieren.

Sheona stieß einen Seufzer aus. »Du vergisst, dass wir noch immer eingesperrt sind. Wie willst du entkommen?«

»Zunächst einmal müssen wir warten, bis die Männer schlafen.«

11

Aonghas MacRae stand vor dem Kamin und starrte in die züngelnden Flammen. Seine Finger klammerten sich um einen Humpen Ale, von dem er noch nicht einmal genippt hatte. Nur schwerlich gelang es ihm, die Unruhe zu beherrschen, die ihn mit dem Erscheinen der unerwarteten Gäste erfasst hatte. Obwohl er den beiden Männern, die am Tisch Platz genommen hatten, den Rücken zuwandte, sah er sie vor sich. Beide hochgewachsen, mit dichtem, blondem Haar und blauen Augen, die Züge scharf geschnitten, wie die ihres Vaters. Aonghas konnte die MacKenzie-Brüder nur daran unterscheiden, dass Gabhan, der Ältere, einen Bart trug, während Blane glatt rasiert war.

Die beiden waren keine Stunde, nachdem die Kutsche mit den Frauen vom Hof gerollt war, mit einem Trupp ihrer Clansmen durch das Burgtor geritten. Sie waren gekommen, um ihre Schwestern zu besuchen.

Um Zeit zu gewinnen, hatte Aonghas sie zunächst hinhalten lassen. Er hatte Cormac vorgeschickt und sich entschuldigen lassen; er sei wegen einer dringenden Angelegenheit nicht abkömmlich.

Das überraschende Erscheinen der Brüder hatte ihn entsetzt. Nur ein wenig früher und sie wären auf Cinhaé gestoßen! *Wenn sie ihnen erzählt hätte, was sie gehört hat!* Nicht auszudenken, was dann geschehen wäre!

Aonghas war überzeugt, dass die beiden ihren Schwestern folgen würden, sobald sie erfuhren, dass sie sich auf dem Weg nach Eilean Donan befanden. Deshalb hatte er sie bis zum Abend warten lassen, ehe er sie in seinen Gemächern empfing. Jetzt war zumindest sichergestellt, dass sie Dun Cunnartach nicht vor dem nächsten Morgen verlassen würden. Wenn er geschickt vorging, konnte er ihre Abreise am nächsten Tag noch ein wenig hinauszögern. Bis die beiden die Kutsche einholten, hatte Owen seinen Auftrag hoffentlich erledigt. Für einen kurzen Moment hatte er sogar mit dem Gedanken gespielt, Blanes Abendessen zu vergiften. Er war jedoch rasch von diesem Vorhaben abgekommen. Wenn Blane starb, dann keinesfalls in seinem Haus! Das war zu gewagt.

Aonghas stellte sein Ale auf dem Kaminsims ab und wandte sich zu seinen Gästen um. »Es tut mir leid, aber eure Schwestern haben Dun Cunnartach heute Morgen verlassen, um nach Eilean Donan zu reisen. Ihr habt sie um wenige Stunden verpasst«, sagte er mit bedauerndem Lächeln.

Blane richtete sich in seinem Sessel auf und blickte zu seinem Bruder. »Wenn wir uns beeilen ... Nein, heute ist es wohl schon zu spät. Aber wenn wir gleich morgen bei Tagesanbruch aufbrechen, könnten wir sie bis zum Nachmittag einholen.«

Während Gabhan zustimmend nickte, hatte Aonghas Mühe, sein Lächeln aufrechtzuerhalten. Warum war Owen nicht hier! Eine günstigere Gelegenheit, Blane zu töten, als auf dem Rückweg nach Eilean Donan, würde sich ihnen kaum bieten. Im Stillen verfluchte er Cinhaé. Wenn sie nicht gelauscht hätte, wäre er nicht gezwungen gewesen, Owen auf sie anzusetzen. *Dann wäre er jetzt hier und könnte sich um Blane kümmern!*

Kaum hatte er Owen ausgesandt gehabt, da hatte Cormac die Befürchtung geäußert, was geschehen würde, wenn Cinhaé Sheona berichtete, was sie gehört hatte. Darüber machte Aonghas sich keine Sorgen. Sheona war leicht beeinflussbar. Ein paar wohlgewählte Worte würden sie rasch davon überzeugen, dass Cinhaé sich alles nur eingebildet hatte. Wichtig war nur, dass Aonghas mit Sheona sprechen konnte, ehe ihr Vater es tat.

»Eine wirklich hervorragende –« Aufgeregte Stimmen auf dem Gang ließen Aonghas innehalten. Die Tür flog auf. Aonghas fuhr herum, da stürzte ein Mann in einem staubigen Plaid in den Raum.

»Was fällt dir ein!«, donnerte der Chief ungehalten. Er wollte schon nach seinen Kriegern rufen, die auf dem Gang Wache standen, als sein Blick auf das Gesicht des Mannes fiel. Schweiß und Staub mischten sich zu einer schmierigen Schicht, die seine Züge wie ein dünner Film überzog, dennoch erinnerte er sich an den Mann. Er hatte heute Morgen auf dem Kutschbock gesessen.

»Herr«, schnappte der Kutscher atemlos, ehe Aonghas etwas sagen konnte. »Die Frauen ...« Er holte keuchend Luft.

Gabhan sprang so heftig auf, dass sein Sessel ins Wanken geriet. »Was ist mit ihnen?«

Der Kutscher rang noch immer um Atem. »Herr ... die ... Frauen ... sie ... sie wurden ... entführt!«

»Was!« Blane packte den Mann bei den Schultern. Einen Moment lang war Aonghas nicht sicher, ob Blane ihn schütteln oder stützen wollte. »Rede, Mann!«, forderte er ungeduldig und gab ihn abrupt wieder frei.

»Eòran MacDougal hat ... er hat sie in seiner Gewalt. Herr, MacDougal droht, sie zu töten, wenn Ihr seinen Bruder nicht freilasst!«

»Bei Gott!«, schnappte Gabhan. »Wer ist dieser MacDougal? Was hat das zu bedeuten, Aonghas?«

Zumindest muss ich mir jetzt keine Sorgen machen, dass Cinhaé auf ihre Brüder treffen könnte. Beinahe hätte er die Nachricht der Entführung mit Freude aufgenommen. Einzig dass sich auch Sheona und damit sein ungeborenes Kind in der Gewalt seines tot geglaubten Neffen befand, dämpfte seine Begeisterung. Wenn es ihm jedoch gelang, Sheona zurückzubekommen und dafür zu sorgen, dass Cinhaé ihrem Entführer zum Opfer fiel, müsste er nicht länger fürchten, sie könne seine Pläne verraten. Wenn die Geiselübergabe trotz seines Einsatzes fehlschlug, konnte ihm niemand einen Vorwurf machen. *Ein verirrter Pfeil ist schon so manchem zum Verhängnis geworden.* Iomaér würde James – oder Eòran, wie er sich nun nannte – für den Tod seiner Tochter verantwortlich machen. Wenn er ihn nicht tötete, würde Aonghas das für ihn tun.

Aonghas' Blick fiel auf Gabhan und Blane. Bestürzung zeichnete die Mienen der Brüder, aber auch Entschlossenheit, ihren Schwestern zu Hilfe zu kommen. Er unterdrückte ein zufriedenes Lächeln. *Wer hätte gedacht, dass sich ausgerechnet mein Neffe als nützlich erweisen würde!*

Gabhan wanderte vor dem Kamin auf und ab. Dabei

strich er sich unaufhörlich über den Bart. Schließlich blieb er stehen und richtete den Blick auf Aonghas. »Was ist das für ein Gefangener, um den es geht?«

»Ein Viehdieb«, erklärte Aonghas. »Sein Bruder war heute Morgen hier und hat um seine Freilassung gebeten. Ich habe ihn fortgeschickt.« Er schüttelte den Kopf. »Wenn ich geahnt hätte, wozu er imstande ist ...«

Blane legte ihm eine Hand auf die Schulter. »Du hast dir nichts vorzuwerfen, Schwager. Wir hätten nicht anders gehandelt. Jetzt jedoch müssen wir besonnen vorgehen. Wir dürfen nichts tun, womit wir das Leben der beiden gefährden könnten!«

»Natürlich nicht!«, rief Aonghas. »Ich werde auf die Forderungen dieses Verbrechers eingehen und seinen Bruder freilassen. Das Wichtigste ist, dass Sheona nichts geschieht – und natürlich Cinhaé. Sobald sie in Sicherheit sind, kann sich MacDougal darauf gefasst machen, dass ich Vergeltung üben werde!«

»Die Unterstützung der MacKenzies ist dir sicher.«

»Danke, mein Freund.« Aonghas wollte ihm nicht länger in die Augen sehen. Sein Blick heftete sich wieder auf den Kutscher. »Wann soll die Übergabe sein?«

Der Mann schüttelte hilflos den Kopf. »Das hat er nicht gesagt. Er ... er sagte, er würde Euch mitteilen, wann und wo die Freilassung erfolgen soll, Herr.«

»Dann werden wir warten.« Er nickte. »Du kannst jetzt gehen. Säubere dich und ruh dich aus. Du hast deine Pflicht getan.« Mit einer knappen Geste entließ er den Mann.

»Natürlich werden wir bleiben«, sagte Gabhan, kaum dass der Kutscher gegangen war. »Wir werden bei der Übergabe an deiner Seite sein. Ich werde sofort eine Nachricht an Vater schicken!«

Aonghas' Miene versteinerte sich. Nicht wegen der Nachricht an Iomaér, sondern wegen des Entschlusses der Brüder, an der Übergabe teilzunehmen. Unter den Augen der MacKenzies konnten seine eigenen Männer nur schwerlich in seinem Sinne handeln. Um sein Missfallen zu verbergen, kehrte er zum Kamin zurück. Eine Weile starrte er in die Flammen, als müsse er die schrecklichen Neuigkeiten erst bewältigen. Dann griff er nach seinem Ale und nahm einen kräftigen Zug. Bedächtig stellte er den Humpen auf das Sims zurück. Als er sich erneut Blane und Gabhan zuwandte, hatte er sich wieder unter Kontrolle. Der Entschluss der Brüder, zu bleiben, mochte seine Pläne schwieriger gestalten. Vereitelt waren sie dadurch längst nicht. Aonghas hatte gesehen, welcher Zorn unter Eòrans oberflächlicher Besonnenheit schlummerte. Wenn er Cinhaé nicht selbst töten konnte, musste er eben dafür sorgen, dass sein Neffe es für ihn tat.

12

Der raue Ostwind strich mit kühlen Fingern über den Wald. Ein durchdringender Geruch aus feuchter Erde und Torf erfüllte die Luft. Heute Nacht würde es Regen geben. Eòran lehnte sich mit dem Rücken gegen einen Baum und blickte zum Gehöft hinüber. Eine Weile hatte er dort bei seinen Männern am Feuer gesessen, hatte mit ihnen gegessen und Ale getrunken. Keiner von ihnen wirkte besorgt oder auch nur angespannt. Sie hatten gescherzt und gelacht. *Als wüssten sie nicht, was sie heute riskiert haben.* Natürlich wussten sie es. Sie waren Krieger, keine dummen Jungen. Jedem von ihnen war bewusst, dass die Angelegenheit nicht damit beendet sein würde, dass Kyle freikam. MacRae würde das nicht auf sich sitzen lassen. Dennoch hatten sie nur den Kopf geschüttelt, als Eòran ihnen angeboten hatte, zu gehen.

Finn hatte den Aleschlauch sinken lassen und die Augen zusammengekniffen. »Hat dir der kleine rothaarige Teufel einen Stein an den Kopf geworfen?«

Eòran grinste flüchtig. »Nein, mit meinem Kopf ist alles in Ordnung.«

»Was ist dann los mit dir? Erst befiehlst du uns, dir bei der Suche zu helfen, und dann willst du uns wegschicken. Denkst du etwa, uns sei nicht bewusst gewesen, dass es gefährlich wird?« Niall schob sich ein Stück Fleisch in den Mund. Kauend fügte er hinzu: »Ich wusste von Anfang an, dass es keine gute Idee ist.«

»Ach, und warum hast du dann mitgemacht?« Der Feuerschein zeichnete tiefe Schatten auf Tormonds wettergegerbte Züge, als sich seine Augen auf Niall richteten.

»Weil ich an Eòrans Stelle nicht anders gehandelt hätte.«

Auch Murray ließ sich nicht so leicht die Laune verderben. »Wir haben die Frauen. Was soll schon passieren?«

Eòran riss ein Stück Brot entzwei und schloss die Faust darum. MacRae würde es nicht wagen, offen gegen den Clan MacDougal vorzugehen. Ganz sicher jedoch würde er Mittel und Wege finden, Vergeltung zu üben. »Sobald die Frauen frei sind, hat MacRae keinen Grund mehr, sich zurückzuhalten. Seine Krieger werden uns jagen.«

Murray zuckte die Schultern. »Sobald wir wieder auf Dunstaffnage sind, wird er nichts weiter unternehmen.« Er sah Eòran an. »Ach komm schon, du glaubst doch nicht ernsthaft, dass MacRae nichts Besseres zu tun hat, als uns für den Rest seines Lebens zu verfolgen?«

»Nein, das glaube ich nicht. Aber er wird alles daran setzen, uns zu fassen, *bevor* wir die Burg erreichen. Vielleicht auch danach noch.« Eòran blickte in die Runde. »Ich will nur, dass jedem von euch klar ist, welches Risiko ihr eingeht, wenn ihr bleibt.«

Plötzlich grinste Murray. »Wir könnten –«

»Was könnten wir?«, fiel Eòran ihm ins Wort. Er ahnte bereits, was Murray sagen wollte. »Die Frauen behalten? Für immer?«

»Nein, wo denkst du hin! Nur *eine* von ihnen – Sheona. Wir könnten drohen, sie zu töten, wenn sich ein MacRae auch nur in der Nähe eines MacDougals blicken lässt.« Sein Grinsen wurde noch breiter. »Ich würde mich um sie kümmern. Eine schöne Frau wie sie und ein stattlicher Kerl wie ich – stellt euch nur vor, welch hübsche Kinder wir haben könnten!«

»Murray!« Niall warf einen abgenagten Knochen nach ihm. »Du bist wirklich ein Idiot! Kannst du vielleicht auch mal an etwas anderes denken als an deine Brautschau!«

»Sieh ihn dir doch an, Niall«, mischte sich Finn grinsend ein. »Seit ich ihn kenne, versucht er ein Weib zu finden, das es mit ihm aushält. Diese Entführung ist vielleicht seine letzte Hoffnung!«

Tormond begann zu lachen. Murray knurrte etwas, das wie »Sucht euch erst mal selbst eine Frau« klang. Damit war das Thema erledigt. Keiner der Männer würde Eòran im Stich lassen.

Als schließlich die Dämmerung hereinbrach, hatte Eòran sein Schwert genommen und sich ein Stück in den Wald zurückgezogen. Hier würde er seinen Teil der Nachtwache halten. Er machte sich keine Sorgen, dass die Frauen entkommen konnten. Sie waren eingesperrt. Vielmehr bereitete ihm der Gedanke Kopfzerbrechen, dass MacRaes Clansmen sie aufspüren könnten. Das war auch der Grund, warum er nicht unmittelbar vor dem Haus Posten bezogen hatte. Er wollte nicht sofort gesehen werden, falls sich tatsächlich jemand dem Haus näherte. Ganz bestimmt wollte er einem Bogen- oder Armbrustschützen kein Ziel bieten.

Auf dem Hof war der Schein des Lagerfeuers inzwischen erloschen. Die Männer waren schlafen gegangen. In ein paar Stunden würde er Finn wecken, damit er die nächste Wache übernahm.

Der Tag war schwierig gewesen, dennoch war Eòran zuversichtlich. Die Männer standen hinter ihm und mit Cinhaé hielt er den Schlüssel zu Kyles Freiheit in Händen.

Eine Weile saß er ruhig da und ließ seinen Blick über die Umgebung schweifen. Mittlerweile war es beinahe dunkel. Die einzigen Geräusche, die jetzt noch die Stille durchbrachen, waren das stete Rauschen des Windes, der durch die Baumkronen fuhr. Eòran lehnte sich zurück und genoss die Ruhe. Ein Ast knackte. Nicht weit von ihm entfernt und zu laut, als dass es lediglich eine Maus oder ein anderes Tier sein konnte. Er packte sein Schwert und sprang auf. Mit dem Baumstamm im Rücken lauschte er in die Nacht und sah sich um. Dunkel wuchsen die Silhouetten der Bäume aus dem Waldboden empor, mächtige Schatten, die sich im Wind leicht neigten. Alles erschien ruhig. Kein ungewöhnliches Geräusch, keine Bewegungen. Dann gewahrte er einen schemenhaften Umriss, der zwischen den Bäumen aufwuchs. Die Gestalt eines großen Mannes, keine fünfzig Fuß entfernt. Zu weit weg, um mehr zu erkennen, und doch nahe genug, um Eòran zu entdecken.

»Ich will dir nichts tun«, sagte der Mann, ohne sich von der Stelle zu rühren. Seine Stimme kam Eòran vage bekannt vor. »Ich bin gekommen, um mit dir zu sprechen.«

Eòran kniff die Augen zusammen. Er glaubte helles Haar auszumachen ebenso wie den Schatten eines Bartes. Zusammen mit der Stimme und der Gestalt fügte sich alles zu einem Bild. Es war der Hüne aus der Burg. *Verlass Dun Cun-*

nartach und komm nie wieder hierher zurück! Andernfalls wird er dich töten. Das Claymore des Mannes hing noch immer über seinem Rücken, dennoch ließ Eòran sein Schwert nicht sinken. Er sah sich um, suchte nach weiteren Kriegern. Doch der Hüne schien allein zu sein, andernfalls hätte Eòran etwas gehört. Selbst der geschickteste Mann konnte sich nicht vollkommen lautlos im Wald bewegen.

Das bedeutete jedoch nicht, dass niemand hier war. *Womöglich sind sie bereits auf dem Weg zum Haus, während ich hier abgelenkt bin.* Er dachte daran, nach Finn und den anderen zu rufen.

»Ich bin allein«, sagte der Hüne, als könne er Eòrans Gedanken lesen. »Ich habe nicht vor, dir etwas anzutun.«

Sicher, und deine Drohung von heute Morgen war nur ein gut gemeinter Rat. Eòran fluchte lautlos. Entweder musste er diesen Mann jetzt töten oder – falls er wieder ginge – das Lager räumen und die Frauen an einem anderen Ort verstecken. Das setzte jedoch voraus, dass er *tatsächlich* allein war. »Ich wüsste nicht, was wir zu besprechen hätten. Versucht nicht, mich für dumm zu verkaufen. Was wollt Ihr wirklich? Mich ablenken?«

»Ich habe in meinem Leben vieles getan, auf das ich nicht stolz bin, doch mein Wort ist noch immer etwas wert. Ich gebe dir mein Ehrenwort, dass ich nicht hier bin, um dir etwas anzutun. Im Gegenteil – ich will dir helfen!«

»Helfen?« Um ein Haar hätte Eòran gelacht. »Wie wollt Ihr das tun?«

»Darf ich näher kommen?«

»Lasst Eure Waffen dort hinten zurück. *Alle* Waffen. Kommt nicht zu nah, macht keine hastigen Bewegungen und sorgt dafür, dass ich stets Eure Hände sehen kann«, wies er den Hünen an. »Ich warne Euch, macht keine Dummheiten!«

Langsam und so, dass Eòran jede seiner Bewegungen genau verfolgen konnte, öffnete der Mann die Schnalle seines

Schwertgehenks und ließ es zu Boden gleiten. Dann griff er in seinen Ärmel, zog ein Sgian Dubh hervor und legte es neben das Schwert.

»Keine weiteren Waffen«, erklärte er und kam langsam näher. Die Arme hielt er leicht angewinkelt, sodass Eòran seine leeren Hände sehen konnte. Zehn Fuß von Eòran entfernt blieb er stehen. »Darf ich mich setzen?« Als Eòran nickte, ließ er sich mit untergeschlagenen Beinen nieder.

Eòran rührte sich nicht vom Fleck. Er hielt noch immer sein Schwert in der Hand, hatte die Spitze jedoch ein wenig gesenkt.

»Willst du dich nicht auch setzen?«

»Wohl kaum«, entgegnete Eòran kühl. Er hatte nicht vor, sich von seinem Gegenüber erst in Sicherheit wiegen und dann überrumpeln zu lassen. »Also?«

»Was ich dir zu sagen habe, fällt mir nicht leicht. Und womöglich wirst du mir zunächst nicht glauben. Aber ich versichere dir, dass es nichts als die Wahrheit ist.«

»Könntet Ihr aufhören, meine Zeit mit langen Reden zu verschwenden, und zur Sache kommen?«

Der Hüne, der selbst im Sitzen noch groß und stattlich wirkte, seufzte. »Mein Name ist Owen«, sagte er und sah Eòran in die Augen.

Als er auch nach einer Weile nicht fortfuhr, sagte Eòran: »Und weiter? Was wollt Ihr?«

»Ich bin Owen«, wiederholte der Mann und betrachtete Eòran mit gerunzelter Stirn. »Mein Name sagt dir nichts?«

»Warum sollte er?«

»Weil du mich kennst.«

»Ich begegne auf den Clanstreffen zu vielen Männern, als dass ich mich an alle erinnern könnte. Wenn wir uns also schon einmal begegnet sind –«

»Nein«, unterbrach Owen ihn, »kein Clanstreffen. Es ist

lange her. Sehr lange.« Mit einem Mal wirkte der große Mann unsicher. Das Frösteln, das Eòran plötzlich überkam, hatte nichts mit dem Wind zu tun. Die Kälte stammte aus seinem Inneren, geboren aus der Erkenntnis, dass dieser Mann aus irgendeinem Grunde wichtig für ihn war. Owen sah ihn noch immer an. »Was ich dir jetzt erzählen werde, wirst du mir womöglich zunächst nicht glauben. Doch lass dir versichern: Jedes Wort ist wahr.« Eòran wollte ihn gerade erneut auffordern, endlich zu sagen, warum er hier war, als Owen erklärte: »Dein Name ist nicht Eòran MacDougal.«

Die Worte trafen ihn ins Mark. »Woher wollt Ihr das wissen?«

»Erinnerst du dich an deinen richtigen Namen oder daran, woher du kommst?«, fragte Owen.

Eòran blickte den Mann mit steinerner Miene an und schwieg. Was sollte er auch sagen? Warum sollte er überhaupt mit diesem Fremden über seine Vergangenheit sprechen? *Ist das der fehlende Teil meines Lebens? Kann er ihn mir geben?*

»Dein Name ist James«, fuhr Owen fort, als Eòran nichts sagte. »James MacRae.« Eòran schnappte nach Luft. Er wollte den Mann unterbrechen, doch der gebot ihm zu schweigen. »Du warst fünf Jahre alt, dein Bruder – Robert – drei, als alles geschah. Ihr seid William MacRaes Söhne. Aonghas ist euer Onkel. Er –«

»Genug!«, sagte Eòran schneidend. »Ihr kommt hierher, nachdem ich das Weib Eures Chiefs entführt habe, und wollt mir erzählen, dass dieser Mann mein Onkel ist! Nehmt Eure Sachen und geht!«

Owen machte keine Anstalten, sich vom Fleck zu rühren. »Es gab damals einen Streit«, fuhr er mit ernster Miene fort. »Dein Vater überraschte deine Mutter und Aonghas. Deine Mutter hat versucht, die beiden zur Vernunft zu bringen. William stieß sie fort. Sie stürzte und brach sich das Genick.

Daraufhin verlor Aonghas die Beherrschung. Er liebte deine Mutter und glaubte, William habe sie absichtlich getötet. Er nahm ein Messer und stieß es William in die Brust.«

Eòran starrte ihn an. Was Owen beschrieb, waren die Bilder jenes immer wiederkehrenden Traumes, der ihn seit jeher verfolgte. Er war nicht imstande, etwas zu erwidern, wusste nicht einmal, was er denken oder fühlen sollte.

»Willst du dich nicht endlich setzen?«

Eòran rührte sich nicht. »Eine nette Geschichte. Jeder meiner Freunde weiß, dass ich ein Findelkind bin. Ihr könntet dieses Wissen aufgeschnappt haben und versucht nun, mein Vertrauen zu gewinnen, indem Ihr mir ein rührseliges Ammenmärchen auftischt. Wie ist Euer Plan? Wolltet Ihr Euch uns anschließen, um bei der ersten Gelegenheit die Frauen zu befreien? Oder solltet Ihr lediglich Euren Kriegern ein Zeichen geben, damit sie uns im Schlaf niedermachen können?«

»James, hör mich an!« Owen richtete sich auf.

»Mein Name ist Eòran«, entgegnete er eisig.

Der blonde Mann gab nicht auf. »Du hast die Augen deiner Mutter und die Züge deines Vaters! Dein Bruder und du, ihr seid im richtigen Alter! Du willst noch mehr Beweise?«

Owen erhob sich. Augenblicklich richtete Eòran das Schwert auf ihn. »Keinen Schritt weiter!«

Erneut hob sein Gegenüber die Hände zum Zeichen, dass er nicht vorhatte, anzugreifen. »Du hast eine Narbe.«

»Jeder Mensch hat Narben.«

»Sie ist an deinem Hals. Beginnend unter dem rechten Ohr bis etwa zur Mitte –«

»Für jeden deutlich zu sehen.« Eòran neigte den Kopf ein wenig zur Seite und entblößte seinen Hals. »Ein armseliger Beweis.«

Owen suchte Eòrans Blick. »Was ist mit jenem Teil, der

sich unter deinem Hemd verbirgt? Sie müsste weniger ausgeprägt etwa bis zur Brust hinabgehen und oberhalb des Herzens enden.«

Eòrans Finger krampften sich um sein Schwert. »Woher …?«

Jetzt senkte der große Mann den Blick. »Du hast diese Narbe meinetwegen«, sagte er ruhig. »Dein Vater war ein schlechter Chief. Der Clan hungerte, während er alles, was er besaß, ausgab, um Krieg zu führen. Er scherte sich nicht darum, ob seine Leute starben. Nicht so Aonghas – dein Onkel. Er ist ein guter Mensch! Zumindest war er das damals. Er sorgte sich um die Menschen und tat, was in seiner Macht stand, um ihr Leid zu lindern. Doch William war ein Tyrann. Er hörte nicht auf den Rat seines Bruders und machte weiter wie bisher. Für Aonghas war es erschreckend, immer nur zuzusehen und nichts tun zu können. Eines Abends kam es zu einem erbitterten Streit. Es ging um deine Mutter, denn im Gegensatz zu William, der mit ihr vermählt war, liebte Aonghas sie.«

Eòran hörte nicht weiter hin. Er wusste, was dann geschehen war, kannte die Bilder, die sich unauslöschlich im Geiste eines damals fünfjährigen Jungen festgesetzt hatten. »Sie ist unglücklich gestürzt«, sagte Eòran leise.

Owens Blick heftete sich auf ihn. »Du hast es gesehen?«, entfuhr es ihm voller Entsetzen. »Bei Gott, der Tod seiner Eltern ist nichts, was ein kleiner Junge sehen sollte!«

Eòrans Hand zitterte. Es fiel ihm schwer, das Schwert zu halten, dennoch krampften sich seine Finger weiter um den Griff. Owen sagte die Wahrheit. Alles stimmte mit seiner Erinnerung überein. Wenn er an die Traumbilder zurückdachte, sich die Menschen darin vorstellte, dann gewannen ihre bis dahin verschwommenen Gesichter zunehmend an Kontur. Die Züge seiner Eltern vermochte er noch immer nicht zu erkennen – es war zu lange her, dass er sie das letzte Mal gesehen hatte. Aonghas' Gesicht jedoch sah er nun deutlich vor sich. Eine jüngere Ausgabe des Mannes, dem er heute Morgen gegenübergestanden hatte. *Das war der Grund, warum er mir so vertraut erschien.* Der Mann, dessen Gemahlin er entführt hatte, war sein Onkel!

»Eòran?«

Er zuckte zusammen, als Owen ihm plötzlich eine Hand auf die Schulter legte. Hastig hob er das Schwert, doch Owen war schneller. Er nahm ihm die Waffe einfach aus der Hand und legte sie zur Seite. »Setz dich, ich würde dir gerne den Rest erzählen.«

Nur widerwillig kam Eòran Owens Bitte nach. Er fürchtete nicht länger, der Mann könne ihn angreifen, dennoch sträubte sich alles in ihm, sich niederzulassen. Owen kannte die Antworten auf die Fragen, die Eòran so lange umgetrieben hatten. Doch was, wenn er dafür gar nicht bereit war?

13

Draußen war es still geworden.

Ein wenig umständlich stand Cinhaé auf. Die letzten Stunden hatte sie am Zugang zum Stall gesessen, den Kopf an das raue Holz der Tür gelehnt, und gelauscht. Anfangs waren die Männer nebenan viel hin und her gelaufen. Vermutlich hatten sie ihre Ausrüstung ins Haus getragen. Dann hatte sie Stimmen auf dem Hof vernommen – zu weit entfernt, als dass sie die Worte hätte verstehen können. Es schien, als hätten sie sich draußen versammelt. Cinhaé glaubte den Geruch von Torf wahrzunehmen, der durch die Lücken im Mauerwerk in ihr Gefängnis strömte. Ganz sicher war sie sich dessen jedoch nicht. Nachdem die Männer keine Anstalten machten, sich zur Ruhe zu begeben, nutzte Cinhaé die Zeit, den Stall und die Scheune zu erkunden. Auf Sheona gestützt, um ihren Fuß zu schonen, sah sie sich um und versuchte sich alles gut einzuprägen. Nach einer Weile kehrte sie zur Tür zurück. Als schließlich die Dämmerung über das Land kroch und ihr Gefängnis in Finsternis hüllte, war Cinhaé mit ihrer Umgebung vertraut genug, um sich auch im Dunkeln zurechtzufinden.

Die MacDougals stellten ihre Geduld auf eine harte Probe. Lange Zeit vernahm sie nichts als Gelächter und unverständliches Stimmengewirr. *Werden die denn nie müde?* Ihr selbst fiel es mit jedem Herzschlag schwerer, gegen die Müdigkeit anzukämpfen. Einzig die Anspannung, unter der sie stand, hielt sie davon ab, die Augen zu schließen und einzunicken. Und die Kälte. Sie hatte schon vor geraumer Zeit zu frieren begonnen, und mit jedem verstreichenden Moment sehnte sie sich mehr nach einer Decke oder einem warmen Umhang.

»Schlafen sie schon?«

Cinhaé fuhr zusammen, als plötzlich Sheonas gedämpfte Stimme aus dem Durchgang zum Stall erklang. Sie war so sehr mit den Vorgängen außerhalb ihres Gefängnisses beschäftigt gewesen, dass sie nicht einmal gehört hatte, wie ihre Schwester näher gekommen war. »Noch nicht«, erwiderte sie leise, nachdem sie ihren Schrecken überwunden hatte. »Geh wieder rüber. Ich komme zu dir, wenn es so weit ist.«

»Ich bleibe bei dir.«

»Wenn du neben mir bist, wird es noch schwieriger, zu hören, was draußen vor sich geht.« Es war schon schwer genug, nicht ständig auf die Geräusche zu achten, die sie selbst verursachte. Das leise Rascheln von Stoff, wenn sie sich bewegte. Ihre Atemzüge. Das Pochen ihres Herzens, das immer dann heftiger wurde, wenn sie darüber nachzudenken begann, was sie vorhatte. Jeder Laut erschien ihr in der Dunkelheit um ein Vielfaches durchdringender zu sein als gewöhnlich. Falls nun auch noch Sheona hier war, würde es ihr womöglich nicht mehr gelingen, sich auf das zu konzentrieren, was außerhalb des Stalls vor sich ging. Zu ihrer Erleichterung zog sich Sheona ohne Widerworte zurück.

Erneut verstrich eine lange Zeit, immer wieder durchbrochen von Lachen und Rufen, ehe sich die Geräusche veränderten. Endlich kam Bewegung in die Männer. Schritte erklangen. Sie waren im Haus. Der Schein einer Laterne fiel unter dem Türspalt hindurch in den Raum. Cinhaé rückte ein Stück weg, da sie fürchtete, jeden Augenblick könne jemand nach Sheona und ihr sehen. Doch niemand kam. Das Licht verschwand und überließ Cinhaé einmal mehr der kalten Dunkelheit ihres Gefängnisses. Eine Weile noch drangen gedämpfte Stimmen aus dem Wohnraum an ihr Ohr, ehe auch sie verstummten. Cinhaé ließ noch einige Zeit verstreichen, bevor sie ihre steifen Glieder reckte und zu Sheona hinkte. Durch die Lücken im Mauerwerk zwängten sich ein paar Strahlen Mondlicht herein und entrissen die Scheune der Finsternis. Cinhaés Augen streiften über ein Meer aus schwarzen und grauen Schatten. Dann entdeckte sie Sheona. Sie hatte sich vor der Wand zusammengerollt und schlief. Vorsichtig kniete Cinhaé neben ihr nieder.

»Sheona«, flüsterte sie und legte ihr eine Hand auf den Arm. »Wach auf!«

Es dauerte einen Moment, dann setzte Sheona sich auf. »Ist es so weit?«

»Ja.«

»Was genau wollen wir tun?«

Mit dieser Frage hatte sich Cinhaé während der vergangenen Stunden lange beschäftigt. Da die Männer sie mit verbundenen Augen hierhergebracht hatten und sie nicht einmal wusste, wo sie sich befanden, war es schwer, einen ausgeklügelten Plan zu fassen. »Sobald wir hier raus sind, halten wir uns in Richtung Westen.« Cinhaé war früher oft mit ihren Brüdern jagen gewesen. Deshalb kannte sie das Land um Eilean Donan herum gut. Spätestens wenn sie die Küste erreichten, würde sie wissen, welchen Weg sie einschlagen mussten, um nach Hause zu gelangen.

»Und wie wollen wir hier herauskommen?«

Statt zu antworten, zupfte Cinhaé eine der langen silbernen Haarnadeln aus Sheonas hochgesteckten Locken und hielt sie in die Höhe. Ein schlanker Schatten im Mondlicht. »Hiermit.«

Nachdem die Männer Sheona und sie eingesperrt hatten, war Cinhaé bewusst geworden, wie nützlich ihr die Haarnadeln sein konnten. Während der vergangenen Stunden hatte sie ständig gefürchtet, einer der Männer könne auf den Gedanken kommen, ihnen die spitzen Schmuckstücke abzunehmen. Immerhin ließe sich damit durchaus Schaden anrichten. Tatsächlich hatte Cinhaé daran gedacht, Eòran MacDougal eine der Nadeln ins Herz zu jagen. Doch davon hätte sie – von einer kurzen Befriedigung einmal abgesehen – nichts gehabt. Selbst wenn es ihr gelungen wäre, ihn zu töten, wären noch immer vier Männer übrig, die ihren Anführer vermutlich mit Freuden gerächt hätten.

Gefolgt von Sheona kehrte sie zur Tür zurück. Wieder legte sie das Ohr an das Holz und lauschte. Draußen war alles ruhig. Cinhaé umfasste die Nadel und schob das Ende durch den Türspalt, unterhalb des Riegels. Langsam schob sie die Nadel nach oben. Ihre Handflächen waren schweißnass, sodass sie ihr Werkzeug mit beiden Händen umfassen musste, damit es ihr nicht entglitt. Endlich stieß sie auf Widerstand. Vorsichtig drückte sie die Nadel weiter nach oben. Sie spürte, wie der Riegel sich bewegte. Dann rutschte ihr die Nadel aus den Fingern und fiel mit einem leisen *Pling* zu Boden. Cinhaé unterdrückte einen Fluch. Tastend fuhren ihre Hände über den Boden. Ihr Herz schlug schneller, ihre Bewegungen wurden hektischer, als sie die Nadel nicht sofort fand. Dann stießen ihre Fingerspitzen gegen das Silber. Cinhaé packte zu. Ehe sie sie erneut durch den Türspalt schob, wischte sie sich die nassen Handflächen an ihrem Rock ab. Wieder schob sie die Nadel unter den Riegel und drückte immer weiter nach oben. Der Holzverschluss bewegte sich leicht, doch die Nadel war zu dünn. Cinhaé spürte, wie sie unter der Last nachgab und sich zu verbiegen begann. Sie drehte sie ein Stück und versuchte es erneut. Wieder gab sie unter dem Gewicht nach.

»Verflucht!« Cinhaé zog die Nadel zurück. Mit den Fingern fuhr sie darüber und ertastete eine leichte Krümmung. Wenn sie es noch einmal wagte, würde sie brechen. Sie wandte sich zu Sheona um. »Gib mir die anderen!«, verlangte sie leise. Sheona löste nun auch ihre restlichen Locken und reichte Cinhaé den Haarschmuck. Nur noch zwei lange Nadeln. Die kleinen Kämmchen und Spangen legte sie zur Seite. Zum ersten Mal bedauerte Cinhaé, dass sie lediglich ein Haarband trug. Sie riss einen schmalen Streifen Stoff aus ihrem mittlerweile reichlich zerfetzten Unterrock und machte sich daran, die Nadeln damit zu einem robusteren Werkzeug zusammenzubinden. Es kostete sie einige Mühe, den Stoff im Dunkeln so zu wickeln, dass die Nadeln möglichst nebeneinander lagen, sodass sie auch mit dem Stoff noch durch den Spalt passten. Nach einigen Versuchen hatte sie es geschafft.

Erneut wandte sie sich der Tür zu. Dieses Mal funktionierte es. Langsam hob sich der Riegel, schabte an seiner Halterung entlang. Dann klappte er mit einem vernehmlichen

Klacken zur Seite. Cinhaé hielt den Atem an und wartete. Als nach einer Weile noch immer nichts zu hören war, drückte sie gegen das Holz. Mit einem leisen Knarren schwang die Tür auf. Cinhaé steckte die Haarnadeln an ihren Gürtel und spähte in den dunklen Gang, der sich vor ihr erstreckte. Nachdem sie sicher war, dass sich im Haus niemand regte, trat sie dicht an Sheona heran und hauchte ihr ins Ohr: »Bleib dicht hinter mir!«

Cinhaé wagte einen ersten Schritt aus dem Stall heraus, wobei sie sich bemühte, ihr Bein so wenig wie möglich zu belasten. Die Frage, wie sie mit ihrem verletzten Knöchel den weiten Weg nach Eilean Donan zurücklegen sollte, verdrängte sie.

Die Dielen knarrten leise, als sie den Fuß darauf setzte. Erschrocken hielt sie inne, während sie darauf wartete, dass jeden Moment einer der Männer aus dem Wohnraum stürmen und sich auf sie stürzen würde. Cinhaés Augen zuckten rastlos von einer Seite zur anderen. Ihr Herz hämmerte vor Aufregung wild in ihrer Brust, als sie vorsichtig einen weiteren Schritt tat. Wieder knarzten die Dielen. Diesmal jedoch blieb sie nicht stehen. Sie griff nach Sheonas Arm und führte sie über den Gang. Schritt für Schritt tasteten sie sich ihren Weg durch die Dunkelheit. Lediglich ein leises Schnarchen aus dem Wohnraum durchdrang die atemlose Stille.

Endlich erreichte Cinhaé die Haustür. Sie gab Sheonas Hand frei und ließ ihre Finger auf der Suche nach dem Riegel über das Holz gleiten. Vorsichtig hob sie ihn an und zog behutsam die Tür auf. Das Holz ächzte. Cinhaé erstarrte. Dann umfasste sie Sheonas Handgelenk und zog sie mit sich nach draußen.

Der Mond tauchte die Umgebung in fahles Licht, hell genug, dass Cinhaé sich orientieren konnte. Schroff erhoben sich die Umrisse der Höhenzüge aus der Nacht. Cinhaé ließ Sheonas Hand wieder los und umrundete das Haus. Ihre Augen streiften über den nahen Waldrand, während sie abzuschätzen versuchte, wie viel Zeit ihnen noch bis Tagesanbruch blieb. Vermutlich noch vier, wenn sie Glück hatten, fünf Stunden. Eine Zeit, die sie nutzen mussten, um so weit wie möglich vom Gehöft wegzukommen.

Eine kühle Brise strich über ihr Gesicht und vertrieb ihre Müdigkeit. Die Luft roch nach Regen. Sie hob den Blick zum Himmel. Tatsächlich zogen sich über ihnen dichte Wolken zusammen.

Cinhaé deutete auf den Wald. »Dort entlang«, flüsterte sie.

Wenn die Männer nach ihnen zu suchen begannen, war das der einzige Ort, der ihnen Unterschlupf bieten konnte. Humpelnd überwand Cinhaé die wenigen Schritte, die sie vom Waldrand trennten. Sie vergewisserte sich, dass Sheona dicht bei ihr war, dann trat sie zwischen die Bäume. Laub raschelte. Zweige knackten. Der Boden war weich und sie sank bei jedem Schritt ein Stück ein. Vorsichtig schob sie sich zwischen den Bäumen hindurch. Zu ihrer Erleichterung gab es nur wenig Unterholz, sodass sie keine Schwierigkeiten hatte, ihren Weg zu finden. Schon bald schloss sich eine Wand aus Blättern und Zweigen hinter ihnen und verwehrte ihnen die Sicht auf das Gehöft. Das Haus nicht mehr sehen zu müssen, erfüllte Cinhaé mit Erleichterung. Sie blieb stehen und sah sich nach Sheona um.

»Bis zum Morgen halten wir uns einfach immer geradeaus«, erklärte Cinhaé leise. »Lass uns so viel Abstand zwischen diese Kerle und uns bringen wie möglich. Bei Tagesanbruch suchen wir uns einen Unterschlupf, um uns ein paar Stunden auszuruhen, ehe wir weitergehen.« Sie hoffte, dass es ihr gelingen würde, sich solange auf den Beinen zu halten.

14

Endlich wusste Eòran, was in jener Nacht, die ihn in seinen Träumen verfolgte, geschehen war. Ebenso wusste er nun, wie sehr Aonghas Eòrans Mutter geliebt und die Art seines Vaters, den Clan zu führen, verabscheut hatte.

»Alles, was Aonghas je wollte, war, dass der Clan nicht länger Hunger zu leiden hatte. Du musst das verstehen.«

Owens Worte ließen ihn aufhorchen. Warum sollte er das nicht verstehen? Der Onkel aus seinem Traum war kein böser Mensch. Nicht umsonst fühlte Eòran sich jedes Mal hin- und hergerissen, wem seine Sympathien gelten sollten. Eòran legte die Stirn in Falten. »Da ist noch mehr, oder?«

Owen nickte. »Aonghas fürchtete, Williams Erben könnten eines Tages ihr Recht beanspruchen, den Clan zu führen. Er hat –«

»Er hat versucht, Kyle und mich umzubringen?«

»Verurteile ihn nicht dafür«, sagte Owen hastig. »Er wollte verhindern, dass ihr womöglich alles zunichtemacht, was er bis dahin aufgebaut hätte. Ja, er wollte euch töten. Aber er brachte es nicht über sich. Deshalb überließ er es mir.«

Eòran fuhr auf. Was er während der vergangenen Stunde gehört hatte, war mehr als genug für ein ganzes Leben. Dennoch musste er jetzt auch noch den Rest hören. Nachdem er noch einmal tief durchgeatmet hatte, wandte er sich Owen erneut zu. »Warum habt Ihr es nicht zu Ende gebracht? Wurdet Ihr gestört?«

»So könnte man es wohl nennen.« Owen hielt seinem Blick stand. »Ich war damals jung – jünger noch als dein Bruder heute. Aonghas war mein Freund. Er hatte meine Loyalität verdient. Der Gedanke, ihn zu verraten, indem ich euch heimlich in Sicherheit brachte, war … Das konnte ich nicht tun. Ich ritt mit euch in die Highlands. Robert und du, ihr habt geschlafen. Du bist erst aufgewacht, als ich dich aus dem Sattel gehoben habe. Ich zog mein Messer und setzte dir die Klinge an den Hals, direkt unter dem rechten Ohr.« Für einen Moment stockte er. »Bei Gott, ich wollte Aonghas nicht enttäuschen! Ich setzte den Schnitt an. Als ich das erste Blut aus der Wunde quellen sah, riss ich die Klinge herum. Statt dir die Kehle durchzuschneiden, glitt das Messer noch ein Stück über deine Brust, ehe ich es zurückzog. Ich versuchte es noch einmal, aber ich konnte es nicht tun.« Owens Augen ruhten auf Eòran. Doch sein Blick war verschleiert, als sähe er nicht den erwachsenen Krieger, sondern einen fünfjährigen Jungen, den zu töten ihm aufgetragen worden war. Er schüttelte den Kopf. »Ich beschloss, die Entscheidung in Gottes Hände zu legen und euch dort draußen zurückzulassen. Wenn Gott euren Tod wollte, so dachte ich, würde er euch zu sich nehmen.«

»In der Wildnis verrecken lassen, meint Ihr!«

»James, ich –«

»Mein Name ist Eòran! Hört endlich auf, mich anders zu nennen!« Eòran ballte die Hände zur Faust. »Was wollt Ihr hier? Seid Ihr nur gekommen, um Euer Gewissen zu beruhigen? Dann könnt Ihr jetzt gehen! Nehmt Eure Waffen und verschwindet!« Sobald er fort wäre, würde er zum Gehöft zurückkehren und die Frauen in ein anderes Versteck bringen. »Na los!«

»Ich werde nicht gehen«, erwiderte Owen überraschend heftig und sprang auf. »Achtzehn Jahre habe ich nicht gewusst, was aus dir und deinem Bruder geworden ist. Jeden Tag habe ich mich gefragt, ob ich euch dem sicheren Tod überlassen habe oder ob ihr noch am Leben seid. All die Jahre hat mich mein Gewissen nicht zur Ruhe kommen lassen! Wenn du jetzt glaubst, du könntest mich einfach wegschicken und mich um die Möglichkeit bringen, zumindest einen Teil meiner Schuld zu sühnen, irrst du dich!« Er machte einen Schritt auf Eòran zu. »Die ganze Zeit über lebte Aonghas in dem Glauben, du seist tot. Als du jedoch heute bei ihm warst, hat er dich erkannt. Er weiß, wer du bist, und er will deinen Tod.«

»Den will er ohnehin, nachdem ich sein Weib entführt habe.«

»Du verstehst nicht!« Owen war noch immer aufgebracht. »Dein Bruder war sein Gefangener. Nichts weiter als ein einfacher Viehdieb. Jetzt jedoch ist er der Köder, mit dem Aonghas dich anlocken wird. Er wird dir eine Falle stellen. Wenn du Robert zurückhaben und am Leben bleiben willst, musst du schlauer sein als er. Du musst dein Wissen nutzen – und du bist auf meine Hilfe angewiesen!«

»Ich brauche Euch nicht! Verdammt, ich traue Euch nicht einmal!«

»Das solltest du aber«, erwiderte Owen ruhiger. »Ich kenne Aonghas. Ich weiß, wie er denkt, wie er fühlt und was er tun wird. Wenn du mit heiler Haut davonkommen willst, tätest du gut daran, meine Hilfe anzunehmen.«

»Nennt mir nur einen einzigen Grund, warum ich jemandem vertrauen soll, der sich selbst als MacRaes Freund bezeichnet!«

»Veränderung.«

Eòran blinzelte. »Was soll das heißen?«

»Aonghas ist nicht mehr der, den ich kannte. Er war einmal voller Ideale, wollte nur das Beste für seinen Clan. Noch immer steht sein Streben nach Wohlstand und Sicherheit an oberster Stelle. Alles, was er tut, geschieht zweifelsohne zum Wohle des Clans. Im Laufe der Jahre verlor er jedoch jedes Maß. Die Mittel, die er einsetzt, sind nicht mehr die meines ehrbaren Freundes von einst.«

Eòran lehnte mit verschränkten Armen an einem Baum und hörte zu. Es erstaunte ihn, auf welche Art und Weise Aonghas MacRae die anderen Clans dazu gebracht hatte, ihm Gefolgschaft zu schwören. *Die eigenen Krieger als Räuber ausgeben.* Unwillkürlich schüttelte er den Kopf. Sein Blick richtete sich erneut auf Owen, der begonnen hatte, vor ihm auf und ab zu laufen. Dieser Mann steckte bis zum Hals in MacRaes Machenschaften. Wie sollte Eòran ihm nach allem, was er jetzt wusste, vertrauen? *Vielleicht gerade deshalb.* Owen hätte ihm das nicht erzählen müssen. Wenn es ihm nur darum ginge, die Frauen zu befreien oder Eòran zu töten, hätte er es längst getan. Was er sagte, schien aufrichtig: Er wollte helfen.

All die Dinge, die er in der kurzen Zeit seit Owens Erscheinen erfahren hatte, wirbelten wild in seinem Kopf umher. *James MacRae.* Der Name fühlte sich falsch an. Er war Eòran, Sohn von Duncan MacDougal. Daran würde sich nichts ändern. Die Frage war, was er nun mit dem neu gewonnenen Wissen über seine Herkunft anfangen sollte. Zweifelsohne würde die Antwort darauf warten müssen, bis Kyle frei war.

»Ich kann nicht länger akzeptieren, was aus deinem Onkel geworden ist. Ich habe schon zu lange –«

Ein leises Rascheln ließ ihn schlagartig verstummen. Gleichzeitig fuhren Eòran und er in Richtung des Geräuschs herum. Noch war nichts in der Dunkelheit auszumachen, doch die Laute kamen näher. Eòran sah zu Owen. Der deutete auf einen Baum. Eòran nickte, hob sein Schwert auf und zog sich lautlos mit Owen ein Stück zurück. Owens Blick wanderte kurz zu seinen Waffen, die noch immer in einiger Entfernung auf dem Waldboden lagen, und richtete sich dann fragend auf Eòran. Wieder nickte er. Es war riskant, doch jetzt würde sich zeigen, ob er Owen tatsächlich vertrauen konnte. Dessen ungeachtet folgte Eòran ihm zwischen den Bäumen hindurch. Immer wieder hielten sie inne und lauschten. Die Geräusche kamen stetig näher, bis Eòran glaubte, gedämpfte Stimmen ausmachen zu können. Als er zwei Gestalten zwischen den Bäumen entdeckte, legte er Owen eine Hand auf die Schulter und zwang ihn, stehen zu bleiben.

15

Rauschend fuhr der Wind durch die Baumkronen. Die Ankündigung eines heraufziehenden Unwetters. Cinhaé spähte durch das Blätterdach in den Himmel. Noch lagen helle Flecken zwischen den dunkelgrauen Wolkenfetzen. Wenn ihnen das Glück hold war, hielt das Wetter noch bis zum Morgen. Entschlossen trat sie zwischen zwei hohen Kiefern hindurch, als ihr Fuß an etwas hängen blieb. Sie verlor das Gleichgewicht und stürzte. Ihre Rippen prallten auf einen Stein. Keuchend rollte sie sich herum. Eine Hand in die Seite gepresst, kämpfte sie sich auf die Knie, als sie Sheonas spitzen Schrei hinter sich vernahm.

»Cinhaé! Vorsicht!«

Cinhaé fuhr herum. Die Bewegung schmerzte. Schlimmer jedoch als der Schmerz war der Anblick, der sich ihr bot. Dunkel erhoben sich die Umrisse eines Mannes über ihr. Sie kniff die Augen zusammen, um besser sehen zu können, doch selbst nachdem sie sicher war, dass es sich um Eòran MacDougal handelte, konnte sie es noch immer nicht fassen. Wo war er so plötzlich hergekommen? *Ich hätte ihn doch hören müssen!* Als er sich nach vorne beugte, um nach ihr zu greifen, warf sie sich zur Seite und wälzte sich unter seiner Hand hindurch. Da trafen ihre Augen auf ein Claymore, das neben einem Sgian Dubh auf dem Boden lag. Plötzlich begriff sie, warum sie ihn nicht gehört hatte. Er war *vor* ihnen hier gewesen!

Cinhaé wollte nach dem Schwert greifen. Doch schon bei der Kutsche war sie kaum in der Lage gewesen, die schwere Klinge zu heben. Also packte sie statt des Claymores das Sgian Dubh. Mit der Klinge in der Hand kam sie auf die Knie. Sie ignorierte den pochenden Schmerz und versuchte ihr Gewicht auf den anderen Fuß zu verlagern. Erst jetzt sah sie, dass MacDougal nicht allein war. Hinter ihm stand ein anderer, größerer Mann. Owen! Während sie sich noch fragte, was seine Anwesenheit zu bedeuten hatte, versuchte MacDougal, sie zu fassen zu bekommen.

»Zurück!«, fuhr sie ihn an und stemmte sich mit erhobenem Sgian Dubh auf die Beine.

Von ihrer Warnung unbeeindruckt, kam er näher und streckte ihr die Hand entgegen. »Gebt mir die Waffe.«

Cinhaés Blick fand Sheona, die wie erstarrt neben ihr stand, die Augen auf MacDougal und Cinhaé gerichtet. »Lauf!«, rief Cinhaé ihr zu, doch Sheona rührte sich nicht. »Verdammt, Sheona! Flieh! Ich hole dich ein!«

Da endlich fiel die Starre von ihrer Schwester ab. Mit einem letzten Blick zu Cinhaé wirbelte sie herum und verschwand zwischen den Bäumen. Hinter MacDougal machte Owen Anstalten, ihr zu folgen. Cinhaé bewegte sich einen Schritt zur Seite, sodass sie nun beiden den Weg versperrte. Sie wusste, dass für sie kaum noch Hoffnung bestand, zu entkommen. *Es sei denn, es gelingt mir, ihm den Dolch ins Herz zu stoßen.* MacDougal tat einen Schritt auf sie zu. Cinhaé hob das Sgian Dubh. »Kommt nicht näher, oder, ich schwöre bei Gott, ich werde Euch töten!«

Seine Augen schimmerten hell. »Ihr seid eine mutige Frau, aber jetzt solltet Ihr die Waffe weglegen.«

»Kommt näher und Ihr werdet sehen, *wie* mutig ich bin!«

Zu ihrem Entsetzen machte er tatsächlich einen weiteren Schritt auf sie zu. »Gebt mir das Messer, Cinhaé. Ich will Euch nicht verletzen.«

»Das kann ich nicht behaupten.«

MacDougals Angriff geschah so blitzschnell, dass sie ihn erst kommen sah, als es beinahe zu spät war. Gerade noch war er reglos vor ihr gestanden, durch die auf ihn gerichtete Klinge auf Abstand gehalten. Einen Herzschlag später schnellte er vor. Sie wollte ihm den Dolch zwischen die Rippen jagen, doch ihre Hand wollte ihr nicht gehorchen. Noch nie hatte sie einen Menschen getötet. Sie brachte es auch jetzt nicht über sich. Cinhaé sprang zur Seite. Er folgte ihrer Bewegung. Sie prallte gegen seine Schulter und wurde zurückgeworfen. Um nicht das Gleichgewicht zu verlieren, machte sie einen Ausfallschritt. In dem Augenblick, als sich ihr Gewicht auf den verletzten Knöchel senkte, explodierte ein flammender Funkenregen vor ihren Augen. Keuchend fiel sie auf die Knie.

Nur undeutlich war sie sich MacDougals kühler Hand bewusst, als er ihr das Sgian Dubh entwand. Schwer atmend lag sie auf den Knien, dankbar, dass es ihr zumindest gelungen war, Sheona einen kleinen Vorsprung zu verschaffen. Jetzt konnte sie nur noch hoffen, dass es genügte. Als sie jedoch aufsah, bemerkte sie, dass Owen fort war. *Bei Gott, Sheona, lauf!*

Ein beständiges Dröhnen erfüllte ihren Kopf. Es dauerte eine Weile, ehe ihr bewusst wurde, dass MacDougal auf sie einredete. Ob er sie anbrüllte oder normal mit ihr sprach, vermochte sie ebenso wenig zu sagen, wie sie seine Worte verstehen konnte. Ihr Blick fiel auf einen Stein, der keine zwei Handspannen von ihr entfernt lag. Während MacDougal noch redete, griff sie danach und holte aus. Der Stein krachte mit einem dumpfen Schlag gegen seine Schläfe und fällte ihn wie einen Baum. Cinhaé ließ den Stein fallen und kämpfte sich auf die Beine. Sie musste so weit wie möglich von ihm fort, bevor er wieder zu sich kam.

Grimmig blinzelte Owen gegen den Sturm an, der ihm immer wieder Staub und Erde ins Gesicht blies. Von Zeit zu Zeit glaubte er vereinzelte Regentropfen auf der Haut zu spüren, doch noch wollte das Unwetter nicht losbrechen. Der auffrischende Wind trieb die Wolken vor sich her, die immer wieder den Mond verdeckten und das Land für einige Augenblicke in Dunkelheit versinken ließen. Entferntes Donnergrollen drang an sein Ohr. Ein zorniger Laut, der ebenso einer menschlichen Kehle entstiegen sein konnte.

So schnell die Dunkelheit es zuließ, hetzte er durch den Wald, das Schwertgehenk, das er hastig aufgehoben hatte, in Händen haltend. Er hoffte inständig, dass er den richtigen Weg eingeschlagen hatte. Eòran hatte gerade begonnen, ihm zu vertrauen. Das durfte er jetzt nicht zerstören, indem er Sheona entkommen ließ. Sollte das geschehen, würde Eòran ihm niemals glauben, dass er sie nicht gefunden hatte. *Er würde annehmen, ich hätte sie vor ihm in Sicherheit gebracht.* Owen verfluchte sich dafür, dass er ihr nicht sofort gefolgt war. Sein Zögern hatte nichts mit Cinhaé zu tun gehabt. Es wäre ein Leichtes gewesen, ihr aus dem Weg zu gehen, solange sie damit beschäftigt war, sich Eòran vom Leib zu halten. Einzig wegen Eòran hatte er nicht sofort gehandelt. Owen war sich nicht sicher gewesen, wie er es aufnehmen würde, wenn ausgerechnet er Aonghas' Frau folgte. Erst als er begriff, dass er Robert – *Kyle* – in Gefahr brachte, wenn er Sheona entkommen ließ, hatte er gehandelt.

Owen war erleichtert, dass Eòran ihn angehört hatte. Natürlich hatte er ihm anfangs nicht glauben wollen. Damit hatte Owen gerechnet. Tatsächlich war es leichter gewesen als gedacht, Eòran davon zu überzeugen, wer er war und woher er kam. Dass der Junge sich an jene verhängnisvolle Nacht, in der seine Eltern zu Tode gekommen waren, erinnerte, war dabei eine große Hilfe gewesen.

Zu seiner Erleichterung hatten sich alle Hoffnungen bewahrheitet, die Owen in Eòran gesetzt hatte. Er schien in der Tat ein aufrechter Mann zu sein. Genau der Richtige, um Aonghas' Treiben endlich Einhalt zu gebieten. Ehe sie das tun konnten, mussten sie jedoch zunächst einmal Kyle freibekommen. *Und dafür brauchen wir Sheona!* Wo zum Teufel war sie? Wie konnte sie so schnell sein? Nicht auszudenken, was geschehen würde, wenn er sie nicht fand oder ihr etwas zustieß!

Das Wissen, dass ohne Sheona alles verloren war, trieb Owen voran. Im Laufschritt eilte er durch den Wald. Immer wieder setzte er über Wurzeln oder umgestürzte Bäume hinweg. Anfangs war er nicht sicher gewesen, in welche Richtung er sich halten sollte. Schließlich war er zu dem Schluss gelangt, dass sie versuchen würde, so viel Abstand wie möglich zwischen sich und das Gehöft zu bringen. Da der Wald an dieser Stelle noch schmal war, blieb ihr nur ein Weg, den sie gehen konnte.

Von Zeit zu Zeit hielt er inne und sah sich um. Tatsächlich fand er immer wieder Spuren, die darauf hindeuteten, dass Sheona hier entlanggekommen war. Ein Fetzen ihres hellblauen Kleides, der an einem Strauch hängen geblieben war. Ein paar umgeknickte Äste, einmal sogar ein Fußabdruck, deutlich sichtbar im Mondschein, der durch eine lichte Stelle im Blätterdach fiel.

Mit jedem Schritt, den er sich weiter vom Gehöft entfernte, wuchs seine Sorge, sie nicht rechtzeitig zu finden. Als er das nächste Mal stehen blieb, um sich umzusehen, flaute der Wind ab. Für einen Moment schien die Welt in Lautlosigkeit erstarrt zu sein. Dann zerriss das Heulen eines Wolfes die Stille. Owen hob den Kopf und blickte in die Richtung, aus der das Geräusch gekommen war. Der entsetzte Schrei einer Frau durchdrang die Dunkelheit. Owen zog das Claymore und rannte los. Mit großen Sätzen überwand er Büsche und Sträucher und folgte der Richtung, aus der der Schrei gekommen war. Wieder heulte ein Wolf. Während er lief, wartete er darauf, dass weitere Wölfe antworteten, stattdessen erklang erneut ein Schrei. Owen folgte dem Ruf durch die Nacht. Er stürmte einen Hügel hinauf und wäre um ein Haar gegen Sheona gestoßen, die wie versteinert auf der Anhöhe stand. Keine zehn Schritt von ihr entfernt – der Wolf. Owen packte Sheona und riss sie hinter sich. Sie geriet ins Stolpern und fiel. Er nahm sich nicht die Zeit, nach ihr zu sehen, denn im selben Augenblick, da er sie fortzog, setzte der Wolf zum Sprung an. Das Tier flog ihm entgegen. Owen holte aus und schlug zu. Ein erbärmliches Jaulen erklang, als die Klinge durch das Fell in sein Fleisch drang, und verstummte sogleich wieder. Der Wolf stürzte zu Boden und blieb reglos liegen. Owen stieß ihm mit der Fußspitze in die Flanke. Der Tierleib gab dem Druck seines Beines nach, doch von ihm ging keine Gefahr mehr aus. Der Wolf war tot.

Sheona kniete im Laub und blickte ihm hilflos zitternd entgegen. Ihre Locken fielen in hell schimmernden Strähnen auf ihre Schultern herab. Als sie aufsah, glänzten Tränen auf ihren Wangen. »Danke«, flüsterte sie atemlos.

Owen nickte. Er säuberte seine Klinge im Moos, steckte das Claymore in die Scheide und schnallte es sich über den Rücken. Dann half er Sheona auf die Beine. Sobald sie stand, wollte sie zurückweichen. Owen, der noch immer ihre Hand hielt, verhinderte, dass sie ihm erneut entkommen konnte. Er brauchte rasch einen Vorwand, warum er hier war. Etwas, das sie in dem Glauben ließ, er stünde noch immer auf Aonghas' Seite. »Habt keine Angst, Sheona. Ich bin hier, um Euch zu helfen.«

»Ihr bringt mich nach Hause?«

»Noch nicht. Ich muss Euch zunächst wieder zurückbringen.« Als er den Schrecken in ihren Zügen sah, fügte er hastig hinzu: »Vertraut mir. Aonghas hat mich geschickt, um Euch und Cinhaé zu befreien. Seine Krieger sind unterwegs.«

Sheona strich sich eine Locke aus der Stirn. Misstrauen prägte ihre Züge. »Warum bringt Ihr mich nicht fort?«

»Wir würden nicht weit kommen, ehe sie uns erneut eingefangen hätten. Sobald Aonghas' Männer hier sind, seid Ihr frei. Alles wird gut. Das verspreche ich Euch.« Offensichtlich war sie angesichts ihrer Begegnung mit dem Wolf noch immer zu erschrocken, um weitere Fragen zu stellen. Andernfalls hätte sie merken müssen, wie lächerlich dürftig seine Lüge war.

Graue Schemen durchdrangen die Dunkelheit, die Eòran umfangen hielt. Sein Schädel dröhnte dumpf. Es dauerte einen Moment, bis er begriff, was geschehen war: Cinhaé hatte ihn tatsächlich niedergeschlagen!

Er hob die Hand an die Schläfe. Seine Finger ertasteten Blut. Fluchend kam er auf die Beine und sah sich, noch immer benommen, nach ihr um. Sie war fort. *Ich hätte wissen müssen, dass sie Ärger machen würde!*

Trotz des Sgian Dubh war sie keine Gefahr für ihn gewesen. Schwieriger hingegen war es, ihr die Waffe abzunehmen, ohne sie dabei zu verletzen. Das Pochen hinter seiner Schläfe verriet ihm, dass sie sich um sein Wohl sichtlich weit weniger sorgte.

Das Verschwinden der Frauen war nicht das Einzige, was ihm Kopfzerbrechen bereitete. Er fragte sich auch, was Owen tun würde, wenn er Sheona fand. Würde er sie zu ihm zurückbringen oder fortschaffen? Zumindest würde sich nun zeigen, ob er dem Hünen vertrauen konnte.

Ein Blitz zuckte über den Himmel, gefolgt von einem krachenden Donnerhall. In einiger Entfernung heulte ein Wolf. Eòran packte sein Schwert und lief los. Er war noch nicht weit gekommen, als der Regen losbrach. Binnen kürzester Zeit war er bis auf die Haut durchnässt. Der Waldboden unter seinen Füßen verwandelte sich mehr und mehr in glitschigen Morast. Er hätte zornig sein müssen – immerhin hatte sie ihn niedergeschlagen –, doch es wollte ihm nicht gelingen, das Bild eines hilflos hinkenden Mädchens zu verdrängen, das verzweifelt versuchte, ihm zu entfliehen.

16

Ein zuckender Blitz durchbrach die Dunkelheit. Cinhaé tat einen erschrockenen Schritt nach vorne und versank bis zu den Knöcheln im Schlamm. Frierend und bis auf die Knochen durchnässt, suchte sie sich mit eingezogenem Kopf ihren Weg zwischen den Bäumen hindurch. Immer wieder rutschte sie aus und fiel hin. Jedes Mal zwang sie sich, wieder aufzustehen und weiterzuhinken. Der Wind peitschte ihr den Regen ins Gesicht. Sie bemühte sich, nicht darauf zu achten, und sah sich blinzelnd um. Schatten schwankten im Sturm. Bäume streckten ihre knorrigen Äste nach ihr aus, als versuchten sie, sie zu fassen zu bekommen.

Sheona, wo bist du? Cinhaé hoffte, sie einzuholen, ehe Owen es tat. *Sofern ich sie überhaupt finde.* Warum war Owen überhaupt bei MacDougal gewesen?

Sie wischte sich das Wasser aus dem Gesicht und humpelte einen Abhang hinab. Etwa auf halber Höhe glitt sie aus und verlor den Halt. Mit einem erschrockenen Schrei rutschte sie nach unten, ehe ihr Sturz unsanft an einem Baum endete. Voller Schlamm kämpfte sie sich wieder auf die Beine und folgte dem Verlauf des Hangs, während der strömende Regen langsam den Schlamm von ihren Gewändern wusch.

Die Bäume beugten sich unter der Macht des Windes, der heulend zwischen den Blättern hindurchfuhr und die Nacht mit Leben erfüllte. Ein ständiges Wispern und Raunen, das ihr das Gefühl gab, nicht länger allein zu sein. Die Furcht vor Verfolgern veranlasste sie, sich ständig umzudrehen. Immer wieder tauchten zuckende Blitze ihre Umgebung in helles Licht, und mehr als einmal fuhr sie erschrocken zusammen, wenn plötzlich ein Baum in unmittelbarer Nähe aus der Dunkelheit gerissen wurde und sich in ein lebendiges Gewitterungetüm verwandelte.

Für einen Moment hielt sie inne, um wieder zu Atem zu kommen. Jeder Schritt fiel ihr schwerer als der davor. Wenn es ihr gelang, ein Versteck zu finden, konnte sie sich ausruhen. Solange jedoch würde sie ihren Weg fortsetzen. Ein greller Blitz flammte auf. Vor ihr wuchs ein Schatten aus dem Boden. Erschrocken fuhr sie zurück. Nicht schnell genug. Der Schatten reckte sich nach ihr. Erst als sie die Hand spürte, die sich um ihren Arm schloss, begriff sie, dass es kein Baum war. Ein weiterer Blitz offenbarte Eòran MacDougals kantige Züge – sein Gesicht eine lebendige Fratze aus Licht und Schatten. Cinhaé versuchte, sich seinem Griff zu entwinden, doch seine Finger gruben sich unerbittlich in ihr Fleisch. »Loslassen!« Sie stemmte sich gegen ihn. Da zog er sie dicht an sich heran. Wasser sammelte sich in seinem Haar, lief ihm über das Gesicht und tropfte auf sie herab.

»Wollt Ihr weiter herumlaufen, bis Euch ein Blitz trifft? Oder zieht Ihr es vor, von einem Wolf zerrissen zu werden?« Wie um seine Worte zu unterstreichen, durchdrang ein entferntes Heulen die Nacht.

Der Wind fuhr über ihre nassen Gewänder und ließ sie

schaudern. Eine Welle der Erschöpfung flutete über sie hinweg. Als MacDougal sie herumdrehte und vor sich her schob, wehrte sie sich nicht länger.

Eine Weile liefen sie schweigend. Der Regen ließ ein wenig nach, doch der Boden war so aufgeweicht, dass jeder Schritt zum Balanceakt wurde. Cinhaé stolperte hinkend vor MacDougal her. Manchmal war sein Griff das Einzige, was verhinderte, dass sie ausglitt und in den Schlamm fiel.

»Liebt Ihr MacRae?«

Die Frage kam so überraschend, dass Cinhaé stehen blieb und sich zu ihm umdrehte. »Was?«

»Liebt Ihr ihn?«, wiederholte er ungeduldig.

Was sollte sie darauf erwidern? Dieser Mann plante, ihren Bruder zu töten und das Land ihres Vaters an sich zu reißen. Worte wie Hass und Verachtung schossen ihr durch den Kopf, wenn sie an Aonghas dachte. »Ich bin seine Frau«, sagte sie ausweichend.

»Das war nicht die Frage.« Mit einem Druck an ihrem Arm bedeutete er ihr, weiterzugehen.

Sie hatte ihn niedergeschlagen und alles, was er jetzt wissen wollte, war, ob sie ihren Gemahl, der nicht einmal ihr Gemahl war, liebte. »Warum interessiert Euch das? Versucht Ihr herauszufinden, ob Ihr zusätzlich Lösegeld fordern könnt?«

MacDougal zog sie näher zu sich heran. »Ich will herausfinden«, sagte er und sah ihr dabei in die Augen, »warum Ihr so verzweifelt zu fliehen versucht. Ihr scheint nicht sehr darauf zu vertrauen, dass Euer Gemahl alles daran setzen wird, Euch und Eure Schwester freizubekommen.«

Darauf wusste Cinhaé nichts zu erwidern. Es war töricht, zu hoffen, er würde Sheona und sie freilassen, wenn er erfuhr, was Aonghas plante. Sicher wüsste MacDougal auch aus dieser Situation einen Vorteil zu schlagen.

Es fiel ihr immer schwerer, einen Fuß vor den anderen zu setzen. Der Schmerz war kaum noch zu ertragen. Dennoch zwang sie sich weiter.

Plötzlich verschwand der Druck von ihrem Arm. Einen Atemzug später spürte sie seine Hand auf ihrer Schulter. »Bleibt stehen!«

Sie hielt inne. Erschrocken wanderte ihr Blick über den nächtlichen Wald auf der Suche nach einem Wolf oder einer anderen Gefahr. Als sie nichts zu entdecken vermochte, sah sie ihn an. Zu ihrem Erstaunen war sein Blick nicht auf die Umgebung, sondern auf sie gerichtet. In seinen Augen lag ein Ausdruck, den sie nicht recht zu deuten vermochte.

»Wann werdet Ihr mir endlich sagen, dass Ihr nicht mehr könnt?«

Seine Worte überraschten sie. Vielleicht gerade deswegen sagte sie: »Ich kann sehr wohl –«

»Weiterstolpern?« Selbst im Mondschein waren seine hochgezogenen Brauen deutlich zu erkennen. Kühn geschwungene Schatten, die seinem Zweifel Ausdruck verliehen.

»Ich bin –«, versuchte sie es erneut.

»Starrsinnig?«

Cinhaé wusste nicht, was sie sagen sollte. All die merkwürdigen Fragen, seine Höflichkeit, das plötzliche Interesse an ihrem Wohlergehen. Er hatte sie entführt! Er war ein Verbrecher! Warum benahm er sich nicht entsprechend? Seine Hand ruhte noch immer auf ihrer Schulter. Mit einem Mal hatte sie das Gefühl, dass er nicht weitergehen würde, bevor sie ihm nicht antwortete. »Eine kurze Rast wäre schön.« Nicht dass sie glaubte, sie würde sich nach ein paar Augenblicken der Ruhe besser fühlen.

Zu ihrer Verwunderung schüttelte er den Kopf. »Ich will keine Zeit verschwenden.«

»Was? Aber Ihr ...«

»Ich wollte wissen, ob Ihr noch weiterkönnt. Jetzt kenne ich die Antwort.« Cinhaé stieß einen erschrockenen Schrei aus, als er sie auf seine Arme hob. Sie wollte sich wehren, doch ihre Erschöpfung und die Erleichterung, dass die Belastung endlich von ihrem Bein genommen war, überwogen. Im Gegensatz zu ihrem Zusammenstoß in der Halle war ihr seine Nähe jetzt unangenehm. Dennoch hielt sie still.

»Was ist mit Eurem Bein passiert?«, fragte er, als er sich wieder in Bewegung setzte.

»Ich fiel vom Sitz, als die Kutsche zum Halten kam.«

»Das bedaure ich.«

Cinhaé erwiderte nichts. Schweigend setzte er seinen Weg fort. Sie versuchte, nicht ständig daran zu denken, dass sie sich in den Armen des Mannes befand, der Sheona und sie entführt hatte. »Wenn wir Schwierigkeiten bei der Übergabe zu erwarten haben«, begann er nach einer Weile, »solltet Ihr es mir sagen. Um unser aller willen.« Cinhaé schwieg weiter. »Fürchtet Ihr, dass er sich nicht erpressen lässt? Nicht einmal, wenn es um Euer Leben geht?«

Ich fürchte, dass er meinen Vater und meine Brüder töten wird! Es fiel ihr immer schwerer, ihr Schweigen aufrechtzuerhalten. Die Anspannung, die sie seit dem Morgen in sich trug, war kaum mehr zu ertragen. Sie sehnte sich danach, sich jemandem anzuvertrauen, doch MacDougal war nicht der Richtige dafür. Ihm schien nicht daran gelegen zu sein, Sheona oder ihr etwas anzutun. Dennoch würde er tun, was nötig war, um seinen Bruder zu retten.

Im Osten krochen bereits die ersten hellen Streifen Tageslicht über den Horizont, als sie das Gehöft erreichten. Inzwischen regnete es nicht mehr. Eòran war froh, dass er Cinhaé gefunden hatte, ehe ihr etwas zustoßen konnte. *Wenn ich sie verliere, ist Kyles Leben verwirkt!* Er hatte befürchtet, sie würde ihm mehr Schwierigkeiten machen. Sie war jedoch so erschöpft, dass sie alle Gegenwehr aufgegeben hatte. Zweifelsohne würde sie es erneut versuchen, sobald sie sich ein wenig erholt hatte. Im Augenblick jedoch schlief sie. Ihr Kopf ruhte an seiner Brust, das Haar klebte ihr in feuchten Strähnen im Gesicht und verbarg ihre Züge, ähnlich wie sie verbarg, was wirklich in ihr vorging. Sie war seinen Fragen ausgewichen, hatte ihm, wenn überhaupt, nur sehr nichtssagend geantwortet. Was er jedoch in ihren Augen gesehen hatte, wollte ihm nicht mehr aus dem Kopf gehen. Da war mehr als nur die Angst vor ihren Entführern gewesen. Dinge, über die sie nicht sprechen wollte. Oder konnte. Zweifelsohne steckte hinter ihrer kämpferischen Fassade mehr als der bloße Wunsch, zu entkommen. Aber was sollte das sein? Welche Sorgen konnte die Frau eines Chiefs schon haben? Unwillkürlich schüttelte er den Kopf. Er hatte wahrlich genug eigene Probleme. Eines davon war, wie er sie künftig von weiteren Fluchtversuchen abhalten konnte.

Auf dem Hof vor dem Haus hielt er inne. »Cinhaé?«, sagte er leise, um sie nicht zu erschrecken. »Wir sind da. Wacht auf!« Sie regte sich nicht. »Cinhaé?« Vorsichtig verstärkte er seinen Griff und drückte leicht gegen ihren Arm. Endlich öffnete sie die Augen. Einen Herzschlag lang war ihr Blick verschleiert. Verwirrt sah sie ihn an, dann klärte sich ihre Sicht. Eòran stellte sie behutsam auf die Beine, ohne ihr seinen Arm zu entziehen. Ihm entging nicht, dass sie versuchte, ihr Bein zu entlasten, indem sie ihr Gewicht auf das andere verlagerte.

Vor ihm wurde die Haustür geöffnet. Finn trat auf den Hof, gefolgt von Murray. Als die beiden Eòran und Cinhaé sahen, blieben sie stehen. »Was ist passiert?«, wollte Murray wissen.

»Die beiden haben zu fliehen versucht. Weck die anderen!

Wir müssen Sheona finden!« Es war besser, sich nicht darauf zu verlassen, dass Owen sie zurückbringen würde. Ehe Murray seinem Befehl jedoch folgen konnte, trat Owen zwischen den Bäumen hervor. Eòran stieß erleichtert den Atem aus, als er Sheona an seiner Seite entdeckte. *Zumindest weiß ich jetzt, dass ich ihm trauen kann.*

Owen und Sheona waren noch ein ganzes Stück vom Haus entfernt, als der Hüne mit einem Blick auf Finn und Murray innehielt. »Gut, dass ich sie gefunden habe. Sie wäre um ein Haar von einem Wolf angefallen worden.«

Cinhaé entfuhr ein Schreckenslaut. »Geht es dir gut? Bist du verletzt?« Sie wollte zu ihrer Schwester, doch Eòran hielt sie fest.

Finn trat neben Eòran. »Wer ist der Kerl?«

»Das ist eine längere Geschichte. Ich erkläre es dir später.« Eòran wandte sich an Murray: »Bring Sheona ins Haus.«

Owen, der Sheona noch immer am Arm hielt, übergab sie an den kleinen Mann und trat ein paar Schritte zurück. Nachdenklich blickte Eòran den beiden nach. Kurz darauf hörte er das leise Knarren der Stalltür. Schließlich wandte er sich an Owen. »Ich danke Euch.«

Owen tat es mit einem Schulterzucken ab. »Schon gut.«

Eòran wollte noch mehr sagen, doch in diesem Moment wand sich Cinhaé in seinem Griff. Sie wollte ihrer Schwester folgen. »Wartet!« Eòran hielt sie zurück. »Ich will Euer Wort, dass Ihr nicht noch einmal zu fliehen versucht!«

Augenblicklich wich die Erschöpfung aus ihren Zügen und machte dem alten Kampfgeist Platz. Dieser Ausdruck war es, der ihm bewusst machte, dass sie nicht einfach aufgeben würde. »Ich scherze nicht, Cinhaé.«

»Ach, und was wollt Ihr tun?«, erwiderte sie zuckersüß. »Mich umbringen? Das würde Eure Pläne verderben.«

Sie weiß genau, ich kann ihr nichts tun. Aber ich kann nicht zu-

lassen, dass sie uns in Gefahr bringt! Es gab nur einen Weg, sie zum Stillhalten zu zwingen.

Eòran verstärkte seinen Griff und drängte sie an die Hauswand. »Wenn Ihr Euch nicht zurückhaltet, werde ich Eure Schwester fortbringen«, zischte er. »Ich werde sie in den Highlands aussetzen – irgendwo in den Wäldern, zwischen Klippen und Wölfen!«

»Das wagt Ihr nicht!«

Eòran presste sie gegen die Wand, bis sie sich nicht mehr bewegen konnte. Ihr Atem strich über seine Haut, als er sein Gesicht dicht vor ihres brachte und ihr fest in die Augen sah. »Glaubt Ihr?«

Cinhaé versuchte erneut, sich ihm zu entwinden. Ohne den Blick von ihr zu nehmen, rief Eòran: »Murray, bring die Schwester der jungen Dame wieder nach draußen!« Erneut knarrte die Stalltür. Eòran sah, wie Cinhaé den Atem anhielt. Ein gedämpfter Schrei erklang aus dem Haus. Kurz darauf erschien Murray wieder auf der Schwelle und zerrte Sheona hinter sich auf den Hof.

»Bring sie zu meinem Pferd!«, verlangte Eòran.

Cinhaé spannte sich unter seinem Griff. »Nein! Wartet!«

Eòran betrachtete sie mit hochgezogener Braue. Mit einem Mal war die Rebellion in ihren Augen erloschen. Plötzlich war sie nicht mehr als eine hilflose junge Frau.

»Bitte«, fügte sie leise hinzu, »ich werde tun, was Ihr verlangt.«

Einen Moment noch ruhte sein Blick auf ihr, dann wandte er sich zu Murray um. »Schaff Sheona ins Haus zurück!« Er sah erneut zu Cinhaé. »Ich warne Euch nur ein einziges Mal. Noch eine Dummheit und ich werde es tun. Habt Ihr das verstanden?«

»Versprecht mir, dass meiner Schwester nichts zustößt!«

»Das habt Ihr selbst in der Hand. Jetzt kommt!« Er nahm

sie beim Arm und führte sie in die Scheune. Obwohl sie versuchte, sich ihm zu entziehen, schob er sie zur Wand.

»Lasst mich endlich los, Ihr verdammter –«

Eòran hob warnend die Hand. »Vergesst nicht, was Ihr versprochen habt!«

Cinhaé kniff die Augen zusammen. »Ihr wolltet, dass ich nicht noch einmal zu fliehen versuche. Wie ich Euch nenne, überlasst gefälligst mir!«

»Ihr tätet gut daran, Euch in Acht zu nehmen!«

Das Kinn trotzig nach vorne gereckt, ein feindseliges Funkeln in den Augen, erwiderte sie seinen Blick. Ihre Nasenflügel bebten vor Zorn. Da zog er sie zu sich heran und presste ihr einen harten Kuss auf den Mund. Ungestüm nahm er ihre Lippen in Besitz, ohne jede Zärtlichkeit, doch voller Leidenschaft und Verlangen. Cinhaé war von seinem Vorstoß so überrumpelt, dass sie sich im ersten Moment nicht einmal wehrte. Erst als er seine Zunge über ihre Lippen gleiten ließ, stieß sie ihn von sich. Im selben Atemzug holte sie aus und wollte ihm ins Gesicht schlagen. Eòran fing ihre Hand in der Luft ab. Sie versuchte sich zu befreien, doch seine Finger schlossen sich unerbittlich um ihr Handgelenk. Er wollte etwas sagen, wollte sie noch einmal warnen, nicht zu weit zu gehen, doch kein Wort kam über seine Lippen. Ein Teil von ihm war versucht, sie noch einmal zu küssen, während ihn jener Winkel seines Verstandes, in dem die Vernunft saß, eindringlich davor warnte. *Sie ist MacRaes Weib!* Mit einem Ruck gab er ihre Hand frei, machte kehrt und verließ ohne ein weiteres Wort die Scheune. Er mochte die Wildkatze an die Leine gelegt haben, doch die Krallen hatte er ihr nicht gezogen.

17

Nass und frierend saß Cinhaé vor der Wand auf dem Boden und starrte ins Nichts. Neben ihr hatte sich Sheona zusammengerollt und war eingeschlafen, noch ehe sie ein Wort wechseln konnten. Cinhaé hätte sie gerne gefragt, ob es ihr gut ging, doch sie wollte ihre Schwester nicht wecken. Zumindest äußerlich schien sie unverletzt.

MacDougal war noch nicht lange fort, da kam einer der anderen herein. Derselbe Bär von einem Mann, der sie bei der Kutsche auf sein Pferd gehoben hatte. Cinhaé glaubte sich zu erinnern, dass MacDougal ihn Finn genannt hatte. Er trug eine Laterne bei sich, denn obwohl draußen bereits der Morgen graute, lag das Innere des Hauses noch immer im Dunkeln. Er stellte die Lampe ab und betrachtete sie. »Seid Ihr hungrig?«, fragte er schließlich.

Cinhaé schüttelte den Kopf. Da nahm er seine Laterne und ging. Kaum war er fort, lehnte sie sich an die Wand zurück und schloss die Augen. Sie war so aufgewühlt, dass es ihr kaum gelingen wollte, einen klaren Gedanken zu fassen. Mühsam zwang sie sich zur Ruhe, lauschte auf ihren Atem, bis sie sich allmählich wieder in der Gewalt hatte. Was hatte MacDougal mit Owen im Wald zu suchen gehabt? Welche Rolle spielte er? Sosehr sie sich auch den Kopf zerbrach, ihr wollte keine passende Antwort einfallen. Das Einzige, was sie mit Sicherheit wusste, war, dass ihr nächster Fluchtversuch nicht scheitern durfte. Sie war nicht sicher, ob MacDougals Drohung, Sheona im Wald auszusetzen, wirklich ernst gemeint war. Dennoch beschloss sie, vorsichtig zu sein. Zunächst einmal jedoch musste sie einen Weg finden, aus dem Haus herauszukommen. Da sie die Haarnadeln bei ihrer Flucht verloren hatte, würde es ihr nicht noch einmal so leicht fallen, den Türriegel zu öffnen.

»Cinhaé?«

Erschrocken riss sie die Augen auf. Owens vertraute Gestalt löste sich aus dem Schatten, als er näher kam. Vor ihr ging er in die Hocke. »Ich muss zurück nach Dun Cunnartach. Vorher jedoch wollte ich Euch warnen. Aonghas weiß, dass Ihr uns belauscht habt.«

Eisige Kälte schlug ihre Klauen in Cinhaés Herz. »Gott steh mir bei«, hauchte sie atemlos. »Woher ... was ...«

»Ich werde Euch nichts tun, das schwöre ich bei meinem Leben.« Als wollte er seine Worte beweisen, trat er einen Schritt zurück. »Aber Aonghas hat mich ausgesandt, Euch zu töten.« Cinhaé starrte ihn an. Sollte sie um Hilfe schreien? Doch Owen machte keine Anstalten, sie anzugreifen. Er verharrte reglos. »Ich werde tun, was in meiner Macht steht, um Euch zu beschützen«, versprach er und wandte sich zum Gehen. Im Durchgang blieb er noch einmal stehen: »Seid vorsichtig.«

»Wie wollt Ihr mich schützen, wenn Ihr mich in den Händen dieses Barbaren lasst?«

»Vertraut mir.«

Selbst nachdem er längst fort war, hing Cinhaés Blick noch immer an der Stelle, an der er zuletzt gestanden hatte. Nur langsam fiel die Lähmung von ihr ab. Owen war ausgesandt worden, sie zu töten. Aber wie war es ihm gelungen, mitten ins Lager ihrer Entführer zu spazieren und ihr eine Warnung zu überbringen? Warum hatte er Sheona an der Flucht gehindert? Wenn er sie nicht töten wollte, warum hatte er Sheona und sie dann nicht befreit? *Vertraut mir.* Das würde sie sicher nicht tun! Nicht, solange sie nicht wusste, was Owen mit diesen Männern zu schaffen hatte.

Zitternd schlang sie die Arme um sich, doch es war jetzt keine Kälte, die sie schaudern ließ, sondern nackte Angst. Ein leises Knarren schreckte sie auf. Gedämpftes Licht drang durch ihre geschlossenen Lider. Cinhaé öffnete die Augen. Finn, der Bär, war zurückgekehrt. In der einen Hand hielt er die Laterne, in der anderen eine Schale und einen Trinkschlauch. Unter seinem Arm klemmten zwei Decken. Er ließ die Lampe im Durchgang zurück und kam zu ihr. Ein wenig umständlich stellte er Schale und Schlauch auf dem Boden ab.

»Es ist kalt hier«, sagte er und breitete eine der Decken über der schlafenden Sheona aus. Die andere schob er Cinhaé entgegen. Sie rührte sich nicht, selbst dann nicht, als er ihr die Schale und das Brot hinhielt. »Ihr habt den ganzen Tag nichts gegessen.« Sein sanfter Tonfall machte es schwer, in ihm den Verbrecher zu sehen, der er war. Die Freundlichkeit und die Sorge, die sie in seinem Blick fand, schienen echt zu sein. »Kommt schon, ich sehe doch, dass Ihr hungrig seid.«

Wenn ich je von hier fortkommen will, muss ich bei Kräften sein. Obwohl es ihr schwerfiel, ihren Stolz zu überwinden, griff sie schließlich nach der Schale. Sie versuchte Finns zufriedenes Lächeln ebenso zu ignorieren wie die Tatsache, dass er sie beobachtete, während sie aß. Als sie den Trinkschlauch öffnete und einen kräftigen Zug nahm, hätte sie sich vor Überraschung fast verschluckt. Anstelle des Wassers, das sie erwartet hatte, umspülte das kräftige Aroma von Ale ihre Zunge. Nachdem sie gegessen hatte, stellte sie die Schale zur Seite. »Warum tut ihr uns das an?«

»Weil wir uns nicht anders zu helfen wissen.«

»Vielleicht hättet ihr es mal mit Verhandeln versuchen sollen«, gab sie bissig zurück.

Finn betrachtete sie aus zusammengekniffenen Augen. »Eòran war heute Morgen bei Eurem Gemahl und hat ihn gebeten, Kyles Leben zu verschonen. Er hat sich geweigert«, entgegnete er scharf. »Wir sind keine Gesetzlosen. Keinem von uns bereitet es Freude, Euch und Eure Schwester hier festzuhalten, das könnt Ihr mir glauben. Aber da es nun einmal dazu gekommen ist, müssen wir das Beste daraus machen. Das gilt für uns genauso wie für Euch und Sheona. Wenn Ihr euch ruhig verhaltet, seid Ihr bald unversehrt zurück auf Dun Cunnartach.«

Sie glaubte ihm sogar, dass er nicht vorhatte, ihnen etwas anzutun, dennoch würde sie nicht tatenlos abwarten, bis er sie zu Aonghas zurückbrachte. Nicht nachdem sie wusste, dass Aonghas ihren Tod wünschte.

Nach seinen Worten herrschte Schweigen. Cinhaé lehnte sich zurück und starrte ins Nichts. Finn machte keinerlei Anstalten, zu gehen. Da ihr nicht der Sinn danach stand, das Gespräch fortzusetzen, griff sie nach der Decke und wickelte sich darin ein. Der Stoff war rau, aber warm. Sie schloss die Augen und gab vor, eingeschlafen zu sein. Tatsächlich jedoch kämpfte sie darum, wach zu bleiben und sich auf die Geräusche im Raum zu konzentrieren. Eine Ewigkeit schien zu verstreichen, ehe er sich endlich regte. Stand er auf? Durchquerte er jetzt den Stall? Cinhaé war versucht, ein Augenlid zu heben, um herauszufinden, was er tat. Da sie jedoch fürchtete, er könne es bemerken, verhielt sie sich still. Schritte erklangen. Das Licht schien sich zu bewegen. Ein heller Lichtschein tanzte vor ihren geschlossenen Lidern. Die Schritte entfernten sich zusammen mit dem Licht. Dann hörte sie, wie die Tür ins Schloss fiel und der Riegel vorgelegt wurde. Cinhaé wollte die Augen öffnen, doch es gelang ihr nicht. Die Dunkelheit des Schlafes senkte sich über sie und trug sie fort.

18

Owen interessierte sich nicht für die rege Betriebsamkeit, die ausgebrochen war, nachdem Murray die übrigen Männer geweckt hatte. Die neugierigen Blicke, mit denen sie ihn bedachten, während sie ihren Arbeiten nachgingen, kümmerten ihn nicht. Um Fragen aus dem Weg zu gehen, hatte er sich auf die andere Seite des Hofes zurückgezogen. Es stand ihm nicht zu, diesen Männern zu sagen, wer er war und was er hier zu suchen hatte. Das war Eòrans Aufgabe. Auf ihn richtete sich jetzt auch Owens volle Aufmerksamkeit. Nachdem Eòran ein paar knappe Worte mit einem der Männer gewechselt hatte, kam er jetzt auf Owen zu.

Obwohl Eòran ebenfalls die ganze Nacht auf den Beinen gewesen war, sah er nicht annähernd so müde aus, wie Owen sich fühlte. Sobald er ihn erreichte, blieb Eòran stehen. Einen Moment blickten sie einander an.

Dann reckte Eòran ihm die Hand entgegen. »Danke.«

Owen schlug ein. Als er seine Hand wieder zurückzog, fiel sein Blick auf eine Platzwunde an Eòrans Schläfe. »War das Cinhaé?«

Zu seinem Erstaunen grinste Eòran. »Sie scheint eine Vorliebe für Steine zu haben. Nur dass sie bei der Kutsche weniger gut gezielt hat.«

Owen besah sich die Wunde genauer. Inzwischen hatte sie aufgehört zu bluten und auch das Blut, das über seine Wange hinabgelaufen war, war mittlerweile getrocknet. »Das gehört gereinigt.« Er sah sich um, dann deutete er auf einen Findling, der sich keine fünf Schritt entfernt aus dem Erdboden erhob. »Setz dich.«

Ehe Eòran widersprechen konnte, wandte er sich ab und ging zum Haus. Auf der Schwelle kam ihm einer der Männer entgegen. Owen hielt den hageren Mann auf und bat ihn um ein Stück Tuch und einen Wasserschlauch. Sobald er beides hatte, kehrte er zu Eòran zurück. Der Junge stand noch immer dort, wo er ihn zuvor verlassen hatte. »Setz dich«, wiederholte Owen seine Aufforderung. Mit einem ergebenen Seufzer ließ Eòran sich nieder.

Owen tränkte das Tuch, dann reichte er Eòran den Wasserschlauch. »Halt das!« Er drehte Eòrans Kopf zur Seite und wischte zunächst das Blut um die Wunde herum fort. Von Zeit zu Zeit nahm er den Schlauch und tränkte das Tuch erneut. »Was wirst du deinen Männern über mich sagen?«

»Was schon?« Eòran zuckte die Schultern. »Die Wahrheit.«

Nichts anderes hatte Owen erwartet. Er lächelte beifällig. »Hast du dir schon Gedanken gemacht, wie die Übergabe vonstatten gehen soll?«

Eòran schüttelte den Kopf. »Ich weiß nur, dass ich das alles so schnell wie möglich hinter mich bringen will.« Er verzog kurz das Gesicht, als Owen begann, die Verletzung zu säubern. »Ich werde Aonghas heute noch eine Nachricht zukommen lassen.«

»Das würde ich nicht tun.« Owen hielt mitten in der Bewegung inne. »Aonghas will seine Frau lebend – sie trägt sein Kind unter dem Herzen.«

Eòran sah erstaunt auf. »Sie ist guter Hoffnung?«

Owen nickte. »Die Schwangerschaft ist noch nicht weit fortgeschritten, sodass man es ihr noch nicht ansieht. Solange sie in deiner Gewalt ist, wird er Kyle nichts antun.« Es fiel ihm noch immer schwer, den unvertrauten Namen auszusprechen. Dennoch bemühte er sich redlich, die Kinder von einst nicht länger James und Robert zu nennen. »Lass ihn einige Tage schmoren. Er –«

»Seid Ihr verrückt!«, schnappte Eòran und sprang auf. »Ich soll ihm Zeit geben, seine Krieger zu sammeln und sich einen Plan zurechtzulegen, wie er uns am besten umbringen kann?«

»Aonghas ist ein kluger Mann mit viel Kalkül«, stimmte Owen zu. »Wenn er jedoch unruhig wird – und das wird er werden, wenn er über Tage hinweg um das Leben seiner Frau bangen muss –, macht er Fehler.«

»Das ist mir zu riskant!«

»Vertrau mir, Eòran. Ich kenne ihn! Abgesehen davon«, fügte Owen hinzu, »werde ich in Dun Cunnartach sein und dafür sorgen, dass –«

»Ihr sagtet, Ihr hasst Aonghas.« Ein Anflug von Misstrauen blitzte in Eòrans Augen auf. »Warum solltet Ihr dann zurückwollen?«

»Die Frauen gegen deinen Bruder auszutauschen ist eine gefährliche Angelegenheit. Ich will versuchen, deinen Bruder zu befreien, *bevor* es überhaupt zu einer Übergabe kommen kann.« Der Zweifel in Eòrans Augen erlosch. Zum ersten Mal fragte sich Owen, ob ihm überhaupt die gesamte Tragweite dessen, was er ihm vergangene Nacht eröffnet hatte, bewusst war. »Du weißt, dass Aonghas dich jagen wird – auch wenn er seine Frau längst zurückhat?«

Eòran nickte. »Er will mich! Allein deshalb wird er sich auf eine Übergabe einlassen.«

»Ganz gleich, was du tust, vergiss nie, dass Aonghas alles daran setzen wird, Kyle *und* dich in seine Gewalt zu bekommen«, warnte Owen eindringlich. »Aonghas hat genug Schaden angerichtet. Lass nicht zu, dass er triumphiert.«

Unmittelbar nach seinem Gespräch mit Owen rief Eòran die Männer zusammen. In knappen Worten erklärte er ihnen, wer Owen war und dass er Sheonas Flucht in der vergangenen Nacht verhindert hatte. Zunächst reagierten sie mit Skepsis, dass sich ausgerechnet ein MacRae in ihrem Versteck aufhielt. Nachdem Eòran ihm jedoch sein Vertrauen aussprach, waren sie ebenfalls dazu bereit. Lediglich Finn blieb argwöhnisch. Er benutzte keine Worte, um seinen Bedenken Ausdruck zu verleihen. Das brauchte er nicht. Eòran sah es an seinen Augen.

Darüber, was Eòran über seine eigene Herkunft erfahren hatte, schwieg er. Damit wollte er sich zunächst einmal selbst auseinandersetzen. Das musste jedoch noch warten.

Nach seinem Gespräch mit den Männern ging er ins Haus, um nach den Frauen zu sehen. Sheona war wohlauf. Sie hatte etwas gegessen und wirkte nicht mehr ganz so verängstigt wie tags zuvor. Cinhaé schlief.

Schließlich brach Owen auf. »Halt Aonghas hin«, erinnerte er Eòran noch einmal. »Ich tue, was in meiner Macht steht, um Kyle zu befreien.« Er nannte Eòran eine markante Stelle im Wald, nahe Dun Cunnartach. Dort wollte er ihm eine Nachricht hinterlassen, falls es Schwierigkeiten gab. »Wir sehen uns bald wieder.«

Eòran schüttelte dem Hünen die Hand. »Seid vorsichtig.«

»Dasselbe gilt für dich.« Mit einem letzten Nicken schwang sich Owen in den Sattel und ritt vom Hof. Wasser, das sich während des Regens in Pfützen gesammelt hatte, spritzte unter den Hufen auf und hüllte Ross und Reiter in eine Gischtwolke.

Während Eòran ihm noch nachblickte, trat Finn neben ihn. »Wir sollten die Frauen von hier fortbringen.«

Eòran hatte sich schon gefragt, wie lange es dauern würde, ehe Finn mit seinem Misstrauen zu ihm kam. Ohne den Blick von Owen zu nehmen, der inzwischen nur noch als dunkler Fleck unter einem bleigrauen Himmel zu erkennen war, schüttelte er den Kopf. »Sie sind hier sicher.«

»Wie lange?«, schnaubte Finn. »Bis dieser Owen mit einem Trupp Clanskrieger zurückkehrt?« Er verzog das Gesicht. »Einen MacRae hierher zu bringen ist, als jage man sich selbst ein Messer ins Bein!«

Ich hätte wissen müssen, dass ich um dieses Gespräch nicht herumkomme. Allerdings hatte er gehofft, die Unterhaltung noch eine Weile hinausschieben zu können. Seit Owen erschienen war, hatte er keinen ruhigen Augenblick gehabt. Jetzt, da er fort war und sich die Aufregung allmählich legte, breitete sich in seinen Knochen mehr und mehr eine bleierne Müdigkeit aus. Alles, was er im Moment wollte, waren ein paar Stunden Schlaf.

»Ich vertraue ihm, Finn. Er ist in Ordnung.« Eòran wollte an ihm vorbei, um sich einen Platz zu suchen, an dem er sich eine Weile ausruhen konnte.

Finn vertrat ihm den Weg. »Damit willst du mich abspeisen!«

»Lass uns später darüber sprechen.«

»Nein, Eòran. Nicht später.« Finn legte ihm eine Hand auf die Schulter. Leise genug, dass die anderen ihn nicht hören konnten, sagte er: »Wir sind nicht in Dunstaffnage. Du bist hier nicht der Hauptmann, dessen Befehlen ich zu folgen habe. Hier bist du nicht mehr als mein Freund.« Finn sah ihm in die Augen. »Und als dein Freund sage ich dir: Du machst einen Fehler!«

»Ich weiß, ich habe keinerlei Befehlsgewalt über euch, und ich bin dir und den anderen dankbar, dass ihr –«

»Hör auf, um den heißen Brei zu reden«, verlangte Finn. »Du hast uns vorhin nicht alles erzählt, nicht wahr? Dieser Owen ist nicht nur ein Handlanger von MacRae. Da steckt mehr dahinter!«

»Du hast recht, da ist tatsächlich noch mehr.« Eòran seufzte. »Lass uns eine Runde um das Lager machen, dann erzähle ich dir alles.«

Einen Moment zögerte Finn, dann nickte er. Sie verließen

den Hof und tauchten in die kühlen Schatten des Waldes ein. Vereinzelt perlte noch Regenwasser von den Bäumen und tropfte raschelnd ins Unterholz. Der aufgeweichte Boden begleitete jeden Schritt mit schmatzenden Lauten. Eine Weile gingen sie nebeneinander her, während Eòran nach einem Anfang für seine Geschichte suchte.

»Ich habe vergangene Nacht Antworten auf all die Fragen gefunden, die mich schon mein ganzes Leben lang beschäftigen«, begann er endlich.

Finn sah ihn überrascht an, schwieg jedoch.

»Owen kam zu mir, als ich Wache hielt.« In allen Einzelheiten gab Eòran die Begegnung der letzten Nacht wieder. Selbst jetzt fiel es ihm noch immer schwer, zu glauben, dass er der Sohn eines Chiefs sein sollte. *Aonghas MacRaes Neffe.* »Owen ist nicht länger mit dem einverstanden, was MacRae tut. Abgesehen davon plagt ihn sein Gewissen. Er macht sich große Vorwürfe, dass er Kyle und mich damals zurückgelassen hat«, schloss er seinen Bericht. »Das will er nun wiedergutmachen.«

Finn blieb stehen. Ein Ast über ihm warf lange Schatten auf sein Gesicht. Lediglich seine Augen schimmerten hell. »Was wirst du jetzt tun?«

»Wir machen weiter wie geplant.«

»Das meinte ich nicht. Aonghas MacRae hat dich um dein Erbe betrogen! Was wirst du dagegen unternehmen?«

Die Vorstellung, ein Chief zu sein, erschien Eòran absurd. »Ich will nur Kyle zurück. Alles andere interessiert mich nicht.«

Einen Moment noch ruhte Finns Blick auf ihm, als wolle er noch mehr dazu sagen. Dann fragte er stattdessen: »Was, wenn dieser Owen dich belogen hat? Was, wenn er jetzt auf dem Weg ist, um MacRae unser Versteck zu verraten? Hast du daran gedacht?«

»Das wird er nicht tun«, entgegnete Eòran fest. »Alles, was er sagte, passte haargenau zu den Bildern aus meinem Traum. Er hat diesen verschwommenen Gesichtern Namen gegeben – und eine Bedeutung.« Wie sollte er Finn die Gefühle beschreiben, die Owens Worte in ihm ausgelöst hatten, wenn er selbst kaum vermochte, sie zu benennen? »Ich habe diesem Mann in die Augen gesehen, Finn. Er sagt die Wahrheit. Vertrau mir.«

»Das ist genau der Punkt: Ich vertraue *dir*, nicht aber einem Kerl, über den ich nicht mehr weiß als das, was du mir gerade erzählt hast! Wenn seine Geschichte wahr ist, hat er versucht, dich und deinen Bruder umzubringen! Wie kannst du –«

»Er hat es nicht getan«, sagte Eòran ruhig. »Das ist alles, was zählt.«

Finn kniff die Augen zusammen. »Ich werde trotzdem wachsam sein.«

19

Für eine Weile war es dunkel und still. Dann begann jemand an ihrem Bein zu ziehen. Cinhaé versuchte es zu ignorieren. Das Ziehen wurde stärker. Im Halbschlaf streckte sie den Arm aus, um die Hand fortzuschieben, die so beharrlich an ihrem Bein zupfte. Doch da war nichts. Ihre Finger griffen ins Leere. In der Hoffnung, es würde endlich ein Ende finden und ihr Geist könne erneut in erholsamen Schlaf tauchen, drehte sie sich herum. Stattdessen steigerte sich das Zupfen zu einem schmerzhaften Reißen. Stöhnend öffnete sie die Augen.

Schemen tanzten vor ihrem Sichtfeld auf und ab, ehe sie

langsam Form annahmen. Cinhaé blickte auf eine graue Bruchsteinwand, durchzogen von kleinen Spalten, durch die Tageslicht fiel. Ihr Gefängnis.

»Cinhaé!« Sie drehte den Kopf nach der Stimme und erblickte Sheona, die sich jetzt über sie beugte. »Wie fühlst du dich?«

Der tobende Schmerz in ihrem Knöchel war kein bisschen erträglicher geworden. Lediglich der Schlaf hatte es vermocht, ihn für einige Zeit in Zaum zu halten. Was sie für eine Hand gehalten hatte, die immer heftiger an ihrem Bein zerrte, war nichts anderes als die Pein, die jetzt mit unverminderter Härte zurückkehrte. Ihr Fluchtversuch von vergangener Nacht hatte ihrem Bein alles andere als gutgetan. »Es geht schon«, behauptete sie, um Sheona nicht weiter zu beunruhigen. »Wie lange habe ich geschlafen?«

»Es ist fast Abend.« Plötzlich umarmte Sheona sie. »Ich bin so froh, dass dir nichts zugestoßen ist.«

Cinhaé löste sich aus ihren Armen und setzte sich auf. Ein schmerzhaftes Unterfangen, das ihr mehr als alles andere begreiflich machte, dass an Flucht nicht mehr zu denken war. Sie dachte an Owens Warnung und war versucht, Sheona davon zu erzählen. Doch Sheona hatte ihr schon nicht geglaubt, als sie in der Kutsche von Aonghas' finsteren Plänen berichtet hatte. *Wie soll sie mir da glauben, dass Owen mich töten sollte?*

»MacDougal war hier, als du geschlafen hast.« Sheonas Worte rissen sie aus ihren Gedanken. »Ich glaube, er wollte sich vergewissern, dass es dir gutgeht. Er wirkte besorgt.«

Für einen Moment glaubte Cinhaé seine Lippen wieder auf ihren zu spüren. Es war kein unangenehmes Gefühl gewesen. Zumindest nicht, solange sie sich nicht daran erinnert hatte, dass es ihr Entführer war, der sie da küsste. »Du hast ihn hoffentlich zum Teufel geschickt!«

»Er scheint kein schlechter Mensch zu sein«, meinte Sheona.

»Ach ja?«, hielt Cinhaé entgegen. »Wenn er kein schlechter Mensch ist, warum setzt er dann alles daran, uns zu Tode erschrecken?«

Zu ihrem Erstaunen lächelte Sheona. »Du erweckst nicht gerade den Eindruck, als hätte er dich zu Tode erschreckt.«

Cinhaé runzelte die Stirn. Gestern noch war Sheona vor Furcht außer sich gewesen und heute wirkte sie plötzlich vollkommen gefasst. *Als wüsste sie etwas.* »Warum bist du so ruhig?«

Sheonas Augen zuckten zum Durchgang. »Owen«, sagte sie leise. »Aonghas hat ihn geschickt. Er wird dafür sorgen, dass wir sicher nach Hause kommen.«

Am späten Nachmittag betrat Eòran erneut den Stall. Er hatte versucht zu schlafen, doch die Träume hatten ihn einmal mehr verfolgt. Dieses Mal jedoch war alles klar und deutlich zu erkennen. Kein Zweifel, der Mann, der seinen Vater erdolcht hatte, war Aonghas MacRae. Jetzt, da er den Menschen Namen und Gesichter zuordnen konnte, erschienen ihm die Bilder noch schrecklicher als zuvor. Plötzlich waren es nicht mehr einfach nur irgendwelche Visionen, sondern seine Vergangenheit. Seine Familie. Wieder und wieder hatte er alles durchlebt. Ein fünfjähriger Junge, der den Tod seiner Eltern mit ansehen musste. Schließlich war er schweißgebadet aus dem Schlaf gefahren.

Da er wusste, dass er so schnell keine Ruhe mehr finden würde, war er aufgestanden, um nach den Frauen zu sehen.

Im Durchgang zwischen Scheune und Stall blieb er stehen. Sein Blick fiel zuerst auf Cinhaé. Sie war bleich und ihre Miene von Schmerz gezeichnet. In dem Moment jedoch, da sie ihn erblickte, veränderten sich ihre Züge schlagartig in eine starre Maske, bar jeder Regung. Eòran wandte sich an

Sheona, die neben ihrer Schwester auf dem Boden saß. »Geht es Euch gut?«

»Danke.« Die Furcht, die gestern noch in jedem Blick und jeder Geste gelegen hatte, schien heute weit weniger ausgeprägt. Ein Blick in ihre Augen weckte Eòrans Misstrauen. War das Hoffnung, die er darin sah? *Hoffnung worauf? Auf einen erneuten Fluchtversuch?* Unwillkürlich sah er zu Cinhaé. Zweifelsohne war sie die treibende Kraft hinter dem Befreiungsversuch der vergangenen Nacht. Sie war ihm von Anfang an mit so viel Mut entgegengetreten, dass er sich nicht vorstellen konnte, die so zerbrechlich wirkende Sheona könne etwas ohne den Ansporn ihrer Schwester unternehmen. Doch der starre Gleichmut in Cinhaés Zügen vermochte nicht darüber hinwegzutäuschen, dass sie nicht in der Verfassung war, mehr als ein paar Schritte zu wagen – womöglich nicht einmal das. Obwohl sie zuvor geschlafen hatte, wirkte sie noch immer erschöpft.

»Und wie geht es Euch?« Seine Augen tasteten über Cinhaés Gesicht. Er redete sich ein, nach weiteren Verletzungen zu suchen. In Wahrheit jedoch wollte er sie nur ansehen. Er nahm den Anblick der feinen Sommersprossen auf ihrer hellen Haut ebenso in sich auf wie das undurchdringliche Grün ihrer Augen. Die Ereignisse des vergangenen Tages hatten sie nichts von ihrer Anziehung einbüßen lassen. Als Eòran bewusst wurde, welchen Weg seine Gedanken einschlugen, senkte er den Blick auf ihr Bein. Sie hatte sich in eine Decke gewickelt, sodass er den Fuß darunter nicht sehen konnte. »Was macht Euer Knöchel? Seid Ihr heute bereit, meine Hilfe anzunehmen?«

»Warum hört Ihr nicht einfach auf, den Besorgten zu spielen?« Ihre Worte brannten vor unterschwelligem Zorn. »Ihr habt uns entführt! Versucht jetzt nicht, uns das Gefühl zu geben, dass Ihr ja gar kein so schlechter Mensch seid!«

»Denkt Ihr das denn? Dass ich *kein* schlechter Mensch bin?« Eòran wusste genau, wie ihre Worte gemeint waren, dennoch wünschte er sich plötzlich, sie würde kein Monster in ihm sehen. Das ärgerte ihn. Sie war ein Mittel zum Zweck, mehr nicht! Was scherte es ihn, was sie von ihm dachte?

Er fing ihren Blick ein und für einen Moment schien sie zu zögern. »Ihr seid ein Barbar«, spie sie ihm einen Atemzug später entgegen.

»Das sagtet Ihr gestern auch schon.« Eòran streckte die Hand aus und wollte die Decke zur Seite schieben. Noch ehe seine Finger den Wollstoff berührten, wich Cinhaé zurück. Die Bewegung ließ sie zusammenzucken, dennoch kam nicht mehr als ein unterdrücktes Stöhnen über ihre Lippen.

»Ist der Knöchel geschwollen?«

Selbst ihr Schweigen war voller Ablehnung.

Eòran unterdrückte ein Seufzen. Da Cinhaé sich ohnehin nicht von ihm helfen lassen würde, erhob er sich und ging auf den Durchgang zu. Dort blieb er noch einmal stehen und wandte sich um. »Ich werde MacRae bald eine Nachricht mit meinen Forderungen schicken. Betet zu Gott, dass er darauf eingeht.«

Nachdem Eòran die Stalltür hinter sich verriegelt hatte, packte er einen Holzeimer, der im Vorraum stand, verließ das Haus und stapfte mit weit ausgreifenden Schritten über den Hof davon. Mit dem Eimer in der Hand marschierte er durch den Wald zu einem Bach. Er hatte den Wasserlauf bei einem seiner letzten Besuche entdeckt. Ein kleiner Quell, der irgendwo in den Höhen der Highlands entsprang, ebenso eisig wie Cinhaé.

Am Ufer des Wasserlaufs warf er den Eimer ins Moos. Warum wies sie seine Hilfe so vehement zurück? Erstaunt hielt er inne, als er begriff, dass er ihretwegen verärgert war. Cinhaé hatte etwas an sich, das ihn nicht mehr loslassen wollte. Sie war so voller Leben und Eigenwillen. *Sie ist die Frau eines anderen! Sie trägt sein Kind!* Abgesehen davon ließ sie ihn mit jedem Blick und jedem Wort spüren, wie sehr sie ihn verabscheute. Warum konnte er sie nicht aus seinen Gedanken bannen? Er nahm sich vor, sie künftig nicht anders zu behandeln als ihre Schwester.

Sobald der Eimer voll war, erhob er sich. Da vernahm er ein Geräusch. Ein gedämpftes Knacken im Gebüsch. Eòran lauschte. Da war es wieder! Schritte. Zu seiner Rechten, noch in einiger Entfernung. War ihm einer seiner Männer gefolgt? Eòran wollte schon rufen, doch seine Vorsicht ließ ihn schweigen. Er setzte den Eimer ab und tauchte in den Schatten einer Reihe Erlen. Die Geräusche waren noch immer zu vernehmen, doch sie entfernten sich langsam – fort von Bach und Gehöft. Geduckt huschte Eòran zwischen den Bäumen hindurch. Er ließ sich von den Geräuschen leiten, bis er einen schemenhaften Umriss hinter dem dichten Blattwerk eines Haselnussstrauches gewahrte. Zweifelsohne ein Mann. Eòran hielt inne. Der Mann hatte ihn nicht gesehen. Ohne Unterbrechung setzte er seinen Weg fort. Sobald der Fremde einen kleinen Vorsprung hatte, folgte Eòran ihm.

Im Zickzack hastete er durch den Wald, die Augen stets zwischen dem Boden und dem Mann hin und her schweifend. Mit einem Mal versperrte ihm eine Wand aus Ästen, Blättern und Stämmen die Sicht. Er hielt inne und horchte angestrengt ins Dickicht hinein. Die Geräusche schienen sich entfernt zu haben. Mit raschen Schritten ging er in die Richtung, aus der er glaubte, die Laute noch immer zu hören. Dann vernahm er plötzlich Gelächter und Stimmen. Der Fremde war nicht mehr allein. Vorsichtig pirschte Eòran sich weiter voran, bis sich ihm der Blick auf eine kleine Lichtung eröffnete.

Ein paar Pferde waren auf der gegenüberliegenden Seite

angebunden. Im Zentrum der Schneise standen fünf mit Claymores bewaffnete Krieger und blickten einen sechsten Mann erwartungsvoll an. »Dort hinten lichtet sich der Wald«, berichtete dieser ein wenig atemlos. »Ich habe zwischen den Bäumen die Umrisse eines Hauses gesehen. Vermutlich ein Gehöft.« Der Mann sagte noch mehr, doch Eòran achtete nicht länger darauf. Seine Augen richteten sich auf den Zweig der Hochlandtanne, den die Männer am Plaid trugen. *MacRaes!*

Eòran hatte kaum den Hof betreten, da rief er schon die Männer zusammen. »Wir müssen das Lager abbrechen!«

Niall runzelte die Stirn. »Was ist passiert?«

»MacRaes. Einer von ihnen hat das Gehöft entdeckt. Sie können jeden Augenblick hier sein!«

»Dann bleibt uns keine Zeit, um unsere Spuren zu verwischen«, gab Finn zu bedenken. »Sie werden wissen, dass wir hier waren, und uns folgen.«

Eòran fluchte. Finn hatte recht. Um alles zu packen *und* die Spuren ihrer Anwesenheit zu tilgen, waren die MacRaes zu nah. »Dann müssen wir schnell sein.«

»Es gibt noch einen anderen Weg«, mischte sich Tormond ein. »Niall und ich bleiben im Haus. Sie haben uns noch nie gesehen, also besteht für uns keine Gefahr. Wenn wir unsere Clanszweige gegen die eines Ginsterstrauchs austauschen, werden sie uns für MacMathains halten. Wir geben vor, müde Reisende zu sein, die hier ihr Lager aufgeschlagen haben. Murray müsste lediglich die überschüssigen Pferde fortbringen, während ihr euch mit den Frauen zwischen den Felsen versteckt.«

Murray schüttelte den Kopf. »Ich bleibe bei euch. Eòran und Finn sollen die Pferde mitnehmen.«

»Zu gefährlich«, wandte Finn ein. »Wenn die Tiere auch

nur ein Schnauben von sich geben, könnten sie hier unten gehört werden. Du musst sie weiter fortbringen.«

Eòrans Blick wanderte über den Hof fort vom Waldrand auf die andere Seite, wo sich zerklüftete Felsen erhoben, die langsam zu einer Wand anwuchsen. Ein gutes Versteck. Tormonds Plan hatte nur einen Schönheitsfehler. »Was, wenn die Krieger dabei sind, die die Kutsche eskortiert haben? Sie werden euch erkennen.«

Tormond zuckte die Achseln. »Das Risiko werden wir eingehen müssen.«

Eòran dachte kurz nach. Er hatte kein bekanntes Gesicht unter den Kriegern entdeckt. Schließlich nickte er. »Versuchen wir es. Wenn es hart auf hart kommt, müssen wir kämpfen.«

Cinhaé sah auf, als MacDougal und Finn plötzlich im Durchgang zur Scheune standen. Etwas an MacDougals Haltung schien anders als sonst. Er wirkte angespannter und noch ernster. Vor Sheona blieb er stehen und hielt ihr die Hand entgegen. »Kommt, wir machen einen Ausflug.«

Entsetzen ergriff Cinhaé. Was hatte er mit ihrer Schwester vor? »Sheona wird nicht mit Euch gehen!« Mühsam kämpfte sie sich auf die Beine. Ihr Knöchel sandte eine Welle tobenden Schmerzes durch ihren Körper. Sie biss sich auf die Unterlippe und zwang sich hoch.

»Das habt Ihr nicht zu entscheiden. Abgesehen davon werdet Ihr ebenfalls mitkommen.« Ehe Cinhaé widersprechen konnte, fügte er hinzu: »Ihr habt zwei Möglichkeiten: Entweder Ihr und Eure Schwester macht, was wir sagen, oder wir werden Euch niederschlagen und nach draußen tragen.«

Die Entschlossenheit in seinem Blick machte ihr begreiflich, wie ernst es ihm war. Schließlich nickte sie Sheona zu.

Sie konnte nicht sehen, was weiter geschah, denn plötzlich trat Finn vor sie und versperrte ihr die Sicht. Er zog einen Strick aus den Falten seines Plaids, drehte sie herum und fesselte ihr die Hände auf den Rücken. Cinhaé wollte sich wehren, doch er war zu stark. Sie lehnte seitlich an der Wand, da ihr Bein sie kaum zu tragen vermochte, und versuchte zu verhindern, dass er die Fesseln festzurrte. »Was hat das zu bedeuten?«, verlangte sie zu wissen, während sie sich gegen seinen Griff stemmte. »Ist es Zeit für die Übergabe?« Der bloße Gedanke schnürte ihr die Kehle zusammen.

»Nein, noch nicht«, erwiderte Finn. »Die Männer Eures Gemahls durchstreifen die Gegend. Wir werden Euch verstecken, bis sie fort sind.«

Schlagartig gab Cinhaé alle Gegenwehr auf. Sie ließ sogar zu, dass Finn ihr einen Knebel in den Mund schob und ihn mit einem Strick fixierte. Der bloße Gedanke, Aonghas' Männer könnten sie finden und nach Dun Cunnartach zurückbringen, war so erschreckend, dass sie es vorzog, weiter in der Gewalt dieser Barbaren zu bleiben.

»Gehen wir.« Finn nahm sie beim Arm und wollte sie zur Tür führen. Cinhaé bemühte sich, den Fuß so wenig wie möglich zu belasten, und tat einen unsicheren Hüpfer. Der Schmerz ließ sie aufkeuchen. Beim nächsten Schritt knickte das Bein unter ihr ein. Finn fing sie auf und hob sie hoch. Mühelos trug er sie aus dem Haus über den Hof und zu den Felsen. Von dem Durcheinander, das auf dem Hof herrschte, bekam sie kaum etwas mit. Sie sah lediglich, dass Murray mit einigen Pferden und einem Teil der Ausrüstung davonritt, ehe das Gehöft außer Sicht geriet.

Sicheren Schrittes stieg Finn über Geröll und Steine hinweg und bahnte sich seinen Weg tiefer zwischen die Felsen. Er folgte einem schmalen Pfad, der langsam, aber stetig an der Rückwand anstieg. Auf einem kleinen, sichtgeschützten

Plateau hielt er inne und wandte sich um. Cinhaés Blick fiel auf MacDougal, der Sheona vor sich her schob. Auch sie war gefesselt und geknebelt.

»Das ist ein guter Platz«, meinte Finn, sobald MacDougal ihn erreichte. »Von hier aus haben wir das Gehöft im Blick, ohne selbst gesehen zu werden.« MacDougal nickte. Seine Augen richteten sich auf Cinhaé. »Alles in Ordnung?«

Warum zum Teufel interessiert Euch das? Wenn sie nicht geknebelt gewesen wäre, hätte sie ihm vermutlich eine Schmähung entgegengeschmettert. *Was glaubt dieser Kerl, wie ich mich fühle!*

Sie schloss die Augen und konzentrierte sich auf ihren Herzschlag in der Hoffnung, die Panik, die angesichts der nahenden MacRaes in ihr aufstieg, unter Kontrolle zu bekommen. Als sie die Augen wieder öffnete, stand plötzlich MacDougal vor ihr. In seinem Blick fand sie denselben Ausdruck, der schon bei ihrem Zusammenstoß in Dun Cunnartach darin gelegen hatte. Das Gefühl, er würde sie vor allen Gefahren beschützen, erfasste sie mit solcher Wucht, dass sie unwillkürlich den Kopf schüttelte. *Was für ein Unsinn! Warum sollte er das tun?*

»Euch wird nichts geschehen«, sagte er ruhig, ehe er sich wieder Sheona zuwandte und sie ein paar Meter von Cinhaé entfernt in den Schatten eines Felsens schob.

Von unten wurden Geräusche laut. Reiter! Stimmen mischten sich unter das Schlagen von Hufen, als sie näher kamen. Cinhaé, die noch immer hinter hohen Felsen verborgen an der Wand lehnte, drehte sich ein Stück herum. Finn, der sie mit einer Hand am Arm hielt, sah sie an und bedeutete ihr, sich ruhig zu verhalten. Cinhaé nickte und unternahm keinen weiteren Versuch, sich zu bewegen. Immerhin gelang es ihr aus ihrer Position, einen Teil des Hofes einzusehen. Tatsächlich erkannte sie sechs von Aonghas' Clanskriegern.

Die Männer saßen noch im Sattel, einige hatten die Schwerter gezückt und blickten auf Tormond und Niall, die im Eingang des Hauses standen. Bruchstücke einer Unterhaltung trieben vom Wind getragen an ihr Ohr. Tormond behauptete, zusammen mit seinem Bruder auf dem Weg zum Loch Linneh zu sein, um seinen Vetter zu besuchen. Die MacRaes wirkten ausgesprochen misstrauisch.

»Habt ihr hier ein paar Krieger gesehen, die zwei Frauen bei sich haben?«

Niall schüttelte den Kopf. »Uns ist seit Tagen niemand begegnet. Wir haben gestern Abend hier unser Lager aufgeschlagen und beschlossen, noch eine weitere Nacht zu bleiben, ehe wir wieder losziehen.«

Einer der MacRaes, sichtlich der Anführer, spähte an Tormond und Niall vorbei ins Haus. »Wer wohnt hier?«

»Niemand. Das Gehöft scheint schon seit einer Weile verlassen zu sein.«

»Dann habt ihr sicher nichts dagegen, wenn wir uns umsehen.«

Tormond trat zur Seite und gab die Tür frei. »Wir haben nichts zu verbergen.«

Auf eine Geste des Anführers hin glitten drei Krieger aus dem Sattel. Zwei betraten mit gezückten Schwertern das Haus. Der dritte machte sich daran, es zu umrunden.

Einen Moment noch ruhten die Blicke des Anführers auf der Tür, durch die seine Männer im Haus verschwunden waren. Dann wanderten seine Augen weiter, glitten am Haus vorbei über den Waldrand zurück zu dem Weg, den er und seine Männer gekommen waren. Eine Weile blickte er nachdenklich auf den Pfad. Schließlich lenkte er sein Pferd herum und wandte sich den Felsen zu. Bedächtig strichen seine Augen über den Stein, schweiften von links nach rechts und schließlich nach oben. Neben ihr zog MacDougal den Kopf ein. Finn ging in Deckung und schob sich dicht an Cinhaé heran. Er verstärkte seinen Griff, bis sie sich nicht mehr bewegen konnte. Alles in ihr schrie danach, sich zu ducken, doch Finns eiserner Griff verhinderte jede Bewegung. Zur Reglosigkeit verdammt, presste sie sich gegen den Felsen. Unendlich langsam drehte sie den Kopf zur Seite. Aus dem Augenwinkel konnte sie den Anführer noch immer erkennen. *Bei Gott! Wenn ich ihn sehe, sieht er mich dann auch?* Sie wagte nicht, sich zu rühren, traute sich nicht einmal mehr, zu atmen. *Aonghas weiß, dass Ihr uns belauscht habt*, schossen ihr Owens Worte durch den Kopf. Wenn die MacRaes sie fanden und aus der Gewalt ihrer Entführer befreiten, würden sie Sheona und sie nach Dun Cunnartach zurückbringen, ohne zu wissen, was sie damit anrichteten. *Dann bin ich tot!* Ein Zittern durchlief ihren Leib, so heftig, dass Finn sie mit gerunzelter Stirn betrachtete.

Als der Anführer seine Augen mit der Hand abschirmte und sich im Sattel nach vorne beugte, um besser sehen zu können, wandte sich Tormond an ihn. »Ich hörte von Gesetzlosen, die hier die Highlands durchstreifen. Diese Krieger, nach denen Ihr sucht ... haben wir Ärger zu befürchten, falls wir auf sie treffen?«

Fast widerwillig wandte sich der Reiter Tormond zu. Cinhaé stieß den Atem aus und schloss erleichtert die Augen. Als sie die Augen wieder öffnete, sah sie zu Sheona. Ihre Schwester kniete im Schatten eines Felsens. Während Finn den Hof beobachtete, ruhte MacDougals Blick auf Cinhaé. Um Sheona schien er sich weniger Sorgen zu machen. Nur hin und wieder schweiften seine Augen zu ihr, ehe sie sich erneut auf Cinhaé richteten.

Sheona versuchte, ihr etwas zu signalisieren. Sie deutete mit dem Kopf in Richtung des Pfades und des Gehöfts. Da begriff Cinhaé, was Sheona ihr sagen wollte. *O mein Gott! Sie wird versuchen, die Krieger auf uns aufmerksam zu machen!* In der Hoffnung, Sheona von ihrem Vorhaben abzubringen, schüttelte Cinhaé den Kopf. Eine Geste, die erneut MacDougal auf sie aufmerksam machte. Er ließ Sheona im Schutz des Felsens zurück und schlich geduckt zu Cinhaé. Sie wollte ihm entgegenrufen, er solle Sheona im Auge behalten, doch der Knebel erstickte jede Warnung. Dann war MacDougal bei ihr.

»Ihr sollt Euch ruhig verhalten«, sagte er leise. Hinter ihm erhob sich Sheona langsam. Cinhaé deutete mit dem Kopf über seine Schulter, doch MacDougal wandte sich nicht um. »Macht keine Dummheiten!«, raunte er.

Sheona stand jetzt. Noch immer schenkte ihr niemand Beachtung. Auch Finns Blick wanderte zwischen dem Hof und Cinhaé hin und her. Bedächtig setzte sich Sheona in Bewegung. Sie entfernte sich von MacDougal und folgte dem Pfad weiter den Berg hinauf. *Wenn sie eine Stelle erreicht, an der die MacRaes sie sehen können, genügt ein einziges Geräusch, damit sie uns bemerken!*

»Mhhhhm!« Cinhaé musste sich zurückhalten, um nicht zu laut zu werden. Andernfalls lief sie Gefahr, selbst die MacRaes zu alarmieren.

MacDougal packte sie bei den Armen. »Still!«, zischte er zornig.

Cinhaé schüttelte heftig den Kopf, doch er verstand nicht, was sie ihm begreiflich zu machen versuchte. Er verstärkte seinen Griff und drängte sie weiter an die Felswand zurück, tiefer in die Deckung. Cinhaé stöhnte vor Schmerz, als sie ihr linkes Bein belastete. Sie wäre gestürzt, wenn MacDougal sie nicht gehalten hätte.

Endlich drehte sich Finn nach Sheona um. Als er sah, dass sie zu fliehen versuchte, stieß er einen gedämpften Fluch aus und rannte los. Jetzt erkannte auch MacDougal, was vor sich ging. Er schien versucht, seinem Freund zu Hilfe zu eilen, zugleich jedoch erweckte er den Eindruck, als wolle er nicht riskieren, Cinhaé aus den Augen zu lassen. Nachdem Finn Sheona bereits eingeholt und von den Felsen fortgezogen hatte, wandte sich MacDougal erneut Cinhaé zu. Verwunderung prägte seine Züge, doch er sagte kein Wort. Stattdessen veränderte er seinen Griff und stützte sie jetzt mehr, als er sie festhielt. Cinhaé zitterte vor Anstrengung. Vorsichtig half er ihr, sich zu setzen. Schließlich brachte Finn Sheona zu ihnen zurück und zwang sie, sich neben Cinhaé zu hocken. Ohne ihre Gefangenen aus den Augen zu lassen, warteten die Männer, dass Tormond und Niall endlich Entwarnung gaben.

20

An diesem Abend bezog Eòran im Stall Posten.

Er saß vor der Tür, eine Laterne neben sich, und starrte düster brütend auf den Durchgang zur Scheune. Seine Waffen hatte er vorsorglich Tormond übergeben, ehe dieser die Tür hinter ihm verriegelt hatte. Sein Zorn war noch immer nicht vollends verraucht. Allerdings war er sich inzwischen nicht mehr sicher, wem dieser Zorn überhaupt galt. Sheona, die zu fliehen versucht hatte, oder Cinhaé, die sich nach wie vor weigerte, in ihm etwas anderes als einen barbarischen Entführer zu sehen. Vielleicht war er auch nur wütend auf sich selbst, weil er sich *wünschte,* dass sie in ihm etwas anderes als einen Verbrecher sah.

Nachdem die MacRaes fort und die Frauen wieder in der Scheune eingesperrt waren, war Eòran zum Bach zurückgegangen, um den Eimer zu holen. Er hatte ihn in der Scheune abgestellt und ein Tuch danebengelegt. »Das ist frisches

Quellwasser«, hatte er an Sheona gewandt gesagt. »Es ist eiskalt. Tränkt das Tuch damit und wickelt es um den Knöchel Eurer Schwester. Es sollte gegen die Schwellung helfen und den Schmerz ein wenig lindern.« Dann hatte er die Scheune verlassen und war erst nach Einbruch der Dunkelheit zurückgekehrt.

Er war noch immer erleichtert, wie mühelos es Tormond und Niall gelungen war, die MacRaes zu täuschen. Nachdem die Männer das Haus durchsucht hatten, ohne etwas zu finden, waren sie unverrichteter Dinge von dannen gezogen. Sie hatten noch ein paar Stunden verstreichen lassen, um sicherzugehen, dass sich die MacRaes nicht noch in der Nähe aufhielten, dann war Niall zu ihnen gekommen, um sie zum Hof zurückzuholen. Bald darauf war auch Murray mit den Pferden wieder zu ihnen gestoßen.

Von Zeit zu Zeit, wenn Eòran spürte, dass ihm die Lider schwer zu werden drohten, erhob er sich und wanderte im Stall auf und ab. Wenn er im Schritt innehielt, konnte er hören, wie sich die Frauen nebenan unterhielten. Er glaubte Sheonas Stimme zu vernehmen, gefolgt von Cinhaés Erwiderung. Selbst ohne zu verstehen, was sie sagte, war der erboste Unterton nicht zu überhören. *Vermutlich sprechen sie über mich.* Er hielt seine Neugierde in Zaum und verzichtete darauf, zu lauschen. Zweifelsohne hatten sie nichts Gutes über ihn zu sagen.

Schließlich kehrte Ruhe ein. Eine Weile wanderte Eòran noch auf und ab, dann beschloss er, noch einmal nach dem Rechten zu sehen, ehe er erneut seinen Posten an der Tür beziehen wollte. Im Durchgang hielt er inne. Die Frauen hatten sich unter ihren Decken zusammengerollt und schliefen. Eine Weile stand er da und beobachtete Cinhaé. Selbst im Schlaf wirkte sie angespannt. Er hätte ihr gerne den Schmerz genommen, doch er besaß kein Mittel, das das vollbrachte.

Er hatte nicht einmal Branntwein. Ehe er sichs versah, war er auf dem Weg zu ihr. Seine Sohlen knirschten leise. Neben ihrem Lager ging er in die Hocke. Warum musste er ständig an sie denken? Selbst wenn er nicht an sie dachte, war sie auf seltsame Weise präsent. Ging sein Interesse an ihr tiefer? *Unsinn*, schalt er sich selbst. Es waren lediglich ihr Mut und ihr Starrsinn, die ihn beeindruckten. Vielleicht lag es auch daran, dass sie ihm in gewisser Weise ähnlich war. Auch sie kämpfte darum, ihre Schwester zu schützen.

Getrieben von einem Drang, den er sich weder erklären noch beherrschen konnte, schob er ihr vorsichtig eine Locke aus dem Gesicht. Dabei streiften seine Finger ihre Wange. Cinhaé regte sich im Schlaf. Hastig zog er die Hand zurück und erhob sich. Sein Blick fiel auf den Wassereimer. Das Tuch entdeckte er nirgendwo. Zumindest diese Hilfe hatte sie angenommen.

Cinhaé erwachte vom leisen Knarren der Tür.

Sie öffnete die Augen und sah sich um. Ein schwacher Lichtschein fiel vom Durchgang her in die Scheune und half ihr, sich zu orientieren. Gedämpfte Stimmen drangen an ihr Ohr. Neugierig schlug sie die Decke zurück und setzte sich auf. Sie löste das Tuch von ihrem Gelenk und legte es auf den Boden. Eine Weile hatte das eisige Wasser tatsächlich den Schmerz betäubt. Jetzt jedoch war der Wickel warm geworden. Sie nahm sich vor, es noch einmal zu tränken und erneut um den Knöchel zu wickeln, ehe sie sich wieder hinlegte. Zunächst jedoch wollte sie wissen, was nebenan vor sich ging.

Statt sich zu erheben, kroch sie auf Händen und Knien zum Durchgang. Vorsichtig schob sie sich heran, bis sie Finns mächtige Gestalt neben der Tür erblickte. Neben ihm stand MacDougal. Er wandte ihr den Rücken zu. Cinhaé zog sich ein Stück um die Ecke zurück, bis sie sicher war, dass die Männer sie nicht sehen konnten. Sie setzte sich auf den Boden und lehnte sich an die Wand.

»Was machst du überhaupt hier?«, vernahm sie Finns tiefe Stimme.

»Schsch!«, zischte Eòran. »Sie schlafen.«

Als Finn fortfuhr, sprach er so leise, dass Cinhaé Mühe hatte, ihn zu verstehen. »Du hast seit zwei Tagen kaum geschlafen! Willst du dich völlig aufreiben?«

Ein Knirschen war zu vernehmen. Leise Schritte, die mal hierhin und mal dorthin wanderten. »Ich bin wegen Cinhaé hier.« MacDougals Stimme verharrte nun nicht mehr an einem Ort. Er war jetzt ganz in der Nähe des Durchgangs. Sein schlanker Schatten reckte sich in die Scheune. Cinhaé hörte seine Atemzüge so deutlich, als stünde er unmittelbar neben ihr. *Mein Gott, jeden Moment wird er um die Ecke blicken und mich finden!* Aber MacDougal rührte sich nicht vom Fleck. »Ich fürchte, dass sie etwas im Schilde führt.«

»Sie hat sich doch – im Gegensatz zu ihrer Schwester – ganz friedlich verhalten«, erklang Finns brummige Stimme erneut.

»Genau deshalb«, gab MacDougal leise zurück. »Sie war einfach *zu* friedlich. Das passt nicht zu ihr.« Er bewegte sich. Cinhaé erstarrte, als ihr bewusst wurde, dass er näher kam. Jetzt konnte sie ihn *sehen*! Im Durchgang blieb er stehen und lehnte sich seitlich gegen die Mauer. Wenn er den Kopf nur ein Stück zur Seite wandte, würde er sie entdecken! »Ich weiß nicht, was es ist, aber etwas stimmt mit ihr nicht.«

»Wie meinst du das?« Cinhaé glaubte förmlich zu hören, wie Finn die Stirn runzelte.

»Hast du ihre Augen gesehen?« Ohne einen Blick über die Schulter zu werfen, verließ MacDougal den Durchgang wieder und entschwand aus ihrer Sicht. Augenblicklich wurden auch seine Worte leiser, sodass sie genauer hinhören musste. »Sie hatte Angst! Letzte Nacht hat sie versucht, zu fliehen. Sie hat gekämpft wie eine Löwin! Warum hat sie es nicht noch einmal versucht, als die Männer ihres Gemahls in der Nähe waren? Warum hat sie stattdessen versucht, uns auf Sheona aufmerksam zu machen?«

»Vielleicht fürchtete sie, es könne zu einer offenen Konfrontation mit MacRaes Kriegern kommen, bei der wir sie und ihre Schwester als Schutzschilde benutzen würden«, überlegte Finn. »Hast du sie danach gefragt?«

»Sinnlos.« MacDougals Stimme war jetzt wieder nahe der Tür. »Sie sagt mir ja nicht einmal, wie es ihr geht, wenn ich sie danach frage. Sie ist stur wie ein Maulesel!«

»Ich finde ihre Tapferkeit beeindruckend.«

»Du verwechselst Starrsinn mit Tapferkeit.«

Finn lachte leise. Ein unterdrückter Laut, der Ähnlichkeit mit einem heiseren Bellen hatte. »Sie ist in der Tat etwas unberechenbar. Aber ich mag sie. Eine Schande, dass ein Mädel wie sie ausgerechnet mit MacRae verheiratet ist!«

Unwillkürlich rückte Cinhaé näher an den Durchgang heran, um MacDougals Antwort zu hören. »Es interessiert mich nicht, wessen Weib sie ist. Ich will nur nicht, dass sie Ärger macht.« Dann seufzte er leise. »Trotzdem mache ich mir Sorgen. Sie ist erschreckend bleich und der Knöchel scheint ihr große Schmerzen zu bereiten. Aber sie nimmt keine Hilfe an.«

»Was hast du erwartet?« Jetzt war es Finn, der sich bewegte. Cinhaé drückte sich enger an die Wand, als seine Stimme näher kam: »Du machst ihr Angst! Da wunderst du dich, wenn sie dich nicht in deiner Nähe haben will?«

»Ich will einfach nicht, dass ihr etwas zustößt.« MacDougals Geständnis überraschte Cinhaé. Einen Atemzug später fügte er hinzu: »Ihrer Schwester natürlich auch nicht. Aber

Sheona ist weder verletzt noch befindet sie sich in einem Zustand, der besonderer Fürsorge bedarf.« Seine Stimme klang näher. Er musste sich in ihre Richtung gewandt haben.

»Zustand?«, hakte Finn nach. »Was für ein Zustand?«

»Sie erwartet ein Kind. Das hat mir Owen gesagt.«

Das war es also. Er wusste, dass Aonghas' Frau ein Kind unter dem Herzen trug. Und da sie in seinen Augen mit Aonghas vermählt war, dachte er, sie sei gesegneten Leibes. Für einen Moment hatte sie tatsächlich angenommen, er mache sich um ihretwillen Gedanken um ihr Wohl. *Aber warum hat Owen ihm nicht die Wahrheit gesagt?*

»Hast du schon einmal daran gedacht, was passiert, wenn MacRae nicht auf deine Forderungen eingeht?«, wechselte Finn das Thema.

»Dann lasse ich die Frauen frei«, erwiderte MacDougal ohne Zögern. »Kyle ist dann für mich verloren.« Die Trauer, die bei diesen Worten in seiner Stimme mitschwang, ließ Cinhaé den Atem stocken. MacDougal fuhr ohne Unterbrechung fort: »Natürlich werde ich den Teufel tun, ihnen das zu sagen. Ich lasse sie lieber in dem Glauben, dass ich sie umbringen werde, wenn sie sich nicht zurückhalten. Auf diese Weise machen sie vielleicht keine Dummheiten, bei denen sie nur selbst zu Schaden kommen würden.«

Die plötzliche Erkenntnis, dass ihnen – nach all der Angst, die sie seit gestern ausgestanden hatte – nie wirklich Gefahr durch ihn gedroht hatte, nahm eine große Last von ihr. Mit einem Mal brach die Anspannung über ihr zusammen. Cinhaé begann zu zittern, als sich die Gefühle, die sie während der vergangenen Stunden unterdrückt hatte, endlich Bahn brachen. Heiße Tränen quollen zwischen ihren Wimpern hervor und rannen stumm über ihre Wangen. Würde Eòran MacDougal tatsächlich die Größe besitzen, zu wissen, wann er verloren hatte?

»Ich löse dich ab.« Nur undeutlich drangen Finns Worte zu ihr durch. »Schlaf ein wenig.« MacDougal schnaubte. »Ruh dich wenigstens aus«, beharrte Finn. Seine Stimme entfernte sich nun wieder von ihr. Einen Moment später vernahm sie das leise Knarren der Tür. Von außen wurde der Riegel vorgelegt. Die Stimmen schwiegen. Dennoch war sie nicht allein. Sie hörte das leise Rascheln von Stoff, als sich ihr Bewacher – war es noch immer MacDougal? – im Stall bewegte. Cinhaé schloss die Augen und lehnte den Kopf an die Wand. Ein Teil von ihr wünschte sich, Aonghas möge sich nicht auf die Übergabe einlassen. Dann würde MacDougal Sheona und sie irgendwo in den Wäldern freilassen – weit weg von Dun Cunnartach –, sodass sie ihren Weg nach Eilean Donan fortsetzen konnten. Das hieße jedoch, dass das Leben seines Bruders verwirkt wäre. Obwohl sie MacDougal noch immer die Pest an den Hals wünschte, wollte sie nicht, dass sein Bruder starb. Wenn Aonghas jedoch auf die Übergabe einging, fände sie sich schneller, als ihr lieb wäre, in seiner Burg wieder.

Ohne die Augen zu öffnen, ballte sie die Hände zu Fäusten. Was sollte sie tun? Nach allem, was sie eben gehört hatte, war MacDougal vielleicht doch kein so schlechter Mensch. Konnte er ihr womöglich helfen? Sie schüttelte den Kopf. Es war sinnlos, sich ihm anzuvertrauen. Er würde seine Pläne ihretwegen nicht ändern. Das *konnte* er nicht. Er würde seinen Bruder nicht opfern, um ihr zu helfen. Selbst wenn er nicht vorhatte, ihnen etwas anzutun, blieb Cinhaé keine andere Wahl, als zu fliehen.

»Ich hoffe, Ihr begreift allmählich, dass er kein schlechter Mensch ist.«

Cinhaé riss die Augen auf. Finn lehnte mit verschränkten Armen im Durchgang und sah sie an. Der Lampenschein warf zuckende Schatten auf seine Züge. »Das mit dem Maulesel hat er nicht so gemeint.«

»Ihr wusstet, dass ich wach bin?«, fragte sie, nachdem sie ihren ersten Schrecken überwunden hatte.

»Ich habe Euer Lager gesehen.« Er deutete mit dem Kopf zu ihrer Decke an der gegenüberliegenden Wand. Es war deutlich zu erkennen, dass niemand darunter lag.

21

Dumpf grübelnd starrte Owen auf die Wache. Das Mondlicht fing sich in der Speerspitze des Mannes und ließ sie silbern schimmern. Er bewachte den Eingang zum Kerker. Unten, hatte Owen herausgefunden, waren noch einmal drei Männer vor den Zellen postiert. Niemandem war der Zugang gestattet. Nicht einmal ihm.

Seit er nach Dun Cunnartach zurückgekehrt war, suchte er nach einem Weg an den Kriegern vorbei. Er hatte versucht, seine Autorität als Aonghas' Freund in die Waagschale zu werfen. Ohne Erfolg. Er war nicht einmal bis in den Kerker gelangt. Am Nachmittag desselben Tages hatte Aonghas ihn zu sich rufen lassen.

»Ich habe gehört, du wolltest heute in den Kerker«, kam er ohne Umschweife zur Sache. »Was wolltest du dort?«

Owen unterdrückte einen Fluch. »Ich wollte mir den Jungen ansehen«, behauptete er. »Ich wollte wissen, ob er seiner Mutter ebenfalls so ähnelt wie sein Bruder.«

Aonghas hatte sich mit seiner Antwort zufriedengegeben. Dennoch war Owen ab da vorsichtiger. Seit er wieder in Dun Cunnartach war, konnte er sich des Eindrucks nicht erwehren, dass Aonghas ihn beobachtete. Womöglich bildete er sich das auch nur ein. Bei dem, was er über das verschlagene Vorgehen seines einstigen Freundes wusste, war es nicht verwunderlich, wenn er in allem, was der Chief sagte oder tat, eine Falle sah. Dabei war die Geschichte, die er bei seiner Rückkehr zum Besten gegeben hatte, durchaus plausibel. In weiten Teilen hatte er die Wahrheit gesagt. Owen hatte Aonghas berichtet, dass er der Kutsche gefolgt war, ganz wie er es angeordnet hatte. Dann waren die Männer erschienen. Aus einem Versteck heraus hatte er den Überfall beobachtet und die Entführer verfolgt. Bald darauf hatte er ihre Spur verloren und war daraufhin nach Dun Cunnartach zurückgekehrt.

Zu seinem Schrecken hatte Aonghas ihn erneut ausgesandt. Dieses Mal in Begleitung eines Trupps Clanskrieger. Owen sollte ihnen zeigen, wo er MacDougals Spur verloren hatte. Zähneknirschend war er mit den Männern aufgebrochen. Statt sie jedoch nach Süden ins Glen Moriston zu führen, wo Eòran und seine Männer ihren Unterschlupf hatten, lenkte er sie in den Norden an den Loch Carron. Drei endlose Tage jagte er den Trupp durch die Highlands, führte sie über Wege, von denen er wusste, dass sie dort nichts finden würden. Erst dann wagte er, die Suche abzubrechen und in die Burg zurückzukehren.

Mittlerweile war eine Nachricht Eòrans eingelangt, in der er Aonghas aufforderte, sich auf die Übergabe vorzubereiten. Während Owen verzweifelt nach einem Weg suchte, in den Kerker hinein – und mit dem Gefangenen wieder heraus – zu kommen, schmiedete Aonghas Pläne für die Übergabe. Wie nicht anders zu erwarten, war er entschlossen, Eòran eine Falle zu stellen. Aonghas beabsichtigte, die Übergabe nicht nur zu nutzen, um Eòran zu fassen zu bekommen, sondern auch Cinhaé. Er *musste* um jeden Preis verhindern, dass sie auf ihre Brüder traf. Um Cinhaé machte Owen sich beinahe noch mehr Sorgen als um Eòran. Der Junge konnte auf sich achtgeben. Cinhaé hingegen befand sich in einer aussichtslosen Lage. *Und ich komme nicht an ihre Brüder ran, um sie zu warnen!* Er hatte Gabhan und Blane noch nicht einmal zu Gesicht bekommen. Die MacKenzie-Brüder waren mit ihren Clanskriegern ausgezogen und durchstreiften das Glen Affric auf der Suche nach ihren Schwestern und deren Entführern. Owen verfluchte sich dafür, dass er nicht daran gedacht hatte, Eòran zu sagen, in welcher Gefahr Cinhaé sich befand. Er war so überzeugt gewesen, dass es ihm gelingen würde, lange vor der Übergabe mit Kyle zu fliehen. *Dann wäre Cinhaé nicht einmal in die Nähe von Dun Cunnartach gekommen.* Jetzt jedoch würde Eòran sie zur Übergabe bringen.

Nachdem all seine Vorhaben, Kyle zu befreien und die MacKenzies zu warnen, gescheitert waren, blieb ihm nur noch eines: Er verfasste eine Nachricht an Eòran und deponierte sie in dem Versteck, das er ihm genannt hatte. Jetzt half nur noch Beten.

22

Bald seid Ihr wieder zu Hause, Cinhaé.«

Als sie vor Tagesanbruch aufgebrochen waren, hatte Eòran sich das Claymore auf den Rücken geschnallt und Cinhaé vor sich in den Sattel gehoben. Endlich war es so weit: Der Tag der Übergabe war gekommen. Schon seit dem Morgen war er ruhelos, hatte immer wieder seine Waffen kontrolliert und war mit den Männern mehrmals den Plan durchgegangen.

Finn war nach wie vor skeptisch. Vor allem nachdem er erfahren hatte, dass Eòran sich auf Owens Informationen verlassen wollte. Eòran hatte lange auf eine Nachricht von Owen gewartet. Täglich hatte er die Stelle aufgesucht, die

Owen ihm genannt hatte, doch es hatte beinahe sechs Tage gedauert, ehe er die erste Nachricht vorgefunden hatte. Keine erfreulichen Neuigkeiten. Owen berichtete ihm, dass er keine Möglichkeit sah, an Kyle heranzukommen, und forderte ihn auf, Vorbereitungen für die Übergabe zu treffen. Daraufhin hatte Eòran sich in der Nähe von Dun Cunnartach umgesehen, um einen geeigneten Ort für sein Vorhaben zu finden. Schließlich entschied er sich für einen felsigen Einschnitt im Wald. Einen Platz, der nur von zwei Seiten zugänglich war. Eine Seite würde Eòran mit seinen Männern nehmen, die andere war für die MacRaes gedacht. *Und für Kyle.* Kaum war die Entscheidung getroffen, hatte er eine Nachricht mit den Einzelheiten an Aonghas MacRae gesandt. Noch am selben Tag hatte Owen ihm erneut eine Botschaft hinterlassen, in der er Eòran vor Aonghas' Plänen warnte.

Die Zeile, die er über Cinhaé geschrieben hatte, stellte Eòran vor ein Rätsel. *Sie darf keinesfalls in die Nähe von Aonghas' Männern kommen!* Nach einer Weile kam er zu dem Schluss, dass Owen ihm sagen wollte, er solle Cinhaé so lange wie möglich bei sich behalten. Nur auf diese Weise war ein sicherer Rückzug garantiert.

Eòran beschloss, sie erst freizulassen, wenn Kyle und die anderen in Sicherheit waren. Wenn endlich alles vorüber war, so hoffte er, würde er auch wieder zur Ruhe kommen. Während der letzten Nächte hatten ihn die Albträume schlimmer denn je gequält. Jede Nacht war er mehrmals aufgeschreckt. Dann hatte es lange gedauert, bis er wieder Schlaf gefunden hatte.

»Zu Hause«, wiederholte Cinhaé so leise, dass Eòran nicht sicher war, ob die Worte überhaupt für ihn bestimmt waren. Der seltsame Unterton entging ihm jedoch keineswegs.

Während der vergangenen Tage hatte er sich bemüht, ihr aus dem Weg zu gehen. Doch was er auch tat, es hatte ihn immer wieder in ihre Nähe gezogen. Er hatte sich damit begnügt, sie zu beobachten oder mit Sheona zu sprechen, da er ohnehin wusste, dass Cinhaé nicht auf seine Fragen antworten würde. Zumindest hatte sie sich friedlich verhalten und keine weiteren Fluchtversuche unternommen. Es war deutlich zu sehen, dass ihr der Knöchel noch immer Schmerzen bereitete. Sie humpelte mehr, als dass sie ging. Wenn sie ihr Bein nicht belastete, schien sie keine Schwierigkeiten zu haben. Jetzt jedoch, unter der ständigen Bewegung des Pferdes, war der Schmerz in ihre Augen zurückgekehrt. *Bald seid Ihr zu Hause, dann kann sich ein Heiler um Euer Bein kümmern.*

Seit sie das Gehöft hinter sich gelassen hatten, wirkte sie unruhig. Ihr Körper war angespannt. Anfangs hatte er geglaubt, es läge an seiner Nähe. Dann jedoch fiel ihm auf, dass ihr Kopf in ständiger Bewegung war. Als suche sie unablässig die Umgebung ab. Aber wonach? Sie konnte unmöglich von Aonghas' geplantem Hinterhalt wissen. Wovor also fürchtete sie sich?

»Wenn Euer Gemahl vernünftig ist, wird Euch nichts geschehen.«

Cinhaé wandte sich zu ihm um. Der Blick in ihre unergründlichen grünen Augen ließ ihn für einen Moment den Atem anhalten. Seit er sie und ihre Schwester entführt hatte, hatte sie ihn unablässig beschimpft, bekämpft oder schlichtweg ignoriert. Jetzt jedoch wirkte sie klein und hilflos.

Plötzlich schüttelte sie den Kopf. »Das könnt Ihr nicht verhindern.«

Eòran runzelte die Stirn. Er wollte etwas erwidern, als Finn sein Pferd neben ihn lenkte. »Wir sind bald da.«

Eòrans Blick wanderte über die sanft geschwungenen Hügel und senkte sich auf den Waldrand. Auf sein Zeichen hin kam der kleine Trupp zum Halten. Im Schatten der Bäume saßen sie ab und sammelten sich um Eòran. Er hob Cinhaé aus dem Sattel und stützte sie. Es begann zu regnen. Große Tropfen, die auf das Blattwerk prasselten. Der Geruch von feuchter Erde stieg Eòran die Nase. In der Ferne erhob sich das Schlagen von Trommeln über dem Regen. Neben ihm zuckte Cinhaé zusammen.

»Das ist nur das vereinbarte Zeichen.« Seine Worte vermochten nicht, die Furcht aus ihrem Blick zu bannen. Um sie zu beruhigen, fügte er hinzu: »Macht Euch keine Sorgen. Bald seid Ihr wieder bei Eurer Familie. Selbst Eure Brüder sind hier.« Owen hatte ihn informiert, dass die MacKenzie-Brüder in Dun Cunnartach waren. Tatsächlich zeigten seine Worte Wirkung. Schlagartig schien ein Teil der Anspannung von ihr abzufallen. Für einen Moment schloss sie die Augen. Als sie sie öffnete, hatte sie sich wieder unter Kontrolle. Einmal mehr verriet ihre Miene nicht, was in ihr vorging.

Einen Moment lauschte er dem stampfenden Rhythmus der Trommeln. »Die MacRaes schicken sich an, die Burg zu verlassen.« Die Entschlossenheit, die er in den Gesichtern seiner Männer fand, stimmte Eòran zuversichtlich. *Wir werden es schaffen.* »Weiß jeder, was er zu tun hat?« Alle nickten. Sie waren den Plan oft genug durchgegangen. Sein Blick fiel auf Tormond, der Sheona bewachte. »Du bringst sie zum verabredeten Ort. Die anderen kommen mit mir.« Er wandte sich an Cinhaé. »Verabschiedet Euch von Eurer Schwester.«

»Was!«, schnappte sie. »Ihr sagtet, Ihr würdet uns beide freilassen! Ihr verdammter –«

Eòran wollte nicht debattieren. »Wenn Ihr Euch nicht verabschieden wollt, können wir auch sofort aufbrechen.« Er verstärkte seinen Griff und schob sie zum Pferd.

»Wartet!« Cinhaé sah ihm in die Augen. »Bitte.«

Eòran gab ihren Arm frei. Humpelnd überwand Cinhaé die wenigen Schritte, die sie von ihrer Schwester trennten, und griff nach Sheonas Händen. »Gabhan und Blane sind hier«, hörte Eòran sie sagen. »Wenn du sie siehst, dann sag ihnen, was ich dir über Aonghas erzählt habe.«

»Cin–«

»Sheona, bitte! Versprich es mir!«

Während Eòran sich fragte, wovon sie sprach, umarmten sich die Schwestern. Schließlich legte er Cinhaé eine Hand auf die Schulter. »Es wird Zeit. Kommt!« Er führte sie zu seinem Pferd zurück, half ihr in den Sattel und saß hinter ihr auf, ehe er sich ein letztes Mal zu Sheona umwandte. »Lebt wohl!« Dann wendete er sein Pferd und bedeutete den anderen, ihm zu folgen.

»Was hat das zu bedeuten, MacDougal?«, verlangte Cinhaé zu wissen. »Wo lasst Ihr Sheona hinbringen?«

»Zur Übergabe.«

»Warum trennt Ihr uns?«

»Macht Euch keine Sorgen.«

»Das sagtet Ihr schon.«

Eòran unterdrückte ein Grinsen bei diesem Rückfall in ihre gewohnt kämpferische Art und trieb sein Pferd voran. »Ich halte mein Wort. Schon bald werdet ihr beide frei sein. Nur eben nicht am gleichen Ort und nicht zur selben Zeit.«

Unter dem Drängen der Trommeln trieb Eòran sein Pferd voran. Bald konnte er über den Baumwipfeln den höchsten Turm Dun Cunnartachs ausmachen. Bleigrauer Stein, der dem Regen ebenso trotzte, wie er einem herannahenden Feind standhalten würde. Eòran zügelte sein Pferd und lauschte über das Rauschen des Regens hinweg. Halb erwartete er, jeden Augenblick das Dröhnen von Dudelsäcken zu hören, die die MacRaes in die Schlacht riefen. Doch es blieb aus.

»Wie sieht es aus? Wie stehen unsere Chancen?« Murray hatte sein Pferd neben Eòran gelenkt, die Augen auf die Burg gerichtet, deren Mauern hier und da zwischen den Bäumen auszumachen waren.

»Das sag ich dir heute Abend«, entgegnete Eòran und sprang aus dem Sattel. Er griff nach dem Zügel, als ihn ein wuchtiger Tritt vor die Brust zurücktaumeln ließ. Der Zügel wurde seinen Fingern entrissen. Während er um sein Gleichgewicht kämpfte, riss Cinhaé das Pferd herum und sprengte los.

»Finn! Niall!«, rief er.

Die beiden Männer erfassten die Situation sofort. Finn gab Murray, der hinter Eòran gestanden hatten, ein Zeichen. Augenblicklich verteilten sich die drei und kreisten Cinhaé ein. Sie wollte durchbrechen, doch Niall ahnte, was sie vorhatte. Er trat sein Pferd in die Flanken und versperrte ihr den Weg. Noch einmal zerrte sie heftig am Zügel und versuchte, ihm auszuweichen, doch Finn und die anderen hatten den Kreis inzwischen enger gezogen. Es gab kein Entkommen mehr. Eòran bahnte sich einen Weg zwischen den Pferden hindurch. Er packte Cinhaé und hob sie aus dem Sattel. Sobald sie stand, griff er nach ihren Schultern und hielt sie fest, damit sie ihm nicht noch einmal entwischen konnte. Die Anspannung war in ihren Körper zurückgekehrt. Der Gedanke, sie zu verlieren und damit Kyles Freilassung zu gefährden, ließ ihn zornig reagieren. »Was soll das?«, fuhr er sie an.

Er rechnete damit, dass sie erneut in Schweigen verfallen würde. Umso mehr erstaunte es ihn, als sie plötzlich das Wort ergriff. »Bitte, tut das nicht!« Das Flehen ihrer Worte spiegelte sich in ihrem Blick wider. »Lasst Euch nicht auf diese Übergabe ein! Sie wird uns allen den Tod bringen!«

Ihre Angst ließ seine Wut verfliegen. »Cinhaé«, sagte er sanft, »Ihr habt mein Wort, dass ich auf Euch achtgeben werde.«

»Das könnt Ihr nicht«, sagte sie heiser.

»Nicht?« Eòran trat noch näher.

»Wir müssen los!«, rief Finn.

Eòran nickte. Sein Blick ruhte noch immer auf Cinhaé. Auch wenn es ihm nicht gefiel; er musste sie ruhig stellen. Das Risiko, dass sie die Übergabe in Gefahr brachte, war sonst einfach zu groß. »Finn, ich brauche einen Strick und ein Tuch!«

»Ich habe ein Seil hier«, entgegnete Finn.

»Schneid ein Stück ab und fessle ihre Hände auf den Rücken.«

Cinhaé versteifte sich unter seinem Griff und versuchte, sich loszureißen. Eòrans Finger gruben sich fest in ihre Schultern, während er beobachtete, wie Finn das Seil zurechtstutzte und aus dem Sattel glitt. Eòran hielt sie noch immer fest, als Finn ihr die Hände auf den Rücken band. Er spürte, wie sie sich abmühte, sich seinem Griff zu entziehen, doch ihre Kraft reichte nicht aus.

»Gib mir das Tuch«, verlangte Eòran, kaum dass ihre Hände gebunden waren, »und noch ein Stück Seil.«

Finn reichte ihm das Tuch. Als Cinhaé begriff, was er vorhatte, weiteten sich ihre Augen vor Entsetzen. »Das könnt Ihr nicht machen, MacDougal! Ich muss Euch etw–!«

Eòran stopfte ihr das Tuch in den Mund und erstickte ihre Widerworte. Damit sie den Knebel nicht ausspucken konnte, benutzte er das Seilstück, das Finn ihm jetzt gab. Er zog es quer über ihren Mund, nicht zu fest, damit es ihr nicht ins Fleisch schnitt. »Tut mir leid«, sagte er und knotete die Enden an ihrem Hinterkopf zusammen, »aber das ist zu wichtig, als dass ich ein Risiko eingehen könnte.«

»Vielleicht wäre es besser, wenn wir sie hier zurücklassen«, schlug Murray vor.

Cinhaé riss erschrocken die Augen auf.

»Nein.« Eòran schüttelte den Kopf. »Wenn etwas schiefgeht, müssen wir schnell sein. Womöglich brauchen wir sie, um unseren Rückzug zu sichern.« Abgesehen davon gefiel ihm der Gedanke nicht, sie allein zurückzulassen. »Sie bleibt bei mir.«

Sie führten die Pferde zwischen den Bäumen hindurch, bis sie das Ende des Waldes erreichten. »Ab jetzt müssen wir leise sein«, mahnte Eòran. Owen hatte ihn gewarnt, dass ein Teil von MacRaes Kriegern sich bereits im Wald verborgen halten würde, während die anderen Dun Cunnartach erst unter Eòrans Augen verlassen würden. *Wir werden den Spieß umdrehen und dich in deine eigene Falle tappen lassen, MacRae.* Eòran sah zu Cinhaé. Sie schien ihren Widerstand aufgegeben zu haben. Dennoch würde er nicht zulassen, dass sie Kyles Leben in Gefahr brachte. Mit einem kurzen Ruck an ihrem Arm zwang er sie, stehen zu bleiben.

»Hört mir jetzt genau zu«, sagte er eindringlich und sah ihr dabei fest in die Augen. »Ich gebe auf Euch acht. Aber ich werde nicht zusehen, wie Ihr mit Eurem Verhalten dieses Unterfangen gefährdet. Wenn Ihr also erneut versuchen solltet, zu fliehen oder sonst etwas anstellen wollt, werde ich nicht zögern und Euch niederschlagen! Habt Ihr das verstanden?« Sie sagte etwas. Gedämpfte Laute, die er durch den Knebel nicht verstehen konnte. »Wenn Ihr mich verstanden habt, nickt!«, forderte er sie auf. Wieder verließen einige unverständliche Worte ihren Mund. »Verdammt noch mal, Cinhaé«, zischte er ungeduldig, »wollt Ihr, dass ich Euch sofort niederschlage?«

Sie schüttelte heftig den Kopf. Ihre Augen hingen an ihm, griffen nach ihm. Noch einmal versuchte sie etwas zu sagen. Dann gab sie auf und sank buchstäblich unter seinem Griff zusammen. Endlich nickte sie.

Sie ließen die Pferde im Schutz einer Hügelgruppe zurück und brachten das letzte Stück zu Fuß hinter sich. Eòran hielt

Cinhaé am Arm und stützte sie, so gut er konnte. Erneut bemerkte er ihren Blick, der beinahe panisch nach allen Seiten zuckte. Sollte er sie fragen, was sie ihm hatte sagen wollen? Unwillkürlich schüttelte er den Kopf. Die Gefahr, dass sie die Gelegenheit lediglich nutzen würde, um Alarm zu schlagen, war zu groß.

»Murray, du wartest mit Cinhaé hier! Niall, du bereitest die Pferde vor! Finn, du kommst mit mir!« Eòran übergab Cinhaé an Murray und schlich mit Finn zwischen den Hügeln hindurch. Vor der letzten Kuppe presste er sich dicht auf den Boden und robbte voran. Das struppige Gras war nass vom Regen. Langsam hob er den Kopf und spähte über den Scheitel des Hügels hinweg. Unter ihm eröffnete sich der Blick auf den Wald. Zu seiner Rechten lag Dun Cunnartach. Die Mauern verhangen von einem grauen Regenschleier. Die Trommeln waren jetzt lauter.

»Tut sich was?« Finn kam neben ihn. Auch er lag auf dem Bauch und lugte in Richtung Burg.

Eòran wollte gerade antworten, als er eine Bewegung auf den Mauern wahrnahm. Er kniff die Augen zusammen, um besser sehen zu können. Der Mann, den er erblickte, war ihm zu vertraut, als dass er ihn nicht auch auf die Entfernung erkannt hätte. Er sah ihn Nacht für Nacht in seinen Träumen. Aonghas MacRae. Neben ihm zwei andere Männer, einer hager und gebeugt, der andere groß. Owen war nicht bei ihnen. MacRae gab ein Zeichen. Die Trommeln verstummten. Dann wurden die Tore geöffnet. Einen Moment später verließ ein Trupp von acht Reitern, mit Owen an der Spitze, die Burg. Aufmerksam beobachtete Eòran die Reiter, die jetzt die Ebene zwischen Burg und Waldrand erreichten. Sein Blick wanderte über die Köpfe der Männer, bis er Kyles dunklen Schopf in ihrer Mitte entdeckte. Sie hatten ihm die Hände auf den Rücken gefesselt und die Beine mit einem

Strick, der unter dem Pferdebauch durchführte, zusammengebunden.

»Gott sei Dank!« Seit Owens letzter Nachricht hatte er insgeheim befürchtet, Aonghas würde Kyle gar nicht aus der Burg lassen. Doch Owen hatte Recht behalten. Aonghas legte seinen Köder aus, und er tat es so, dass kein Zweifel daran bestand, er würde sich auf die Übergabe einlassen.

Am Waldrand hielt der Trupp inne. Einer der Männer lenkte sein Pferd neben Kyle. Eòran versuchte zu sehen, ob sein Bruder verletzt war. Gesicht und Plaid waren schmutzig, aber es schien ihm gut zu gehen. Der Clanskrieger packte einen Leinensack und stülpte ihn Kyle über den Kopf.

Dank Owens letzter Botschaft kannte Eòran Aonghas' Pläne. Der Chief ging davon aus, dass Eòran einen Späher in Sichtweite der Burg postieren würde, während Eòran und die anderen am Übergabeort warteten. Deshalb würden MacRaes Männer Kyle gut sichtbar in den Wald bringen. Dass sie ihm das Gesicht erst verdeckten, nachdem sie die Burg verlassen hatten, sprach dafür, dass Owens Informationen zutrafen. Eòrans Späher sollte die Nachricht überbringen, dass Kyle die Burg verlassen hatte und auf dem Weg zum vereinbarten Treffpunkt war. Im Wald jedoch wartete ein zweiter Trupp. Dort würden sie Kyle gegen einen anderen Mann austauschen. Sie würden seine Gewänder wechseln und ihm ebenfalls einen Sack über den Kopf ziehen. Diesen Mann würden sie zum Übergabeort bringen, während Kyle von Clanskriegern bewacht im Wald zurückblieb. Sobald Aonghas' Männer *beide* Brüder in ihrer Gewalt hätten, hatten sie den Befehl, sie zu töten. *So einfach mache ich es dir nicht, Onkel.* Gemeinsam mit seinen Männern war Eòran zu dem Schluss gekommen, exakt das Gegenteil von dem zu tun, was MacRae erwartete. Deshalb hatten sie lediglich Tormond mit Sheona zum Treffpunkt geschickt. Er sollte dort warten, bis sich die Männer näherten, um sicherzugehen, dass sie Sheona fanden, und sich dann unbemerkt zurückziehen.

Eòran schob sich langsam rückwärts, darauf bedacht, den Kopf unten zu halten. Sobald er die Hügelkuppe hinter sich gelassen hatte, richtete er sich auf und kehrte mit Finn zu den anderen zurück. Die Pferde waren fertig. Murray und Niall hatten die Hufe mit Stoff umwickelt, damit man sie nicht bereits von weitem hörte. Eòran schwang sich in den Sattel, dann packte er Cinhaé, hob sie vor sich aufs Pferd und zog sie eng an sich. »Wenn es zum Kampf kommt, duckt Euch!«, wies er sie an. Dann wandte er sich an seine Männer: »Es geht los!«

Cinhaé war einer Panik nahe.

Sie verfluchte ihr Zaudern. Zu spät hatte sie sich entschieden, MacDougal ins Vertrauen zu ziehen. In dem Augenblick, als sie ihm sagen wollte, dass sie nicht die wertvolle Geisel war, für die er sie hielt, und ihr Leben in Gefahr war, hatte er sie geknebelt. Verdenken konnte sie es ihm nicht. Ihr Verhalten hatte ihm keine andere Wahl gelassen.

Der Knebel nahm ihr die Luft. Ein Gefühl der Enge, das ihre Angst nur weiter schürte. Abwechselnd jagten heiße und kalte Schauer durch ihren Leib. Ihr Atem ging hektisch, dennoch schien es, als wolle nie genug Luft den Weg in ihre Lungen finden. Immer wieder musste sie sich zwingen, langsam ein- und auszuatmen. *Blane und Gabhan sind hier*, rief sie sich ins Gedächtnis. *Ich muss nur zu ihnen gelangen, ehe Aonghas' Männer mich zu fassen bekommen.* Er konnte unmöglich all seinen Männern den Befehl erteilt haben, sie zu töten. Das würde er nicht wagen. Die Möglichkeit, dass einer von ihnen sein Vorhaben an ihre Brüder verraten könnte, war zu groß. Aber wem konnte sie trauen? Solange sie das nicht wusste, musste sie jedem MacRae, den sie zu Gesicht bekam, aus dem Weg gehen.

MacDougal trieb sein Pferd an und lenkte es an der Spitze seiner Männer in den Wald. Wegen ihrer Fesseln konnte sie sich nicht festhalten und wurde wild im Sattel hin und her geworfen. Jede Erschütterung übertrug sich schmerzhaft auf ihren Knöchel. Ohne MacDougals Arm, der fest um ihre Taille lag, wäre sie vom Pferd gestürzt. Der Regen schlug ihr ins Gesicht und ließ die Welt hinter einem Wasserschleier verschwimmen. Schemenhafte Baumreihen jagten an ihr vorbei, ein Gewirr aus Grün und Braun. Blinzelnd bemühte sie sich um eine klare Sicht. MacDougal hatte etwas von einem Kampf gesagt. Der bloße Gedanke, mitten im Gefecht vor ihm auf dem Pferd zu sitzen, steigerte ihre Furcht noch weiter. Wie sollte sie etwas ausweichen, das sie im Regen nicht einmal sehen konnte!

Plötzlich zügelte er das Pferd. Sie spürte, wie er über sie hinweg in den Wald spähte. »Da drüben sind sie«, vernahm sie seine gedämpfte Stimme. »Finn! Sieh nach!«

Hinter ihr erklang ein Geräusch. Cinhaé wandte den Kopf und sah, wie Finn aus dem Sattel glitt. Geduckt huschte er zwischen den Bäumen davon und war rasch verschwunden. Es dauerte nicht lange, bis er zurückkehrte. Vor MacDougals Pferd blieb er stehen.

»Es ist genau, wie dein neuer Freund gesagt hat«, berichtete er leise. »Der Trupp mit Kyles Doppelgänger ist mit Owen und den Männern, die wir beim Verlassen der Burg gesehen haben, auf dem Weg zur Übergabe. Kyle ist noch im Wald, bewacht von acht anderen.«

»Wie sind sie postiert?«

Finn nahm einen Ast vom Boden auf und ritzte einen Lageplan in die Erde. Er unterstrich jede seiner Bewegungen mit der passenden Erklärung. Was genau er aufzeichnete, vermochte Cinhaé nicht zu erkennen. Sie wagte nicht, sich zur Seite zu neigen, da sie fürchtete, sonst aus dem Sattel zu fallen. MacDougal folgte den Ausführungen seines Freundes umso genauer.

»Wo ist Kyle?«, wollte er wissen.

Finn markierte eine Stelle im Erdreich. »Sie haben ihn an einen Baum gebunden.«

»In Ordnung. Wir werden uns verteilen und an sie heranpirschen. Mit ein wenig Glück können wir drei von ihnen ausschalten, ehe es zum Kampf kommt.«

»Drei?« Niall sah in die Runde. »Wir sind zu viert, Eòran.«

»Du wirst bei Cinhaé bleiben. Wir können sie nicht allein zurücklassen.« Sie spürte, wie MacDougals Blick ihren Nacken versengte. »Ihr würdet nur Dummheiten machen, nicht wahr?« Sie schüttelte den Kopf, was er mit einem leisen Lachen quittierte.

»Wie geht es danach weiter?«, wollte Murray wissen.

»Sobald wir Kyle haben, werden wir uns trennen«, erklärte MacDougal. »Ihr verschwindet mit Kyle. Ich nehme Cinhaé mit mir. Ich warte, bis ihr ein paar Stunden Vorsprung habt, dann lasse ich sie frei und folge euch.«

Cinhaé zweifelte nicht daran, dass sie sich am Gehöft treffen würden. Sie brauchten nicht zu fürchten, dass Sheona oder sie ihren Unterschlupf verraten würden, denn auch beim Verlassen des Hauses waren ihre Augen verbunden gewesen. Selbst wenn sie gewollt hätte, wäre sie nicht imstande, dorthin zurückzufinden.

»Wir lassen die Pferde zurück.« MacDougal saß ab, hob Cinhaé vom Pferd und trug sie zu Niall, um sie vor ihm in den Sattel zu setzen. »Ihr wollt doch freikommen, oder?« Als sie nickte, sagte er: »Dann verhaltet Euch ruhig.« Er sah sie noch einen Moment lang an, dann machte er kehrt, zog sein Schwert und gab seinen Männern ein Zeichen, ihm zu folgen.

Cinhaé hatte nicht vor, Aonghas' Krieger auf sich aufmerksam zu machen. Allerdings wollte sie auch nicht abwarten, was geschah. Wenn es ihr gelang, Niall zu entkommen, wäre sie nicht nur frei, sondern hätte auch noch ein Pferd.

Mit dem Claymore in der Hand huschte Eòran zwischen den Bäumen hindurch. Immer wieder zuckten seine Blicke nach links und rechts, um sich zu vergewissern, dass seine Männer nicht außer Sicht gerieten. Seine Sorge um Kyle, die zuvor bei jedem Schritt präsent gewesen war, hatte er zurückgedrängt. Er war jetzt vollkommen ruhig. Weder Cinhaé noch Kyle fanden Platz in seinen Gedanken. Seine ungeteilte Aufmerksamkeit richtete sich auf das, was ihnen bevorstand.

Vor ihm schälten sich die schemenhaften Umrisse einiger Männer aus dem Grün des Waldes. Eòran hielt im Schatten einer Hochlandtanne inne und gab seinen Männern ein Zeichen, ebenfalls zu verharren. Während die anderen zurückblieben, pirschte Eòran sich durchs Unterholz voran, schlängelte sich zwischen Büschen und Sträuchern hindurch, bemüht, keinen Laut zu verursachen. Am Rande der kleinen Lichtung, auf der MacRaes Krieger Posten bezogen hatten, ließ er sich auf den Bauch nieder und robbte das letzte Stück vorwärts. Zu seiner Erleichterung regnete es immer noch, sodass er nicht fürchten musste, ein verirrter Sonnenstrahl könne sich in der Klinge seines Claymores widerspiegeln und seine Anwesenheit vorzeitig verraten.

Die Männer hatten ihre Pferde am Rande der Lichtung zu Eòrans Linken angebunden. Keinen halben Meter vor ihm war Kyle. Er saß mit dem Rücken an eine Kiefer gelehnt. Die Arme hatten sie ihm um den Stamm herum nach hinten gefesselt. Sie hatten sich nicht die Mühe gemacht, ihm den Sack abzunehmen. Eòran zwang sich, seinen Blick von Kyle zu wenden und sich weiter umzusehen. MacRaes Krieger, die im Zentrum der Lichtung zusammenstanden und sich unterhielten, wirkten nicht sonderlich wachsam. Sie hatten nicht einmal ihre Waffen gezückt. Von Zeit zu Zeit hörte er einen der Männer lachen. Eòran kroch noch näher an Kyle heran. Erst unmittelbar hinter ihm hielt er inne. Kyle bewegte den Kopf.

Eòran kam noch ein Stück näher. »Ich bin es. Eòran«, flüsterte er. »Ich schneide die Stricke durch. Bleib sitzen und gib weiter vor, gefesselt zu sein. Rühr dich nicht, bevor du Lärm hörst. Hast du verstanden?«

Ein leichtes Zucken von Kyles Hand bejahte Eòrans Frage. Eòran legte sein Schwert zu Boden und zog sein Sgian Dubh. Sehr vorsichtig machte er sich damit auf der Rückseite des Stammes an den Fesseln zu schaffen. Er musste sie lösen, ohne dass sie auf der Vorderseite, wo die MacRaes es sehen konnten, zu Boden fielen. Sobald sie nur noch an einem dünnen Faden zusammengehalten wurden, hörte er auf. »Nur noch ein kräftiger Ruck, dann bist du frei.« Er legte Kyle das Sgian Dubh in die Hand und nahm sein Schwert wieder auf. Sein Blick wanderte über die Lichtung. Niemand hatte etwas bemerkt. Dieses Mal nahm er sich die Zeit, die Männer ein wenig länger zu beobachten. Sie waren nicht ganz so arglos, wie er zunächst angenommen hatte. In unregelmäßigen Abständen lösten sich zwei oder drei aus der Gruppe, schritten den Waldrand ab und sahen – zu Eòrans Erleichterung aus der Ferne – nach ihrem Gefangenen.

Eòran spielte mit dem Gedanken, einen Kampf zu umgehen und zu versuchen, Kyle unbemerkt fortzuschaffen. Das Risiko war jedoch zu groß. Es würde ihnen bestenfalls gelingen, ein paar Meter Vorsprung zu erzielen, ehe die MacRaes sein Verschwinden bemerkten und Alarm schlugen. Dann wären sie ohnehin gezwungen, sich dem Kampf zu stellen. *Nur dass wir dann das Überraschungsmoment nicht mehr auf unse-*

rer Seite hätten und uns acht Kriegern stellen müssten. Wenn sie sofort angriffen, konnten sie zumindest einige der MacRaes unschädlich machen, bevor es zum offenen Kampf kam.

Nachdem er die Clanskrieger einige Zeit beobachtet hatte, sah sich Eòran um. Ein Stück schräg hinter sich entdeckte er Murray, der im Schatten eines Baumes kauerte, den Blick in ständiger Bewegung zwischen Eòran und der Lichtung. Eòran gab ihm ein Zeichen. Murray nickte knapp, dann wandte er den Kopf und gab die Order wortlos an Finn weiter. Einen Atemzug später kam Bewegung ins Unterholz, als sich die beiden vorsichtig näher heranpirschten. »Halt dich bereit«, raunte er in Kyles Ohr. »Wenn es losgeht, verschwinde aus dem Kampfgetümmel!«

Eòran wartete, bis die MacRaes eine weitere Runde gemacht hatten und zu ihren Kameraden zurückkehrten. Dann richtete er seinen Blick erneut auf Murray, der ihm am nächsten war, und hob die Faust. Murray tat es ihm nach, sodass auch Finn es sehen konnte. Eòrans Arm schnellte nach vorne – der Befehl, loszuschlagen. Gleichzeitig sprang er auf und setzte über den Strauch hinweg, hinter dem er sich verborgen gehalten hatte. Murray und Finn brachen beinahe zeitgleich zwischen den Bäumen hervor.

Mit erhobenem Schwert stürzte sich Eòran auf den ersten MacRae und mähte ihn nieder, ehe der sein Claymore ziehen konnte. Ihm blieb weder Zeit, zu sehen, wie es seinen Männern erging, noch, ob Kyle seine Fesseln gelöst hatte, denn kaum war der Mann vor ihm gefallen, trat ihm ein anderer entgegen und griff an. Eòran parierte den Hieb und stieß die Klinge seines Gegners von sich, nur um sofort selbst zum Angriff überzugehen. Der MacRae duckte sich unter Eòrans Schlag hinweg, machte eine Drehung und holte aus. Eòran, der gerade selbst ein weiteres Mal zum Schlag ansetzte, unterbrach seinen Schwung abrupt. Er duckte sich unter der erhobenen Waffe seines Gegners hindurch und war im Begriff, sein Schwert nach vorne zu stoßen, als er aus den Augenwinkeln den Schatten einer Klinge gewahrte. Er fuhr herum. Stahl raste ihm entgegen. Eòran warf sich zu Boden. Das Claymore fuhr über ihn hinweg, durchschnitt die Luft mit einem atemberaubenden Zischen. Eòran rollte sich zur Seite und sprang sofort wieder auf die Beine. Regenwasser tropfte ihm aus den Haaren und lief ihm in die Augen. Mit einer hastigen Bewegung wischte er sich über das Gesicht. Jetzt sah er sich zwei Männern gegenüber, die sich mit drohend erhobenen Waffen näherten. Seine Augen zuckten von einem zum anderen, während er abzuschätzen versuchte, welcher von ihnen zuerst angreifen würde. Zoll um Zoll schoben sich die Männer näher. Eòrans Blick richtete sich für einen Moment auf einen Punkt hinter den Männern. Da bemerkte er zwei MacRaes, die sich von der Lichtung entfernten – in jene Richtung, in der Niall und Cinhaé warteten. Eòran wich einen Schritt zurück, brachte mehr Abstand zwischen sich und seine Gegner. Rasch verschaffte er sich einen Überblick. Finn war jener Stelle am nächsten, an der die Männer zwischen den Bäumen verschwunden waren. »Finn!« Eòran deutete mit der Schwertspitze in Richtung des Waldes. »Ihnen nach!«

Er sah, wie Murray einen hastigen Angriff gegen Finns Gegner führte, um ihm Freiraum zu verschaffen. Finn rannte los.

»Eòran!«

Kyles Ruf ließ ihn herumfahren. Ein Schwert schoss ihm entgegen. Eòran machte einen Schritt zur Seite. Sein Fuß rutschte im Schlamm weg. Noch im Fallen rollte er sich herum. Nicht schnell genug, um der Klinge zu entgehen. Er wartete auf den unweigerlichen Treffer. Über ihm prallte Stahl auf Stahl. Eòran fuhr herum. Kyle hatte sich das Claymore eines gefallenen Gegners gegriffen und damit die Klinge seines Angreifers in der Luft abgefangen. Jetzt wandte sich der MacRae Kyle zu und trieb ihn mit wuchtigen Hieben zurück. Fluchend sprang Eòran auf die Beine. Kyle mochte imstande sein, sich mit dem Schwert eine Weile zur Wehr zu setzen, doch er war kein Krieger. Schon nach wenigen Schritten hatte sein Angreifer ihn vor einer Baumgruppe in die Enge gedrängt. Eòran wich einem Angriff des zweiten MacRae aus, der noch immer vor ihm stand, und streckte ihn mit einem gezielten Hieb nieder. Die Wucht schleuderte Eòran das Schwert aus der Hand. Vor ihm holte Kyles Gegner zu einem Schlag aus, den er unmöglich würde parieren können.

»Kyle! Runter!« Mit großen Sätzen, auf dem rutschigen Untergrund mehr schlitternd als laufend, erreichte Eòran den MacRae, packte ihn bei der Schulter und riss ihn herum, fort von Kyle. Ehe sein Gegner das Schwert in Position bringen konnte, drosch Eòran ihm die Faust ins Gesicht und schickte ihn zu Boden.

»Schwert!«, rief er Kyle zu und streckte die Hand aus. Kyle, der sich wieder auf die Knie gekämpft hatte, warf ihm das Claymore zu, mit dem er sich eben noch verteidigt hatte. Eòran fing die Waffe auf. Keinen Moment zu früh, denn der MacRae vor ihm hatte sich von seiner Überraschung erholt und griff an. Mit einem Hieb schlug Eòran den Mann nieder. Hastig sah er sich nach weiteren Gegnern um. Es gab keine. Die MacRaes waren besiegt. Eòran reckte Kyle die Hand entgegen und zog ihn auf die Beine.

»Bleib bei den Männern!« Mit dem Schwert in der Hand machte Eòran kehrt und rannte los. »Murray«, rief er, als er die Lichtung überquerte. »Fessle die Überlebenden, dann bring Kyle fort! Ich stoße später zu euch!«

*

Cinhaés Augen wanderten unablässig über den Wald. Sie suchte nach einem geeigneten Fluchtweg, den sie nehmen konnte, sobald sie Niall losgeworden war. Unter der Bewegung war ihr die Kälte nicht aufgefallen, jetzt jedoch, im Schatten der Bäume, wo ihr eine kühle Brise den Regen unablässig ins Gesicht blies, begann sie zu frieren.

Seit MacDougal mit seinen Spießgesellen losgezogen war, wartete sie auf eine Gelegenheit, Niall zu überrumpeln. *Seine Aufmerksamkeit müsste nur für einen Augenblick nachlassen.* Doch Niall war wachsam. Sein Blick schien unablässig auf sie gerichtet zu sein. Sobald sie auch nur zuckte, verstärkte er den Griff, mit dem er sie trotz ihrer Fesseln hielt. Ohnehin bereiteten ihr die Fesseln das größte Kopfzerbrechen. Wie sollte sie damit die Zügel führen? Aber wie konnte sie die Stricke loswerden? Sie hatte nicht einmal ein Messer! *Ich brauche einen scharfkantigen Felsen!* Zunächst aber musste sie entkommen!

Ein Geräusch schreckte sie aus ihren Gedanken. Ein Knacken im Unterholz. Niall hatte es auch gehört. Cinhaé spürte, wie er sich hinter ihr im Sattel umwandte.

»Verflucht!« Er riss das Pferd herum.

Das Tier stieg wiehernd auf. Cinhaé wurde nach hinten geworfen, prallte gegen Nialls Brust und wurde wieder nach vorne geschleudert. Niall packte sie am Arm, ehe sie stürzen konnte. Die Hufe des Tiers fanden auf den Boden zurück. Die Gefahr eines Sturzes war abgewendet, da sah sie sich plötzlich Aonghas' Männern gegenüber, die sich in ihrem Rücken angeschlichen hatten. Zwei schlammverschmierte Clanskrieger. Der vordere hatte mit dem Claymore zum Schlag ausgeholt. Der Knebel dämpfte Cinhaés Schrei, als ihr die Klinge entgegenraste.

»Pass auf! Die Frau!«, rief der hintere der beiden.

Cinhaé sah den Schrecken in den Augen ihres Angreifers,

ein Spiegelbild ihres eigenen Entsetzens. Er versuchte das Schwert herumzureißen. Aber es war zu spät. Der Schlag würde sie unweigerlich treffen. Niall reagierte blitzschnell. Er verpasste ihr einen Stoß. Cinhaé sah noch, wie die Klinge Nialls Bein traf, dann wurde sie zu Boden geschleudert. Der Aufprall presste ihr die Luft aus den Lungen. Die gefesselten Arme gruben sich in ihre Rippen. Rasender Schmerz explodierte in ihrem Knöchel. Dann verschwamm die Welt.

Als sie wieder zu sich kam, schien sich der lodernde Schmerz von ihrem Fuß auf den gesamten Körper ausgebreitet zu haben. Keuchend rang sie um Atem. Da erst wurde ihr bewusst, dass der Strick, der ihren Knebel an Ort und Stelle halten sollte, verrutscht war und jetzt lose um ihren Hals hing. Sie spuckte das Tuch aus und schnappte nach Luft. Undeutlich war sie sich bewusst, dass nicht weit von ihr entfernt ein Kampf tobte. Sie erinnerte sich an den Schrecken der beiden Männer. *Er hat mich nicht absichtlich angegriffen. Sie haben mich nicht gesehen.* Dann war sie nicht in Gefahr. Das war die Gelegenheit! Solange Niall in den Kampf verwickelt war, konnte er nicht auf sie achtgeben.

Während sie noch gegen den Schmerz ankämpfte, setzte sie sich auf und sah sich um. Als Erstes entdeckte sie das Pferd, das reiterlos zwischen den Bäumen umherstreifte. Der Anblick nährte ihre Hoffnung. Dann sah sie zu den Kämpfenden hinüber und alle Zuversicht zersprang in tausend Scherben. Erst jetzt wurde ihr bewusst, dass der Kampflärm verstummt war.

Einer von Aonghas' Männern lag auf dem Boden und regte sich nicht. Niall stand schwer atmend da. Blut rann unter seinem Plaid über sein Bein. Seine schnelle Reaktion hatte ihr vermutlich das Leben gerettet. Cinhaés Blick heftete sich auf den zweiten MacRae-Krieger. Er kniete im Schlamm. Vor ihm stand Finn und legte ihm Fesseln an. Als wäre Finns Anwesenheit nicht genug, stürzte in diesem Augenblick auch noch MacDougal zwischen den Bäumen hervor. Mit dem Schwert in der Hand sah er sich um. Wie die anderen auch war er über und über voll Schlamm. Einzig seine Augen schimmerten hell, als sie sich auf Cinhaé richteten. Sie versuchte auf die Beine zu kommen. Ein brüllender Schmerz fuhr durch ihren Knöchel und ließ sie augenblicklich zurück in den Matsch sinken. Fluchend versuchte sie noch einmal, auf die Beine zu kommen.

»Wartet!« Plötzlich war MacDougal neben ihr. Mit einem Ruck durchtrennte er ihre Fesseln. Vorsichtig bewegte sie die Arme, zog sie vom Rücken nach vorne. Ihre Schultern waren völlig verkrampft. Jede Bewegung war eine Qual. Behutsam half MacDougal ihr, aufzustehen. Ihre Knie gaben nach, sodass sie sich an ihn lehnen musste, um nicht erneut in den Schlamm zu fallen.

»Wo habt Ihr Schmerzen?«

»Wenn Ihr mich fragen würdet, was mir nicht wehtut, würde die Antwort weniger lange dauern.«

»Allein die Tatsache, dass Ihr mir überhaupt antwortet, statt mich mit Schweigen zu strafen, stimmt mich besorgt.« Seine Augen wanderten über ihr Gesicht, glitten dann tiefer und streiften langsam über ihren Körper. Cinhaé wusste, dass er nur nach Verletzungen suchte, dennoch spürte sie unter seinem tastenden Blick Verlegenheit in sich aufsteigen. Hitze schoss ihr in die Wangen. Hastig wandte sie den Kopf ab. MacDougal seufzte. »Wir müssen weg.«

Als er sie hochhob und zu Nialls Pferd trug, das jetzt friedlich zwischen den Bäumen graste, wehrte sie sich nicht. Es gab ohnehin nichts, was sie gegen ihn ausrichten konnte.

Kurz darauf fand sie sich einmal mehr vor ihm im Sattel wieder. Er wendete das Pferd und trieb es zwischen den Bäumen hindurch, fort von seinen Freunden. Langsam klang der

Schmerz in ihrem Leib ab, bis nur noch das andauernde Hämmern in ihrem Knöchel blieb, das sie seit Tagen quälte. Cinhaé wusste nicht, wie lange sie unterwegs waren. Für sie sah die Umgebung längst überall gleich aus. Bäume, Ginstersträucher und endloser Schlamm, der unter den Pferdehufen aufspritzte. Der Regen nahm kein Ende. Immer wieder musste sie sich die Wassertropfen abwischen, die ihr über die Stirn in die Augen rannen.

MacDougal sagte kein Wort. Seit Tagen schon versuchte er nicht mehr, sie in ein Gespräch zu verwickeln. Jetzt jedoch war es Cinhaé, die sprechen wollte. Sie vermochte selbst nicht zu sagen, warum.

»Ist Euer Bruder frei?«

»Ja«, antwortete er ruhig, »das ist er.« Sie konnte hören, dass er lächelte.

»Wie geht es jetzt weiter?«

»Wir verstecken uns für ein paar Stunden. Dann lasse ich Euch frei und Ihr müsst mich nie wieder sehen.«

Sie wandte sich ein Stück zu ihm um und sah ihn an. Lag da eine Spur Bedauern in seinen Augen? »Ihr lasst mich einfach so gehen?« Es fiel ihr schwer, das zu glauben, doch MacDougal nickte.

23

Als Owen Sheona und ihre beiden Begleiter erblickte, zügelte er sein Pferd. *Was macht sie hier? Wo ist Cinhaé?* Die Männer bei ihr gehörten zum Trupp ihres Bruders und nicht zu Eòrans Kriegern. Er sah sich um, hielt Ausschau nach Eòran und fürchtete schon, er sei Gabhan und seinen MacKenzie-Kriegern in die Hände gefallen. Doch er entdeckte weder Eòran noch Gabhan oder den Rest seiner Krieger.

»Sie haben uns reingelegt«, rief einer der beiden, als er Owens Blick bemerkte.

Gott sei Dank! »Reingelegt?«, blaffte Owen. »Was soll das heißen?« Nachdem Gabhan gestern beschlossen hatte, sich mit seinen Männern noch in derselben Nacht am Übergabeort auf die Lauer zu legen, hatte er das Schlimmste befürchtet. Noch immer hatte er keine Gelegenheit gefunden, unbeobachtet mit einem der MacKenzie-Brüder über Aonghas zu sprechen. Ebenso wenig war es ihm möglich gewesen, Eòran vor Gabhan und seinen Kriegern zu warnen. Die ganze Zeit über hatte er sich an den Gedanken geklammert, dass zumindest nur einer von Eòrans Männern hier sein würde, während der Rest den Trupp abfing, der den echten Kyle bei sich hatte.

»Außer der Herrin ist hier niemand!«

Owen wandte sich an Sheona. »Seid Ihr verletzt?« Als sie den Kopf schüttelte, fragte er: »Was ist passiert?« Er konnte sich längst denken, was geschehen war. Seine Frage zielte einzig darauf ab, Zeit zu gewinnen, ehe er die Männer zwangsläufig zu jenem Ort zurückführen musste, an dem Eòran versuchen würde, Kyle zu befreien. *Wenn ich es nicht tue, ist meine Tarnung endgültig erledigt.* Schon jetzt lief er Gefahr, durch eine unbedachte Äußerung von Sheona entlarvt zu werden. Sie brauchte lediglich seine Anwesenheit auf dem Gehöft zu erwähnen.

»Einer der Männer hat mich hierhergebracht«, erklärte Sheona. Ihre Stimme zitterte vor Aufregung und ihre Hand ruhte auf ihrem Leib. »Er hat bemerkt, dass bereits jemand hier war. Deshalb ließ er mich laufen und zog sich zurück. Gabhan hat mich gefunden. Ich ... Cinhaé ist noch immer in der Gewalt dieser Männer! Ihr müsst sie retten! Bitte!«

»Das werden wir«, versicherte Owen ruhig. Er hatte erwartet, Cinhaé zu sehen. Warum Eòran ausgerechnet die wertvollere Geisel zuerst freigelassen hatte, war ihm ein Rätsel. Zumindest war sie in Sicherheit, solange sie bei ihm war. »Wo ist Gabhan jetzt?«

»Er verfolgt mit seinen Kriegern den Mann, der die Herrin hierherbrachte«, antwortete einer der MacKenzies an Sheonas Stelle. »Er hofft, dass er ihn zum Rest dieses Lumpenpacks führt. Uns ließ er zum Schutz der Herrin zurück.«

Owen schluckte einen Fluch hinunter. Er musste dafür sorgen, dass Gabhan weder Eòran noch einen seiner Männer fand. Nachdem er sich angehört hatte, was die MacKenzies zu sagen hatten, nickte er und wandte sich an seine eigenen Männer. »Ihr begleitet die Herrin und ihre Bewacher nach Dun Cunnartach zurück. Ich reite zu Hamish und den anderen, um ihnen zu sagen, dass sie den Gefangenen in die Burg zurückbringen sollen. Danach folge ich Gabhan, um ihm bei seiner Suche zu helfen.«

»Sollen wir dich nicht begleiten?«, fragte einer seiner Männer.

Owen schüttelte den Kopf. »Womöglich sind die Kerle noch in der Nähe. Ich will, dass die Herrin gut geschützt ist! Ihr alle seid mir für ihr Wohlergehen verantwortlich!« Sein Blick fiel auf den Mann, der Kyles Platz eingenommen hatte. »Nehmt ihm endlich den verdammten Sack ab!«

»Was ist, wenn MacDougal seinen Bruder bereits befreit hat?«

»Dann macht es keinen Unterschied, ob ich allein reite oder mit einem Dutzend Bewaffneter«, entgegnete Owen entschlossen. »MacDougal und seine Männer wären ohnehin längst fort. Wenn das der Fall ist, werde ich sie – zusammen mit Gabhan – jagen!« Zumindest um Sheona musste er sich nicht sorgen, wenn er sie nach Dun Cunnartach zurückschickte. Aonghas würde ihr nichts antun. »Na los«, raunzte er. »Worauf wartet ihr! Bringt die Herrin zurück!« Dann riss er sein Pferd herum und sprengte los, zurück in den Wald, wo sie zuvor Kyle gegen einen seiner eigenen Krieger ausgetauscht hatten. Er musste Eòran vor seinen Verfolgern warnen und Cinhaé finden, ehe sie Aonghas in die Hände fiel.

24

Aonghas stand auf der Burgmauer und blickte angespannt auf den Waldrand. Seine Finger klammerten sich um den regennassen Stein der Mauerkante. Es machte ihn wahnsinnig, nicht sehen zu können, was im Schutz der Bäume und Hügel vor sich ging. Wie lange waren Owen und seine Männer nun schon dort draußen? Musste es inzwischen nicht vorüber sein?

»Alles wird gut werden«, vernahm er Blanes Stimme neben sich.

Nicht, wenn dein verdammter Bruder Cinhaé begegnet! Gabhan hatte es sich nicht ausreden lassen, schon in der Nacht nahe dem Übergabeort mit seinen Männern Stellung zu beziehen. Aonghas wollte gerade etwas auf Blanes Worte erwidern, als er zwischen den letzten Baumreihen Bewegung gewahrte. Einen Moment glaubte er, er habe sich geirrt, dann kam ein Trupp Reiter aus dem Wald.

Cormac musterte aus zusammengekniffenen Augen den Waldrand. »Das sind Owens Männer!«

Aonghas' Blick wanderte über die Reiter. Zwei von Gabhans Kriegern waren bei ihnen, von Owen und Gabhan selbst war jedoch nichts zu sehen. Dafür entdeckte er Sheona, die im Schutze der Männer ritt. Keine Cinhaé – das ließ ihn zumindest für den Augenblick aufatmen. Seine Ruhe würde nur von kurzer Dauer sein. Aonghas wusste, dass Gabhans Abwesenheit nur eines bedeuten konnte: Er suchte nach Cinhaé. Mit ein wenig Glück war er sofort aufgebrochen, sodass ihm zumindest keine Zeit geblieben war, mit Sheona zu sprechen.

Aonghas' Blick zuckte kurz zu Blane. Er musste unbedingt vor ihm mit Sheona sprechen. *Ich muss wissen, wie viel Cinhaé ihr erzählt hat.* Während sich unten die Reiter anschickten, die Distanz zum Burgtor zu überwinden, machte Aonghas kehrt und verließ die Mauer. Dicht gefolgt von Cormac und Blane eilte er die Treppe hinab, um seine Gemahlin in Empfang zu nehmen.

Als er den Hof überquerte, fragte er sich, wo Owen war. Vermutlich hatte er sich ebenfalls auf die Suche nach Cinhaé gemacht, um es zu Ende zu bringen. *Gebe Gott, dass er sie findet, ehe Gabhan es tut!* Owen war ein guter Mann, dennoch war Aonghas nicht sicher, ob er seiner Aufgabe gewachsen war. Schon während der letzten Tage hatte er ungewöhnlich nervös gewirkt. Aonghas wusste, dass Owen Cinhaé mochte. Was, wenn er gar nicht vorhatte, dem Mädchen etwas anzutun? Was, wenn er sie ebenso verschonen würde wie Williams Brut? *Das wird er nicht wagen! Er wird seinen Befehl ausführen!* Trotz allem war Owen noch immer sein Freund. Er würde ihn nicht noch einmal hintergehen. *Und wenn doch?*

Aonghas erreichte Sheona, als sie ihr Pferd auf dem Hof zügelte. »Sheona! Liebes!« Er hob sie vom Pferd und zog sie an sich. Einen Moment hielt er sie umfangen, dann löste er seine Umarmung, gerade weit genug, um sie zu küssen. »Bei Gott, ich bin so froh, dass du am Leben bist. Geht es dir gut? Haben sie dir etwas angetan? Was ist mit unserem Kind?« Mit einem Arm hielt er sie noch immer umschlungen, während seine andere Hand an ihren Bauch glitt. Noch einmal zog er sie an sich. Es fiel ihm nicht einmal schwer, den besorgten Gemahl zu spielen, denn ihr Tod hätte ihm in der Tat schweren Schaden verursacht. Sheona klammerte sich zitternd an ihn. »Nicht auszudenken, dass ich dich beinahe verloren hätte«, flüsterte er. *All meine Pläne um ein Haar von Williams Welpen durchkreuzt.* »Ich wüsste nicht, was ich ohne dich tun sollte. Aber was mache ich hier!« Er löste sich ein Stück von ihr. »Ich rede und rede, ohne dir Gelegenheit zu geben, mir zu antworten. Bist du verletzt, Liebes?«

Sheona schüttelte den Kopf. Tränen schimmerten in ihren Augen. »Mir fehlt nichts. Ich bin nur sehr müde«, sagte sie leise. »Aber sie haben Cinhaé noch in ihrer Gewalt!«

»Meine Männer werden sie finden. Das verspreche ich dir.«

Sheona lehnte den Kopf an seine Brust und schloss die Augen, öffnete sie jedoch einen Atemzug später sofort wieder und sah zu ihm auf. »Aonghas, Cinhaé sagte ... sie sagte ...«

»Was hat sie gesagt, Liebes?«, fragte er sanft und musste sich beherrschen, seinen Griff nicht zu verstärken.

»Sie sagte, sie habe ein Gespräch gehört, in dem du ... Hast du mich nur geheiratet, um an Vaters Erbe heranzukommen?«

»Wie kannst du so etwas auch nur denken?« Er zog sie ein wenig enger an sich. »Es geht mir einzig und allein um dich und um die Familie, die wir bald sein werden. Ich weiß nicht, was Cinhaé gehört zu haben glaubt, aber ... Liebes«, wisperte er, bemüht, seine gespielte Entrüstung nicht zu übertreiben, »denkst du allen Ernstes, ich könnte dir etwas vormachen? Kennst du mich so schlecht?«

Einen Moment sah Sheona ihn an, dann seufzte sie erleichtert und lehnte ihren Kopf erneut an seine Brust. »Nein, du machst mir nichts vor, das spüre ich«, sagte sie entschieden. »Ich glaube, Cinhaé ist einfach eifersüchtig. Menschen behaupten schreckliche Dinge, wenn sie anderen ihr Glück neiden.« Sie sah abrupt zu ihm auf. »Aber du wirst sie doch trotzdem suchen, nicht wahr? Du musst sie finden, Aonghas!«

»Das werde ich. Darauf gebe ich dir mein Wort.« Aonghas war beruhigt. Jetzt konnte er zulassen, dass Sheona auf ihre Brüder traf. Er war überzeugt, sie würde Cinhaés Gerede nicht einmal erwähnen. Er löste seine Umarmung und trat einen Schritt zurück. »Hier ist noch jemand, der sich freut, dich zu sehen, Liebes.«

»Blane!« Sheona fiel ihrem Bruder um den Hals. Aonghas interessierte sich nicht weiter für die Wiedersehensfreude der Geschwister. Sein Blick ruhte nachdenklich auf dem Burgtor. Owen brauchte Verstärkung.

»Sheona«, sagte er und legte ihr eine Hand auf die Schulter, »du solltest dich jetzt ausruhen.«

Blane gab seine Schwester frei. »Aonghas hat recht. Leg dich hin. Wir werden Cinhaé bald finden.« Er drückte noch einmal ihre Hand, dann nahm er dem Burschen, der eben im Begriff war, Sheonas Pferd wegzuführen, die Zügel aus der Hand. »Ich werde Gabhan folgen und ihm helfen.« Er ließ sich ein Claymore reichen und tippte zum Abschied einmal kurz an seine Kappe. Dann trat er das Pferd in die Flanken und ritt vom Hof, ehe Aonghas ein Wort sagen konnte.

Aonghas küsste Sheona auf die Stirn. »Geh und leg dich hin! Ich komme später und sehe nach dir.« Dann wandte er sich an Cormac. »Schick Owens Trupp aus«, sagte er so leise, dass niemand anders ihn hören konnte. »Sie müssen Cinhaé finden und dafür sorgen, dass sie nicht zurückkehrt.« Er wollte schon gehen, als ihm noch etwas einfiel: »Wenn Owen zurück ist, behalte ihn im Auge.«

25

Eòran ging neben Cinhaé in die Hocke und legte ihr eine Hand auf die Schulter. Seit sie unter einer dicht stehenden Baumgruppe Schutz vor dem Regen gefunden hatten, schlief sie. Trotzdem wirkte sie, als sie jetzt die Augen aufschlug, noch immer müde.

»Es ist Zeit.« Mittlerweile war es beinahe Abend und Eòran war zu dem Schluss gelangt, dass Kyle und die anderen jetzt ausreichend Vorsprung haben mussten. »Kommt, ich bringe Euch nach Hause.« Er hielt ihr die Hand entgegen. Als sie danach griff, half er ihr auf die Beine und stützte sie, sobald sie stand. Selbst im dämmrigen Licht schien ihr Gesicht bleich und eingefallen.

»Ihr müsst mir versprechen, dass Ihr bald einen Heiler Euer Bein behandeln lasst«, sagte er, als er sie nach draußen führte.

Cinhaé entgegnete nichts. Sie hatte die Lippen zu einem schmalen Strich aufeinandergepresst und starrte vor sich hin. Mit einem unterdrückten Seufzer schwang sich Eòran in den Sattel, zog sie vor sich aufs Pferd und trieb das Tier voran. Der Boden war noch immer aufgeweicht und schwer passierbar, doch zumindest hatte es aufgehört zu regnen. Lediglich der Wind war geblieben und trieb die Wolken über den bleigrauen Frühlingshimmel.

Eòran atmete tief durch. Kyle war frei und bald wäre Cinhaé es ebenfalls. Dann gab es nichts mehr, worüber er sich noch Sorgen machen musste. Niemandem war etwas zugestoßen. Er würde noch einige Tage mit Finn bei seiner Familie verbringen, ehe sie wieder zurück nach Dunstaffnage mussten. Die MacRaes und Kyles Gefangenschaft würden ihm bald nur noch wie ein schlechter Traum vorkommen. *Alles geht weiter wie bisher.* Seltsamerweise war diese Aussicht wenig tröstlich.

Sein Blick fiel auf Cinhaé. Schlagartig wurde ihm bewusst, dass er sie vermissen würde. Es war lächerlich. Sie hasste ihn und doch empfand er bei dem Gedanken, sie gehen zu lassen, Bedauern. *Sie ist die Frau eines anderen!*

»Gebt mir Euer Pferd und lasst mich ziehen«, sagte sie plötzlich, nachdem sie bereits eine Weile unterwegs waren.

Ihr Wunsch erstaunte Eòran. Zugleich konnte er nachfühlen, dass es ihr nicht schnell genug gehen konnte, endlich von ihm fortzukommen. Dennoch schüttelte er den Kopf. »Ich brauche das Tier. Aber macht Euch keine Sorgen, ich bringe Euch ganz in die Nähe von Dun Cunnartach – bis an den Waldrand.« Von dort würde sie lediglich ein paar Meter gehen müssen, denn sobald sie zwischen den Bäumen hervortrat, würden Aonghas' Wachen sie von der Mauer aus sehen und sie holen. Auf diese Weise musste sie weder ihr Bein übermäßig belasten noch lief sie Gefahr, sich zu verirren. Er hoffte nur, dass er auch nahe genug an die Burg herankommen würde, um seinen Plan in die Tat umzusetzen. Cinhaé sagte nichts mehr. Zu seiner Überraschung war ihre Anspannung zurückgekehrt.

»Jetzt geschieht Euch ganz gewiss nichts mehr«, versuchte er sie zu beruhigen. »Kyle ist frei, welchen Grund sollte ich also haben, Euch noch etwas anzutun? Ich bringe Euch nur noch nach Hause. Das ist alles.« Doch auch seine Worte vermochten es nicht, ihr die Unruhe zu nehmen.

Sie waren noch ein gutes Stück von Dun Cunnartach entfernt, als er etwas hörte. Augenblicklich zügelte er das Pferd und lauschte. Zwischen den Bäumen erklang das Echo einiger Männerstimmen, begleitet vom Hufschlag ihrer Pferde.

»Sieht aus, als würden sich unsere Wege früher trennen, als ich dachte.« Es bestand kein Zweifel, wessen Männer sich da zwischen den Kiefern näherten. »Sie kommen in unsere Richtung. Ich werde Euch hier absetzen.« Er nahm sie beim Arm und hob sie vom Pferd. Sofort verlagerte sie ihr Gewicht auf das unverletzte Bein. Einen Moment dachte Eòran daran, ebenfalls abzusteigen. Aber wozu? *Was soll ich schon tun, außer Lebewohl zu sagen?* Ein Teil von ihm hatte eine sehr genaue Vorstellung von dem, was er tun konnte. Sein Verstand jedoch sagte ihm, dass es besser sei, die Distanz zu wahren. Er war kurz davor, sich bei ihr zu entschuldigen, doch er wusste, dass sie nichts darauf geben würde. Stattdessen griff er in seine Satteltasche und holte das kleine Bündel mit dem Schmuck hervor, das er in der Kutsche gefunden hatte, und hielt es ihr entgegen. »Das gehört Euch.« Sobald sie den Schmuck nahm, zog er die Hand zurück. »Gebt auf Euch acht, Cinhaé.«

Eòran wollte sein Pferd schon wenden, als sie plötzlich rief: »Nein! Nicht! Wartet!«

Er hielt noch einmal inne. Dieses Mal war ihr Blick nicht unergründlich. Die Furcht, die er darin fand, war unverkennbar. Es verwunderte ihn, dass ausgerechnet sie sich davor zu fürchten schien, allein im Wald zurückgelassen zu werden. Vor allem wenn die Krieger ihres Gemahls ganz in der Nähe waren.

»Macht Euch keine Sorgen, Ihr seid nicht lang allein. Sie werden Euch gleich finden.« Er deutete zwischen die Bäume in die Richtung, aus der sich die Reiter näherten. »Seht Ihr, man kann sie schon erkennen.« *Und sie sind jetzt eindeutig zu nah!* »Lebt wohl!« Er riss sein Pferd herum und trat es in die Flanken, gerade als der erste MacRae zwischen den Bäumen hervortrat. Eòran trieb das Tier voran, um möglichst schnell Abstand zwischen sich und die Clanskrieger zu bringen. Hinter sich hörte er die Männer Befehle rufen.

Dann vernahm er einen gellenden Schrei. »Eòran!«

Cinhaés Ruf ließ ihn herumfahren. Ein Armbrustbolzen raste ihm entgegen. Er warf sich im Sattel zur Seite. Das Geschoss, das seine Schulterblätter durchbohrt hätte, streifte ihn lediglich am Arm. Während er darum kämpfte, nicht den Halt zu verlieren, zuckten seine Augen zwischen den Bäumen vor ihm und den MacRaes hinter ihm hin und her. Zu seinem Glück waren nur zwei Männer mit Armbrüsten bewaffnet. Einer lud gerade nach. Der andere legte an. *Bei Gott!* Als Eòran erkannte, dass nicht er das nächste Ziel des Schützen war, sondern Cinhaé, riss er erneut sein Pferd herum. Schlamm spritzte unter den Hufen auf, als er das Tier antrieb – auf die MacRaes und Cinhaé zu.

»Cinhaé!«, brüllte er. »Hinter den Baum!«

Sie reagierte sofort. Mit einem unbeholfenen Satz brachte sie den Stamm einer Kiefer zwischen sich und den Schützen. Eòran hörte ihn fluchen und sah, wie er nach einer Position suchte, in der er sein Ziel erneut erfassen konnte.

Dann hatte Eòran sie erreicht. Er hielt das Pferd nicht an, ließ es lediglich für einen Moment in eine langsamere Gangart fallen. Im Vorbeireiten packte er Cinhaé und zog sie vor sich aufs Pferd. Sobald sie saß, schlang er einen Arm um ihre Taille und trat das Pferd in die Flanken. Das Tier sprengte durchs Unterholz. Nicht weit von ihm entfernt schlug ein Bolzen mit einem dumpfen Krachen in einen Baum. Eòran drückte Cinhaé tief über den Sattel und beugte sich selbst so weit wie möglich nach vorne, um tief hängenden Ästen und weiteren Geschossen zu entgehen.

Hinter ihm brüllten MacRaes Krieger Befehle. Das Schlagen unzähliger Hufe kündete davon, dass sie die Verfolgung aufnahmen. Eòran wandte sich nicht um. Er richtete seine volle Konzentration auf den Weg vor sich. Der Wald raste in atemberaubendem Tempo an ihm vorüber. Schlamm spritzte auf, benetzte seine Beine, Arme und sein Gesicht. Cinhaé vor ihm gab keinen Laut von sich und versuchte auch nicht, sich zu bewegen. Im Zickzack jagte Eòran das Pferd zwischen den Bäumen hindurch. Der Abstand zu den MacRaes wuchs. Dennoch verringerte er das Tempo nicht. Mit zwei Reitern würde das Pferd rasch ermüden und seine Verfolger bald wieder an Boden gutmachen. Er musste die Männer abhängen und er hatte auch schon eine Idee.

Immer weiter trieb er das Tier in unerbittlichem Galopp voran, jagte zwischen Bäumen hindurch, setzte über Büsche hinweg und folgte dem stetigen Auf und Ab geschwungener Hügel. Er hatte inzwischen einen Bogen geschlagen, sodass sie sich wieder auf dem Weg in Richtung Dun Cunnartach befanden. Es war ein gewagter Plan, doch ihm blieb keine andere Wahl.

Bald erreichten sie einen Abschnitt, an dem die Bäume weniger dicht beisammenstanden. Er warf jetzt immer öfter einen Blick nach hinten. Der Abstand zu seinen Verfolgern war weiter gewachsen. Er konnte sie kaum noch zwischen den Bäumen ausmachen. Dennoch trieb er das Pferd weiter an. Endlich erreichte er die Stelle, nach der er gesucht hatte. Er hatte den Pfad heute Morgen gesehen, als er sich mit Finn angeschlichen hatte, um die Burgtore zu beobachten. Das Gebiet wurde rasch felsiger, die sanft geschwungenen Hügel wuchsen zu schroffen Felsen empor. Erst als sie zwischen den zerklüfteten Felswänden eintauchten, ließ er das Pferd in eine langsamere Gangart fallen. Rechts und links erhoben sich unregelmäßige Steinformationen. Manche so groß wie ein Mann, andere winzig klein. Der Stein war überall von weißen Flechten überzogen. Ginsterbüsche drängten selbst aus den scheinbar kleinsten Ritzen hervor. Eine Weile lenkte Eòran das Tier zwischen den Steinen hindurch, ehe seine Augen fanden, worauf er gehofft hatte. Ein Spalt, groß genug, um das Pferd darin zu verstecken.

»Was habt Ihr vor?«, wollte sie wissen.

»Ich suche ein Versteck für das Pferd und dann eines für uns.«

Sie schüttelte den Kopf. »Ich habe eine bessere Idee.« Sie deutete tiefer zwischen die Felsen. »Dort entlang.«

Eòran zögerte nicht. Sie hatte keinen Grund, ihn anzulügen. Diese Männer hatten auch versucht, sie zu töten. Für die Frage nach dem Warum war ihm noch keine Zeit geblieben. Er lenkte das Pferd in die angegebene Richtung. Bald rückten die Felsen enger zusammen und er schrammte immer wieder mit den Schultern gegen den Stein. Der Boden war von Geröll übersät und sie waren gezwungen, sich langsamer fortzubewegen, wenn sie nicht riskieren wollten, dass sich das Pferd verletzte. Der Pfad wand sich zwischen den Felsen hindurch, ehe er einen scharfen Linksknick machte. Dahinter öffneten sich die Felsen und gaben den Blick auf ein ganzes Labyrinth aus Spalten, Gängen und schmalen Ritzen frei.

»Hier finden wir sicher einen guten Unterschlupf«, befand er.

Cinhaé schüttelte den Kopf. »Das ist nicht der Ort, den ich meine.«

»Ich kann mir nur schwer ein besseres Versteck vorstellen.«

»Hört Ihr das?«

Eòran lauschte. Aufmerksam suchte er nach dem Geräusch von Pferdehufen und Männerstimmen, dem Klirren von Waffen. Doch da war nur ein stetes Rauschen. »Ich kann nichts hören. Das Rauschen übertönt alles.«

»Genau das meine ich.« Cinhaé wandte sich zu ihm um. »Wenn wir in diese Richtung weitergehen, kommen wir an einen Fluss. Dort gibt es eine Höhle.«

»Seid Ihr sicher?«

Ihr Nicken genügte ihm als Antwort. Er ließ den Zügel

schnalzen und lenkte das Pferd weiter, den Weg entlang. Bald würde es dunkel werden. Falls die MacRaes ihnen noch immer auf den Fersen waren, würden sie die Suche bei Einbruch der Nacht abbrechen müssen. Die Gefahr, dass sich Ross und Reiter zwischen den zerklüfteten Felsen die Beine brachen, war zu groß. Zumindest für eine Nacht hätten sie Ruhe.

Tatsächlich gelangten sie bald an einen breiten Flusslauf. Eòran vermochte nicht zu sagen, wo genau er entsprang, denn er wand sich zwischen den Felsen hindurch, schien teilweise sogar unterirdisch zu verlaufen. Auf Cinhaés Geheiß folgte er dem Strom flussaufwärts. Der Wald war inzwischen nicht mehr zu sehen. Felsen und karge Sträucher dominierten das Bild. Bald wurde das stete Rauschen des Flusses von einem anderen Geräusch überlagert: dem Donnern eines Wasserfalls.

Sie ritten um eine Biegung und fanden sich vor einer steilen Felswand wieder. Eòran suchte das Ufer nach einem Weg ab, der die Felsen hinaufführte. Vergebens.

»Wir sitzen in der Falle«, brüllte er über das Tosen des Wasserfalls hinweg.

Einmal mehr schüttelte Cinhaé den Kopf. Sie hob die Hand und deutete auf den dichten Wasservorhang, der sich aus gut einhundert Fuß in die Tiefe stürzte.

»Dahinter muss eine Höhle sein«, rief sie. »Dort können wir uns verstecken.«

Eòran glitt aus dem Sattel, griff nach dem Zügel und führte das Pferd mit Cinhaé hinter sich her. Der Pfad war breit und stieg nur leicht an. Mit jedem Schritt, den sie dem Wasserfall näher kamen, wurde die Sicht schlechter. Wasser spritzte auf und hüllte die Umgebung in feinen Nebel. Auf den letzten Metern war der Boden nass und rutschig. Vorsichtig ging er weiter. Eòran glaubte schon, dass es keinen Weg am

Wasser vorbei geben würde, als er zu seiner Linken einen schmalen Spalt entdeckte. Der Zugang zur Höhle lag knapp oberhalb des Wasserspiegels, ein drei Fuß breiter Durchlass zwischen dem Wasservorhang und der Felswand. Eòran hielt darauf zu und tauchte in die Schatten ein. Für einige Schritte war er neben dem reißenden Wasserfall, eisige Gischt hüllte ihn ein, dann war er durch. Vor ihm öffnete sich eine große Nische im Fels. Eòran hielt einen Moment inne. Eisiger Wind fegte durch den Spalt und zerrte an seinem Plaid. Er ließ seine Augen über die ausgewaschenen Wände gleiten und entdeckte links, halb in den Schatten verborgen, einen weiteren Durchgang, der zu einer Höhle zu führen schien. Plötzlich riss hinter ihm das Pferd am Zügel. Eòran fuhr herum, gleichzeitig packte er den Zügel fester. Das Tier hatte auf dem glitschigen Untergrund für einen Moment den Halt verloren und war zur Seite gestrauchelt – unter den Wasserfall. Es bäumte sich auf und machte einen heftigen Satz nach vorne, zurück auf trockenen Grund. Dann war das Tier in der Höhle. Triefnass, ebenso wie Cinhaé. Eòran sah, wie sie die Lippen bewegte. Obwohl er ihre Worte bei diesem Lärm nicht verstehen konnte, war er sicher, dass sie fluchte. Sie strich sich das nasse Haar aus dem Gesicht und versuchte, notdürftig ihren Rock auszuwinden. Eòran führte das Pferd weiter. Um ihre nassen Sachen würde er sich kümmern, sobald er gesehen hatte, ob die Höhle ein sicherer Unterschlupf war. Er warf Cinhaé den Zügel zu und ging allein weiter. Er machte sich keine Sorgen, dass sie davonlaufen könnte. Sie war nicht mehr seine Gefangene, und wenn die MacRaes nicht auf sie geschossen hätten, wäre sie inzwischen längst nicht mehr bei ihm. *Warum wollten sie Cinhaé angreifen?* Vielleicht hatte er sich auch geirrt. Es war alles sehr schnell gegangen. Womöglich hatte der Schütze seine Waffe lediglich kurz auf sie gerichtet, als er auf Eòran anlegen wollte.

Eòran spähte in den Durchgang. Nach wenigen Schritten öffnete sich eine kleine Felskammer. Dahinter ging der Gang weiter. Das gedämpfte Licht, das durch den Wasservorhang fiel, wurde mit jedem Schritt schwächer, zugleich nahm der Lärm wohltuend ab, sodass er bald das Knirschen seiner Schritte auf dem Stein vernehmen konnte. Der Gang machte einen scharfen Knick und mündete in eine weitere Höhle. Er konnte nicht einmal erahnen, wie groß die Höhle war und ob der Gang dahinter noch weiterführte, denn wenige Schritte vor ihm versickerte das letzte Licht zwischen den Felsen. Selbst hierher fand der eisige Wind seinen Weg. Dennoch würden sie hier lagern, weit genug entfernt vom Tosen des Wasserfalls und – wie er hoffte – vor ihren Verfolgern geschützt.

Eòran kehrte um. Nach der Stille in der hinteren Kammer schmerzte das Rauschen des Wasserfalls fast in seinen Ohren. Er nahm Cinhaé den Zügel aus der Hand. Weiter hinten wurde der Gang zu schmal. Deshalb ließen sie das Pferd in der vorderen Kammer zurück. Er hob Cinhaé aus dem Sattel und trug sie in die andere Höhle, wo er sie vorsichtig auf einem Felsen absetzte. Der nasse Stoff ihres Kleides lag kalt unter seiner Hand.

»Ich kümmere mich um das Pferd«, erklärte er. »Seht inzwischen zu, dass Ihr aus den nassen Sachen rauskommt.« Zurück in der vorderen Höhle sattelte er das Pferd ab und schlang den Zügel um einen Felsen, ehe er zu Cinhaé zurückkehrte. Sie saß noch immer dort, wo er sie zurückgelassen hatte. Die Arme hatte sie um den Körper geschlungen.

Eòran ließ seinen Blick über die Höhlenwände gleiten. Plötzlich wusste er nicht recht, was er sagen sollte. »Woher kennt Ihr diesen Ort?«

»Eine Magd erzählte mir davon.« Sie sah sich um. »Das muss einmal ein beliebter Treffpunkt gewesen sein. In letzter

Zeit gab es allerdings immer wieder Felsrutsche. Seitdem kommt niemand mehr hierher.«

»Felsrutsche?« Das erklärte das Geröll, das überall herumlag. »Dann hoffen wir mal, dass diese Nacht nichts passiert. Cinhaé, ich ... Ihr habt mir das Leben gerettet. Ohne Eure Warnung hätte mich der Bolzen durchbohrt. Dafür möchte ich Euch danken.«

»Das war wohl eher ein Reflex«, sagte sie hastig. Einen Atemzug später schüttelte sie den Kopf. »Vielleicht wollte ich auch nicht ...«

Dass sie mich gewarnt hat, scheint sie ebenso zu erstaunen wie mich. Eòran wollte sie fragen, warum es ausgesehen hatte, als wollten die MacRaes auch auf sie schießen. Da fiel sein Blick auf ihr Gesicht. »Himmel, Ihr habt ganz blaue Lippen!« Selbst im Halbdunkel war es kaum zu übersehen. Sie zitterte am ganzen Leib, und erst jetzt bemerkte er, dass ihre Zähne vernehmlich klapperten. Er unterdrückte einen Fluch, als ihm bewusst wurde, dass er nicht einmal ein Feuer entzünden konnte. Selbst wenn es ihm gelingen sollte, in der kargen Gegend genügend Holz zu finden, würden sie hier drinnen am Rauch ersticken. *Sie muss sich aufwärmen.* Es gab nur eine Möglichkeit. »Seht endlich zu, dass Ihr aus den nassen Sachen herauskommt. Ich werde Euch wärmen.«

Sie sah ruckartig auf. »Wenn Ihr glaubt, Ihr könntet diese Situation schamlos ausnutzen, dann –«

»Wollt Ihr Euch den Tod holen?« Ihr Starrsinn machte es ihm schwer, ruhig zu bleiben. »Meinetwegen haltet mich für einen Barbaren! Das ist mir gleich. Solange Ihr nur endlich dieses Kleid auszieht!«

»Den Teufel werde ich tun!«

»Cinhaé.« Er packte sie bei den Schultern und zwang sie, ihn anzusehen. »Wenn Ihr es nicht freiwillig macht, werde ich es tun! Seid vernünftig!«

Lange Zeit ruhte ihr Blick auf seinen Zügen, als suche sie darin nach etwas, das ihr die Entscheidung erleichterte. Er sah, wie sie schluckte. Dann schlug sie die Augen nieder und nickte.

Eòran gab ihre Schultern frei. »Lasst uns weiter nach hinten gehen. Dort ist es dunkler. Ich werde nicht sehen, wie Ihr Euch auszieht.« Er reichte ihr die Hand und half ihr auf die Beine. Ihre Finger zitterten, doch jetzt war er sich nicht mehr sicher, ob es allein an der Kälte lag. Was er von ihr verlangte, war für eine verheiratete Frau ihres Standes mehr als nur unschicklich. Dennoch gefährdete sie ihr Leben, wenn sie es nicht tat. Eine Nacht in nassen Gewändern bei dieser Kälte würde ihr erst das Fieber und dann womöglich den Tod bringen.

»Kommt!« Er führte sie tiefer in die Höhle. Erst als er kaum mehr als schemenhafte Umrisse erkennen konnte, hielt er inne. »Das ist weit genug. Seht mich nicht so erschrocken an. Ich werde meine Augen schließen. Versprochen. Aber wir können nicht noch weiter hinein. Andernfalls würden wir womöglich nicht mehr aus der Finsternis zurückfinden.« Sie bot ein solches Bild des Jammers, dass er sie am liebsten in den Arm genommen hätte, um sie zu trösten. Doch er hielt sich zurück. »Zieht Eure Gewänder aus und dann kommt zu mir.«

Eòran wandte sich ab und ging ein paar Schritte. Mit dem Gesicht zur Wand blieb er stehen und legte sein Schwert ab. Einen Moment lauschte er hinter sich, doch er vernahm nichts weiter als das entfernte Rauschen des Wasserfalls. Er war schon versucht, sich umzudrehen, als er das Rascheln von Stoff hörte. Erleichtert, dass ihre Vernunft gesiegt hatte, warf er einen Blick auf seinen Arm. Das Hemd war zerrissen und blutig, doch der Bolzen hatte ihn nur gestreift. Nicht mehr als ein harmloser Kratzer. Zufrieden löste er die Spange, die seinen Plaid an der Schulter zusammenhielt. Dabei fiel das Glockenheidekraut zu Boden. *Das Zeichen des Clan Dougal.* War er nach allem, was er über seine Vergangenheit erfahren hatte, noch immer ein MacDougal? Gab es überhaupt noch einen Ort, an den er wirklich gehörte? *Ich bin ein MacDougal*, entschied er, ohne die verwelkte weiße Blüte aufzuheben, und zog seinen Plaid aus. Er trug jetzt nicht mehr als sein Hemd, das ihm gerade bis zu den Schenkeln reichte. Den Plaid benötigte er, um sie beide warm zu halten. *Dafür wird sie mich hassen.* Mit wenigen Handgriffen wickelte Eòran den Plaid wie eine Decke um sich und legte sich auf den Boden. Er war kaum fertig, als er zögernde Schritte vernahm.

»Kommt her«, forderte er sie auf, »ich schließe meine Augen.« Und das tat er. Als er hörte, wie sie langsam näher kam, hob er den Plaid, damit sie darunterkriechen konnte. Eòran hielt den Atem an. Er hatte die Dunkelheit gewählt, um ihr zumindest ein wenig von ihrer Befangenheit zu nehmen. Wenn er sie nicht sehen konnte, hatte er geglaubt, würde es für sie beide leichter. Woran er nicht gedacht hatte, war, dass er sie dennoch *spüren* konnte.

All seine Bemühungen der letzten Tage, ihr aus dem Weg zu gehen, waren dahin. Plötzlich war er ihr weit näher, als er es je gewesen war. *Sie gehört einem anderen!* Immer wieder wiederholte er den Gedanken wie ein stummes Gebet. Sie lag mit dem Rücken zu ihm. So weit entfernt, wie es der Plaid zuließ. Nichtsdestotrotz erregte ihn ihre Nähe. Sein Mund wurde trocken, sodass er sich räuspern musste, ehe er etwas sagen konnte.

»Wenn Ihr so weit weg seid, werdet Ihr Euch nur schwer aufwärmen.« Er streckte eine Hand nach ihr aus. Als er sie vorsichtig am Arm berührte, zuckte sie zusammen. Ihre Haut fühlte sich eisig kalt an. Eòran schlang einen Arm um ihre Taille und zog sie an sich, damit er sie mit seinem Körper wärmen konnte. Sie erstarrte. Um ihre Angst nicht noch weiter zu schüren, gab er sich alle Mühe, sie seine Erregung nicht spüren zu lassen. Cinhaé versuchte dennoch, ihn von sich zu schieben, doch Eòran gab sie nicht mehr frei.

»Habt keine Angst«, wisperte er sanft in ihr Ohr und wickelte den Plaid fest um sie beide. Er begann ihre Arme zu reiben, um die Kälte zu vertreiben. Allmählich ließ ihr Zittern ein wenig nach. Langsam kehrte die Wärme in ihren Leib zurück und ihr Atem beruhigte sich, als die Anspannung von ihr abfiel. Dann sank ihr Kopf zur Seite. Sie war eingeschlafen. Eòran hielt sie eng umschlungen, bemüht, seine Hände stillzuhalten, obwohl alles in ihm danach schrie, seine Finger über ihren Körper wandern zu lassen und sie zu liebkosen. Sie seufzte leise, als er näher heranrückte und sein Gesicht in ihrem Haar vergrub.

Eòran fand in dieser Nacht keinen Schlaf. Er hatte die Wahrheit über seine Herkunft erfahren, doch erst jetzt, da dieses Mädchen – *MacRaes Frau* – in seinen Armen schlief, fühlte er sich zum ersten Mal in seinem Leben wirklich vollständig. Dafür verfluchte er sich.

26

Als Cinhaé erwachte, öffnete sie nicht sofort die Augen. Sie zog es vor, noch einen Moment in der Dunkelheit zu verweilen. Der Wirklichkeit würde sie sich früh genug stellen müssen.

MacDougal hatte noch immer die Arme um sie geschlungen. Sein Atem strich warm über ihren Hals. Als er sie genötigt hatte, sich auszuziehen und zu ihm zu legen, hatte sie entsetzliche Angst gehabt, er würde sie mit Gewalt nehmen. Er hatte jedoch nichts Schändliches getan. Es hätte ihm gleichgültig sein können, dennoch hatte er alles getan, um ihre Würde zu wahren. Cinhaé war ihre Blöße noch immer unangenehm, doch immerhin fürchtete sie sich nicht länger vor MacDougal.

Wie soll es jetzt weitergehen? Als er sie in der Nähe von Aonghas' Männern abgesetzt hatte, wollte sie ihn bitten, sie mitzunehmen. Sie wollte ihm alles erklären, solange er sie nur fortbrachte. Doch die MacRaes waren bereits zu nah gewesen. Cinhaé hatte sofort erkannt, dass weder Blane noch Gabhan bei ihnen waren. Dann hatte sie die Armbrust gesehen, die auf MacDougals Rücken gerichtet war.

Sollte sie ihn bitten, sie nach Eilean Donan zu bringen oder ihr zumindest ein Pferd zu überlassen? *Der Kerl hat mich entführt! Wie kann ich mich ihm da anvertrauen!* Zugleich jedoch hatte er ihr das Leben gerettet. Als sie schließlich die Augen öffnete, hatte sie noch nicht entschieden, was sie tun würde.

Zähe Finger grauer Helligkeit krochen über den Boden, ohne Cinhaés Schlafplatz vollends zu erreichen. Sie griff nach MacDougals Arm und wollte ihn von ihrer Taille schieben, ohne ihn zu wecken.

Sofort nahm er den Arm fort und rückte ein Stück von ihr ab. »Wie fühlt Ihr Euch?«, vernahm sie seine Stimme in ihrem Rücken. »Ist Euch noch kalt?«

Sie schüttelte den Kopf. Leise fügte sie hinzu: »Danke.« Und nach einer kurzen Pause: »Es tut mir leid.«

»Dass Ihr nass geworden seid? Das war nicht Eure Schuld.«

Cinhaé hüllte sich in den Wollstoff des Plaids, dann setzte sie sich auf und sah ihn an. »Nein, das meine ich auch nicht. Ich … Es … es tut mir leid, dass ich Euch einen Barbaren genannt habe. Das seid Ihr nicht.«

»Danke.«

Sie runzelte die Stirn. »Danke? Ihr bedankt Euch für eine Entschuldigung?«

»Nein«, zu ihrer Überraschung lächelte er, »aber für das Kompliment. Zu sagen, dass ich *kein* Barbar bin, kommt aus Eurem Munde einem Kompliment wohl am nächsten.«

Cinhaé verzog das Gesicht. »Ich war nicht besonders freundlich zu Euch.«

»Das habe ich auch nicht erwartet. Immerhin habe ich Euch entführt.«

Sie seufzte. »Ja, das ist wohl wahr.« *Was ist plötzlich in mich gefahren?* Sie saß hier, nur in einen Plaid gehüllt, und unterhielt sich mit einem Verbrecher, als wäre er ein normaler Mann. Sie versuchte etwas von der alten Wut heraufzubeschwören, die sie während der vergangenen Tage ständig begleitet hatte, doch sie war verflogen.

»Cinhaé«, sagte er, »Ich erwarte ganz sicher keine Entschuldigung von Euch. Das steht mir nicht zu. Vielmehr bin ich es, der um Vergebung bitten muss.«

»Lasst es. Ich weiß genau, dass es Euch nicht leid tut.«

»Ich bereue nicht, dass ich Kyle befreit habe, falls Ihr das meint. Allerdings bedaure ich, Euch Angst eingejagt zu haben. Ich habe Euch gern, Cinhaé. Trotzdem war ich gezwungen –«

»Gern«, echote sie und rückte ein Stück von ihm fort. Seine Worte verunsicherten sie.

»Das hätte ich nicht sagen sollen.« Er schüttelte den Kopf. »Euer Kleid müsste inzwischen trocken sein. Ihr könnt meinen Plaid behalten, bis ihr angezogen seid. Ich warte hier, bis Ihr ihn zurückbringt.« Er löste sich aus dem dicken Wollstoff und half ihr auf die Beine. »Schafft Ihr es mit Eurem Knöchel?«

Cinhaé nickte. Sie zog den Plaid enger um sich, dann tat sie einen ersten Schritt. Augenblicklich war der Schmerz, der sie während der Nacht verschont hatte, wieder da. Hinkend überwand sie die wenigen Meter, die sie von der Stelle trennten, an der sie ihr Kleid zum Trocknen ausgebreitet hatte. Der Stoff war noch klamm, aber es würde gehen.

Mit einem raschen Blick vergewisserte sie sich, dass MacDougal ihr den Rücken zuwandte, dann ließ sie den Plaid fallen. Ein wenig umständlich plagte sie sich erst in ihr dünnes Leibchen und dann in das zerrissene, vor Schmutz starrende Kleid. Sobald sie angezogen war, kehrte sie zu MacDougal zurück. Er stand noch immer mit dem Gesicht zu Wand, als sie ihm den Plaid reichte. Plötzlich fiel es ihr schwer, ihn nicht anzusehen. Dennoch zwang sie sich, den Blick abzuwenden.

Sie drehte ihm den Rücken zu, damit auch er sich ankleiden konnte. Eine Weile stand sie nur da und wartete. Früher oder später musste sie es jedoch ansprechen. Sie musste wissen, was er vorhatte und wie es jetzt weitergehen sollte. Schließlich fragte sie: »Was geschieht jetzt mit mir? Werdet Ihr mich erneut freilassen?«

»Ihr *seid* frei«, vernahm sie seine Stimme. »Wenn Ihr sagt, Ihr wollt gehen, werde ich das respektieren.«

»Und wenn ich das nicht will?«

»Nicht?« Cinhaé zuckte zusammen, als seine Stimme unmittelbar neben ihr erklang. Er hatte sich fertig angekleidet und war neben sie getreten. »Dann würde ich gerne hören, warum Euch die Männer Eures Mannes angegriffen haben«, sagte er, griff nach seinem Claymore und schnallte es sich auf den Rücken. »Das muss allerdings noch eine Weile warten, denn erst einmal möchte ich von hier fort – von dieser Höhle und von Dun Cunnartach.«

Es gelang ihnen, die Umgebung von Dun Cunnartach zu verlassen, ohne noch einmal auf einen Trupp von MacRaes

Kriegern zu stoßen. Um sicherzugehen, dass ihnen keine Verfolger auf den Fersen waren, nahm Eòran immer wieder Umwege in Kauf. Mehrmals versteckten sie sich und warteten, ob ihnen jemand folgte, ehe sie ihren Weg fortsetzten. Die nächsten Stunden ritten sie ohne Pause, schweigend. Eòran war versucht, Cinhaé mit Fragen zu überhäufen. Es beschäftigte ihn noch immer, warum einer der Männer die Armbrust auf sie angelegt hatte, dennoch hielt er seine Neugierde in Zaum. Die Zeit der Fragen würde kommen – sobald sie in Sicherheit waren. Für den Augenblick begnügte er sich damit, dass sie noch immer bei ihm war.

Nach ihrem Gespräch am Morgen hatte er sogar den Eindruck gewonnen, sie grolle ihm nicht länger. *Andernfalls wäre sie kaum freiwillig bei mir geblieben.* Dass er sie gern hatte, war ihm herausgerutscht. Er war darüber beinahe ebenso erstaunt gewesen wie sie. Ihm war bewusst, dass er das nicht hätte sagen dürfen. Sie war eine verheiratete Frau, die außerdem das Kind ihres Gemahls unter dem Herzen trug! Eòran redete sich ein, er habe nicht mehr sagen wollen, als dass er sie mochte. Doch tief in seinem Herzen wusste er, das war nur die halbe Wahrheit.

Eòran trieb das Pferd zwischen den letzten Felsen hindurch auf den Hof. Inzwischen war es Abend geworden. Die Dämmerung kroch über den Horizont heran und dämpfte die Farben der Welt. Vor dem Haus brannte ein großes Lagerfeuer. Zuckenden Schatten gleich hoben sich davor die Silhouetten seiner Männer ab, die sich um die Feuerstelle versammelt hatten.

»Da ist Eòran!« Murrays Ruf schallte zu ihm herüber. In die Gestalten vor dem Feuer kam Bewegung. Die Männer standen auf und eilten ihm entgegen. Ganz vorneweg Finn, dicht gefolgt von Kyle. Niall hinkte leicht, und an der Stelle, an der das Schwert den Plaid durchdrungen hatte, blitzte ein heller Verband auf. Zu Eòrans Erleichterung schien die Verletzung nicht ernst zu sein. Owen blieb ein Stück zurück und überließ es den Männern, Eòran zuerst zu begrüßen.

»Bei Gott, Eòran!« Finn blieb vor seinem Pferd stehen. »Wo hast du gesteckt? Wir sind schon ganz krank vor Sorge!« Sein Blick blieb an Cinhaé hängen. »Schwierigkeiten?«

»Das ist wohl die gebräuchliche Bezeichnung.« Eòran stieg aus dem Sattel und hob Cinhaé vom Pferd. Dann sah er sich nach Kyle um. Sein Bruder war hinter Finn stehen geblieben. Eòran ging zu ihm. »Alles in Ordnung?« Kyle nickte, doch seine Miene drückte wenig Freude aus. »Du hast uns einen riesigen Schrecken eingejagt. Mach nie wieder so etwas Dummes, hörst du?« Statt auf eine Antwort zu warten, umarmte Eòran seinen Bruder herzlich. Als er ihn wieder freigab, schlug er ihm auf die Schulter. »Ich bin froh, dass dir nichts zugestoßen ist.« Noch immer schwieg Kyle. Eòran wollte ihn fragen, was los sei, als Tormond zu ihnen trat.

»Ihr seht reichlich geschafft aus. Warum setzt ihr euch nicht erst einmal. Esst etwas, trinkt und ruht euch aus. Und erzählt uns vor allem, was passiert ist!«

»Sheona«, rief Cinhaé. »Was ist mit ihr? Geht es ihr gut?«

Tormond nickte. »Sie ist in Sicherheit«, erklärte er, während sie sich auf den Weg zum Feuer machten. Eòran stützte Cinhaé. »Da war ein Trupp Clanskrieger«, fuhr Tormond fort. »Sie lagen schon am Übergabeort auf der Lauer. Zum Glück habe ich sie rechtzeitig bemerkt. Ich ließ Sheona einfach früher frei und habe mich davongestohlen.«

»MacRae hat noch einen zusätzlichen Trupp ausgeschickt?« Eòran sah zu Owen. »Warum wusste ich nichts davon?«

»Ich habe es selbst zu spät erfahren, um dir noch eine Warnung zukommen zu lassen.« Owen trat neben Eòran, als sie das Feuer erreichten. Die Flammen zeichneten Muster auf sein Gesicht. Der Blick des blonden Hünen war auf Cinhaé gerichtet. »Es waren die Krieger Eures Bruders«, sagte er an sie gerichtet.

»Gott sei Dank.« Sie schloss kurz die Augen. »Dann ist sie in Sicherheit.«

Eòran runzelte die Stirn. Natürlich war Sheona in Sicherheit. Er verstand Cinhaés Reaktion nicht. Überhaupt kam ihm einiges merkwürdig vor. Der Schütze, Cinhaés Benehmen, Owens offensichtliche Erleichterung, sie zu sehen. *Er sollte verdammt noch mal entsetzt sein, dass MacRaes Frau noch immer hier ist und wir das Risiko eingehen müssen, in die Nähe von Dun Cunnartach zurückzukehren, um sie freizulassen!* Seit gestern Nachmittag kamen immer neue Fragen hinzu, und allmählich drängte es ihn danach, Antworten zu erfahren. Nichtsdestotrotz wollte er Cinhaé nach dem langen Ritt zunächst Gelegenheit geben, sich ein wenig zu erholen. Er half ihr, sich zu setzen, ehe er sich erneut an Owen wandte. »Ich weiß nicht, ob wir das alles ohne Euch geschafft hätten.« Eòran reckte ihm die Hand entgegen, und als Owen einschlug, sagte er: »Danke.«

»Ich bin froh, dass alles gut ausgegangen ist. Aber tu mir einen Gefallen, Junge, und hör endlich mit diesen Förmlichkeiten auf!«

Eòran grinste. »Das werde ich gerne tun.«

Niall drückte Eòran eine Schale mit Eintopf in die Hand. Kyle reichte ihm einen Aleschlauch. Eòran setzte sich jedoch erst, nachdem Cinhaé ebenfalls versorgt war. Auch ihr hatte jemand Eintopf gegeben und Tormond legte ihr eine Decke um die Schultern. Obwohl er die drängende Neugierde der Männer spürte, ließen sie ihm Zeit, zunächst zu essen. Eòran leerte seine Schale. Immer wieder suchte sein Blick nach Cinhaé. Es war das erste Mal, dass sie im Kreise seiner Männer saß, doch es schien ihr nichts auszumachen. Abgesehen davon, dass ihr die Erschöpfung noch immer anzusehen war, wirkte sie überraschend entspannt. Von Zeit zu Zeit bemerkte er, wie sie verstohlen zu Owen sah. Sofern sie der Verrat des Hünen an ihrem Gemahl erzürnte, ließ sie es sich nicht anmerken. Sie war wirklich ein Rätsel.

Nachdem Eòran gegessen hatte, stellte er die Schale beiseite. Augenblicklich war es um die Zurückhaltung seiner Männer geschehen.

»Na los, erzähl schon!«, forderte Murray ihn auf.

Eòran unterdrückte ein Grinsen und schüttelte den Kopf. »Erst tut mir den Gefallen und räumt eure Sachen vom Wohnraum in die Scheune.«

Murray kniff die Augen zusammen. »Wieso das denn?«

»Weil wir einen Gast haben«, kam Tormond Eòran zuvor.

»Der Wohnraum hat keine Tür, die wir absperren können«, gab Niall zu bedenken. »Wie sollen wir da –«

»Es ist, wie Tormond schon gesagt hat: Cinhaé ist unser Gast.« Eòran sah in die Runde. »Sie ist nicht länger unsere Gefangene.«

Niall blieb skeptisch. »Was, wenn sie abhaut und unser Versteck verrät?«

»Dann soll sie es tun.« Eòran zuckte die Schultern. »Bis MacRae mit seinen Kriegern hier ist, sind wir längst auf und davon. Abgesehen davon«, er richtete seinen Blick erneut auf Cinhaé, »glaube ich nicht, dass sie das vorhat.«

»Wie kannst du einer Frau vertrauen, die wir entführt haben und die tagelang nichts anderes getan hat, als gegen uns anzukämpfen!« Murray, der mit untergeschlagenen Beinen dasaß, schlug mit der Faust auf den Boden. »Sie hat –«

»Sie hat mir gestern das Leben gerettet.« Eine Weile ließ Eòran das Gesagte wirken, ehe er die atemlose Stille durchbrach, die seinen Worten gefolgt war. »Nach allem, was sie meinetwegen durchmachen musste, hatte sie, weiß Gott, keinen Grund, mir zu helfen, trotzdem tat sie es.« Wären sie in Dunstaffnage gewesen, hätte er den Männern einfach *befohlen*, seiner Anweisung Folge zu leisten. Doch dieses Unternehmen hatte nichts mit seinem Rang als Hauptmann zu tun. Deshalb musste er sie überzeugen.

»Und wenn sie dich nur gerettet hat, damit du sie – und MacRaes Krieger – zu uns führst?«, gab Finn zu bedenken.

Eòran setzte zu einer Antwort an, doch Cinhaé kam ihm zuvor. »Lasst es gut sein, MacDougal.« Sie schüttelte den Kopf. »Ich schlafe in der Scheune. Meinetwegen verriegelt die Tür. Das ist mir gleich.« Sie machte Anstalten, sich zu erheben. Eòran und Owen sprangen gleichzeitig auf. Eòran war schneller. Er nahm Cinhaé, die noch immer die Decke um die Schultern hängen hatte, beim Arm und stützte sie.

»Ihr müsst das nicht tun«, sagte er, sobald sie einige Schritte vom Feuer entfernt waren.

»Ich weiß.«

Ohne ein weiteres Wort brachte er sie in die Scheune und half ihr, sich niederzulegen. Er holte ihr eine weitere Decke und schob sie zusammengefaltet unter ihren Kopf. »Morgen müssen wir uns unterhalten.«

Sie nickte. Dann schloss sie die Augen und war eingeschlafen, bevor Eòran noch etwas sagen konnte. Beim Verlassen des Stalls ließ er die Tür offen. Sollten die anderen sie verriegeln, wenn sie Cinhaé so sehr fürchteten.

Zurück am Feuer griff er nach dem Aleschlauch und nahm einen kräftigen Zug. Eine Weile ruhte sein Blick auf Kyle. Zu seiner Erleichterung schien er den Aufenthalt in MacRaes Kerker unbeschadet überstanden zu haben. Seit ihrer Begrüßung war Kyle ungewöhnlich schweigsam gewesen. Seine Miene wirkte regelrecht abweisend. Eòran würde später unter vier Augen mit ihm sprechen. Zunächst einmal musste er jedoch die Neugierde seiner Männer stillen.

Eòran blickte ins Feuer. Knisternd flackerten die Flammen im Wind. Der würzige Geruch von verbrennendem Torf erfüllte die frische Aprilluft. »Nachdem wir uns gestern von euch getrennt haben, stießen Cinhaé und ich auf einen Trupp MacRaes.« Er hob einen Stock vom Boden auf und stocherte damit in der Glut. Funken stoben auf. Winzige, glühende Punkte, die gleich darauf tanzend wieder erloschen. In knappen Worten berichtete er, wie er Cinhaé zurücklassen und davonreiten wollte, als er ihren Warnschrei vernommen hatte. »Ohne sie wäre ich jetzt tot.«

Finn runzelte die Stirn. »Sie hat dich gerettet. Aber warum ist sie noch bei dir?«

Eòran zog den Stock aus dem Feuer. Sein Blick ruhte auf der glühenden Spitze, die wie ein rotes Auge in die Nacht starrte, ehe sie unter der steten Brise erkaltete. Er schleuderte den Stecken in die Dunkelheit. »Ich sah, wie einer von MacRaes Männern seine Armbrust auf sie richtete.«

»Was!«, schnappte Tormond. »Wie kann das sein! Warum sollten sie das tun?«

»Der Grund dafür«, sagte Owen plötzlich und alle Augen richteten sich auf ihn, »ist derselbe, aus dem sie euch nicht verraten wird: Aonghas ist auch ihr Feind.«

Eòran hob eine Augenbraue. »Warum sollte ihr Gemahl plötzlich ihr Feind sein?«

»Wie kommst du darauf, Aonghas sei ihr …« Owen stockte. In seiner Miene zeigte sich plötzlich Begreifen. Als habe er gerade die Antwort auf eine Frage gefunden, die ihn schon seit einer Weile beschäftigte. »Ist das der Grund, warum du Sheona zuerst freigelassen hast? Weil du dachtest, Cinhaé sei Aonghas' Frau?«

»Weil ich es *dachte*? Ist sie es denn nicht?«

Owen schüttelte den Kopf. »Sheona ist mit Aonghas vermählt.«

Im ersten Moment spürte Eòran Zorn in sich aufsteigen. Mit ihrer Lüge hatte Cinhaé ihn und seine Männer in Gefahr gebracht. Während der ganzen Zeit war er von falschen Voraussetzungen ausgegangen und hatte angenommen, sie sei die wertvollere Geisel. Nicht auszudenken, was alles hätte geschehen können! Vor seinen Augen spielte sich eine Szene ab, in der Aonghas ihm gegenüberstand. Eòran hielt Cinhaé vor sich, ein Messer an ihre Kehle gedrückt, doch Aonghas lachte nur. Dann gab er seinen Männern Befehl, zu schießen. Doch so schnell Eòrans Wut gekommen war, so rasch verflog sie auch wieder. Die Gefahr war vorüber und niemandem war etwas zugestoßen. Allmählich jedoch wurde ihm die ganze Tragweite von Owens Eröffnung bewusst. »Dann ist sie nicht vermählt? Und sie erwartet auch kein Kind?«

Owen verneinte. Plötzlich fiel es Eòran schwer, ein Lachen zu unterdrücken. All die Gedanken, die er sich gemacht hatte ... Hätte er sich vergangene Nacht anders verhalten, wenn er gewusst hätte, dass sie nicht verheiratet war? Nein, auch dann hätte er sie nicht angefasst. *Nicht gegen ihren Willen.* Er sah Owen an. »Warum diese Scharade?«

»Das musst du sie selbst fragen. Ich weiß nur, dass sie in großer Gefahr schwebt. Aonghas will sie töten. Deshalb war ich so froh, sie bei dir zu sehen.« In wenigen Worten erklärte Owen ihm, weshalb Aonghas befohlen hatte, sie zu töten. »Ich wollte sie warnen und in Sicherheit bringen. Da befand sie sich jedoch schon in eurer Gewalt.«

»Warum hast du nichts gesagt?«

»Zum einen hatte ich keine Ahnung, dass du sie für Aonghas' Gemahlin gehalten hast, und zum anderen dachte ich, es würde genügen, Cinhaé bei dir in Sicherheit zu wissen. Ich war fest davon überzeugt, es würde mir gelingen, Kyle noch vor der Übergabe zu befreien. Dann wäre ...« Plötzlich fluchte er. »Es ist meine Schuld, dass die Männer um ein Haar auf sie geschossen hätten. Wenn ich nicht den Mund gehalten hätte, wäre sie nie in Gefahr geraten.« Owen fuhr sich müde über die Augen. »Ich dachte, wenn ich Kyle befreie und du Cinhaé ziehen lässt, könnte ich sie zu ihrem Vater bringen. Durch mein Schweigen habe ich ihr Leben aufs Spiel gesetzt.«

»Du konntest nicht ahnen, was passieren würde. Jetzt ist sie in Sicherheit. Das ist alles, was zählt.« Eòran erhob sich. »Ich bin am Bach, falls ihr mich sucht.«

Obwohl es längst dunkel war, fand er den Weg mühelos. Das kleine Gewässer plätscherte munter vor sich hin und nahm ihm ein wenig von seiner Müdigkeit. Mondlicht fiel zwischen den Baumkronen hindurch und legte sich wie ein silbernes Tuch auf die Wasseroberfläche. Als er am Ufer niederkniete, war er nicht sicher, ob er wirklich nur hierher gekommen war, um sich und seine Gewänder zu waschen. Womöglich brauchte er auch ein wenig Zeit, um nachzudenken. Zu hören, was MacRae plante, war schockierend. Er hatte Cinhaés Furcht gespürt und nicht einmal geahnt, dass es dabei um MacRae gegangen war. *Kein Wunder, dass sie so erschrocken war, als ich sie in der Nähe seiner Krieger absetzen wollte. Und ich Narr habe tatsächlich geglaubt, sie hätte Angst, allein im Wald zu sein.* Nicht auszudenken, welche Ängste sie in den vergangenen Tagen hatte ausstehen müssen.

Eòran zog sich aus. Er klopfte den getrockneten Schlamm von Hemd und Plaid, ehe er sich daranmachte, beides zu waschen. Er kniete nackt im feuchten Ufergras, tauchte den Stoff immer wieder ins Wasser und walkte ihn, bis seine Finger aufgeweicht waren. Der Wind strich über seine Haut, doch die Kälte machte ihm nichts aus. Kyle war frei und Cinhaé war noch immer bei ihm – und sie war nicht vermählt. Er zwang das zufriedene Grinsen fort, das vehement auf seine Lippen drängte. Welchen Grund hatte er, sich zu freuen?

Machte er sich etwa Hoffnungen, sie könne ihn mögen? »Lächerlich!« Er klatschte den Plaid so schwungvoll ins Wasser, dass es nach allen Richtungen spritzte. Dann zog er den Stoff wieder heraus, wrang ihn aus und breitete ihn neben dem nassen Hemd auf dem Moos aus. Danach begann er Gesicht und Arme zu waschen. Warum war sie ihm so wichtig? Abgesehen von wenigen Worten, die meisten davon im Zorn, hatte er noch nicht einmal mit ihr gesprochen! Was wusste er schon über sie? *Ich weiß, wie es sich anfühlt, sie eine Nacht lang im Arm zu halten.* In Dunstaffnage hatte er sich hin und wieder eine Magd ins Bett geholt, um seine Bedürfnisse zu befriedigen. Was er jedoch letzte Nacht empfunden hatte, ging tiefer als jedes körperliche Verlangen.

»Was wirst du jetzt tun?« Ohne dass Eòran es bemerkt hatte, war Owen zwischen den Bäumen hervorgetreten.

»Mich waschen.«

Owen kam näher und setzte sich ins Moos. »Du weißt, dass ich das nicht meine.«

Eòran seufzte. »Ich werde ihr Zeit geben, ihren Fuß auszukurieren. Danach bringe ich sie zu ihrem Vater.« Er beendete seine Wäsche und schlüpfte in das feuchte Hemd, ehe er unter Owens Blicken den Plaid anlegte. Die Wolle war schwer vor Nässe, dennoch würde der dichte Stoff ihn wärmen. »Was ist mit MacRae?«

»Was soll mit ihm sein?« Eòran schüttelte den Kopf. MacRae war ihm gleichgültig. »Er hat seine Frau wieder und ich Kyle. Damit sind alle Seiten zufrieden. Es ist vorbei.«

»Vorbei!« Owen fuhr hoch. »Du weißt, wie er zu seiner Macht gekommen ist! Du hast gehört, was er vorhat! Willst du, dass er weitermacht wie bisher?«

»Das ist nicht meine Angelegenheit.« Er zuckte die Schultern. »Eines Tages wird er sich mit den Falschen anlegen. Womöglich ist das Iomaér MacKenzie.«

»Eòran, das ist nicht dein Ernst!« Owen war so aufgebracht, dass er beinahe schrie. »Dieser Mann hat dich um dein Erbe gebracht und nun, da er weiß, dass du am Leben bist, wird er alles daran setzen, dich zu finden! Er will deinen und Kyles Tod!«

»Bald sind wir wieder zu Hause. Dort kann er uns nichts anhaben.«

»Ach nein?«, fuhr Owen ihn an. »Bist du ständig in Kyles Nähe, um auf ihn aufzupassen? Wer garantiert dir, dass nicht eines Tages ein Fremder in dein Heimatdorf kommt? Einer wie ich, der in Aonghas' Auftrag unterwegs ist? Wirst du dort sein, um ihn zu beschützen?«

Eòran fuhr sich durchs Haar. Owens Worte gaben ihm zu denken. Aber was sollte er gegen einen mächtigen Mann wie MacRae ausrichten? Er konnte nicht einfach zu Chief John gehen und ihn um Krieger bitten, um gegen Aonghas ins Feld zu ziehen. »Was schlägst du vor?«

»Fordere dein Erbe ein!«

»Owen, ich bin Krieger, kein Chief! Soll ich einfach nach Dun Cunnartach marschieren? Allein?«

Owen wanderte hin und her. »Den einfachen Clansmen ist es gleichgültig, wer ihr Chief ist, solange sie in Frieden leben können. Was du brauchst, ist die Loyalität der Krieger.«

»Nur dass ich nicht einfach zu ihnen gehen und mit ihnen sprechen kann.«

»Du nicht, aber ich.«

Eòran schüttelte den Kopf. »Du kannst nicht zurück! Das ist zu gefährlich!«

»Unsinn. Niemand weiß, dass ich euch geholfen habe. Ich habe nie Anlass gegeben, an meiner Ergebenheit zu Aonghas zu zweifeln.« Owen trat ins Mondlicht. In seinen Augen lag ein Glitzern, das deutlich zum Ausdruck brachte, dass er seine Entscheidung längst getroffen hatte. »Die Männer, die mit mir die Überfälle durchgeführt haben, sind es ebenso leid wie ich. Sie sagen es nicht, dennoch weiß ich es. Wenn es mir gelingt, sie auf unsere Seite zu ziehen, ist das ein Anfang.«

»Weiß außer diesen Männern noch jemand, was Aonghas treibt?«

»Nur Cormac, Aonghas' Rechte Hand.«

Owen hatte recht. Eòran konnte nicht für den Rest seines Lebens vor MacRae auf der Hut sein. Womöglich hätte er es versucht, wenn es dabei nur um ihn gegangen wäre. Doch Kyles Leben stand ebenso auf dem Spiel. Wenn es Owen tatsächlich gelänge, seine Männer zu überzeugen, sich mit ihm gegen Aonghas zu verbünden, hatten sie womöglich eine Chance. »Weißt du, dass das völliger Irrsinn ist?«

»Irrsinn ist das, was Aonghas plant.«

Eòran trat einen Stein fort. Dann sah er auf. »Wir bleiben einige Tage hier«, entschied er. »Dann bringe ich Cinhaé nach Hause. Owen, du weißt, welches Risiko du eingehst, wenn du nach Dun Cunnartach zurückkehrst.«

»Ich habe nichts zu verlieren, aber alles zu gewinnen.«

»Kyle, warte!« Als Eòran vom Bach zurückkehrte, war sein Bruder gerade im Begriff, das Haus zu betreten. Die anderen waren bereits fort. Auch Owen hatte Eòran vor einer Weile verlassen, um sich schlafen zu legen. Beinahe widerwillig hielt Kyle inne und wandte sich um. Sein Verhalten irritierte Eòran. »Was ist los mit dir?«

»Nichts.«

»Mach mir nichts vor, ich sehe doch, dass etwas nicht stimmt.« Kyle machte Anstalten, sich erneut abzuwenden, doch Eòran hatte ihn inzwischen erreicht. Er legte ihm eine Hand auf die Schulter und hielt ihn zurück. »Sprich mit mir. Bitte.« Tatsächlich machte Kyle kehrt und ließ sich vor der

Hauswand nieder. Eòran setzte sich neben ihn. »Willst du mir nicht endlich sagen, warum du dich so abweisend verhältst?«

Kyle sah ihn an. »Als ob dich das interessieren würde!«

»Natürlich interessiert mich das! Ich würde mein Leben für dich geben!«

Kyle starrte auf die Reste des heruntergebrannten Feuers. »Und trotzdem bist du nie da.« Eòran runzelte die Stirn. Langsam begann er zu begreifen, dass es Kyle um mehr als die Ereignisse der vergangenen Tage ging. Da fuhr sein Bruder auch schon fort: »Du bist nur ein paar Wochen im Jahr in Clachan Mòr, dann verschwindest du wieder und lässt mich allein zurück! Was aus mir wird, ist dir doch vollkommen gleichgültig! Und während du deinen Spaß hast, sitze ich auf dem verdammten Gehöft fest!« Jetzt hob er den Kopf. »Vielleicht würde ich auch gerne umherziehen oder einfach nur bei meinem Bruder sein, aber ich kann nicht so einfach gehen wie du! Wenn ich Duncan und Iona ebenfalls verlasse, sind sie ganz allein. Sie werden langsam alt. Wer kümmert sich dann um den Hof?«

Kyles Worte trafen Eòran ins Mark. »Ich hatte keine Ahnung, wie du dich fühlst! Bei Gott, wenn ich ... Ich musste Clachan Mòr verlassen. Ich halte es dort einfach nicht aus.« Niemals zuvor hatte Eòran mit Kyle darüber gesprochen, was ihn all die Jahre umgetrieben hatte. Vielleicht war er noch immer nicht bereit dazu, dennoch musste es endlich ausgesprochen werden. »Duncan und Iona sind gute Menschen. Ich bezweifle auch nicht, dass sie uns lieben. Aber jedes Mal, wenn ich die beiden ansehe, weiß ich, sie sind nicht unsere Eltern. Seit Duncan uns damals erzählte, wie er uns gefunden hat, habe ich mir nichts sehnlicher gewünscht, als herauszufinden, wer wir sind und woher wir kommen. In Clachan Mòr werde ich Tag für Tag daran erinnert, wie unvollständig ich bin. Deshalb bin ich damals nach Dunstaffnage gegangen.«

Nun war auch Kyle überrascht. »Und ich dachte all die Jahre, du willst einfach nichts mit mir zu tun haben.«

Eòran schüttelte den Kopf. »Du bist mein Bruder! Ich liebe dich! Ich war wohl zu sehr mit mir selbst beschäftigt, um zu sehen, was in dir vorgeht. Das tut mir leid.« Er schwieg einen Moment, dann sagte er: »Ich habe dir nie von den Albträumen erzählt.« Jetzt tat er es. Er berichtete Kyle von den Bildern, die ihn seit seiner Kindheit immer wieder im Schlaf heimsuchten.

»Warum hast du mir nie davon erzählt?«

»Ich wollte dich nicht damit belasten.« Eòran seufzte. »Vermutlich wäre es besser gewesen, ich hätte früher darüber gesprochen. Kyle, du hast doch Owen kennengelernt. Was hat er dir erzählt?«

»Dass er euch geholfen hat, mich freizubekommen.«

»Sonst nichts?«

»Sollte er?«

»Nein. Aber ich sollte es tun.« Eòran hob einen Kieselstein auf und warf ihn in die Dunkelheit. Einen Atemzug später ließ er einen zweiten Stein folgen. Dann sah er auf. »Owen kannte die Antworten auf all die Fragen, die mich seit Jahren quälen.« Während er immer weiter Steine über den Hof warf, berichtete er Kyle davon, wie er Owen zum ersten Mal begegnet war und welche Geschichte der Hüne zu erzählen gehabt hatte. Nachdem er schließlich endete, senkte sich Schweigen über den Hof. Mehr als einmal war Eòran versucht, Kyle eine Reaktion zu entlocken, doch er wusste, dass er ihm die Zeit lassen musste, sich mit den Neuigkeiten auseinanderzusetzen.

»Die Söhne eines Chiefs«, durchbrach Kyle endlich die lange Stille. »Owen sieht gar nicht aus wie ein Mörder.«

»Das ist wohl auch der Grund, warum wir beide noch leben.«

»Kann ich dich etwas fragen?«

Eòran nickte. »Alles, was du willst.«

Kyle fuhr sich nachdenklich über das Kinn. Dann sah er Eòran an. »Wie fühlt sich das für dich an? Ich meine, ich bin ja nur der kleine Bruder, aber du ... du wärst der Chief.«

»Wie es sich anfühlt?« Die Frage erstaunte ihn. Während der vergangenen Tage hatten so viele Dinge seine Aufmerksamkeit beansprucht, dass er sich darüber keine Gedanken gemacht hatte. Er hatte beschlossen, zu handeln und Aonghas entgegenzutreten, aber er hatte sich nie gefragt, was das für ihn bedeutete. Er schüttelte langsam den Kopf. »Ich weiß es nicht.«

»Du weißt es nicht?« Jetzt war es an Kyle, verblüfft zu sein. »Du planst, Aonghas zu entmachten, und weißt nicht einmal, was du dabei fühlst?«

»Das klingt seltsam, aber ich fürchte, es entspricht der Wahrheit.«

Grimmige Entschlossenheit zeichnete sich in Kyles Zügen ab. »Was auch immer du jetzt vorhast, ich werde dich unterstützen! Hast du genügend Krieger? Wie sieht es mit Verbündeten aus? Wer könnte –«

»Langsam, langsam!« Eòran hob die Hand und brachte Kyle zum Verstummen. Selten zuvor hatte er seinen Bruder derart voller Tatendrang erlebt. Beinahe schon tat es ihm leid, dass er gezwungen war, seinen Eifer zu zügeln. »Zunächst einmal werde ich Cinhaé nach Hause bringen, dann können wir uns darüber Gedanken machen, wie es weitergehen soll.«

»Was!« Kyle fuhr auf. »Hier geht es um unser Erbe! Um unser *Leben*! Du willst mir nicht ernsthaft erzählen, dass dieses Mädchen wichtiger ist als alles, was dich während der letzten

Jahre bewegt hat! Sie ist es nicht wert, dass du ihretwegen deine Zeit verschwendest! Sicher steckt sie mit Aonghas unter einer Decke! Wahrscheinlich will sie nur –«

»Hör auf!«, rief Eòran scharf. »Hast du Owen nicht zugehört? Cinhaé hat nichts mit Aonghas zu schaffen. Nach allem, was ich ihr angetan habe, ist es das Mindeste, dass ich sie nach Hause bringe! Darüber werde ich nicht mit dir diskutieren!«

Kyle holte einige Male tief Luft. Schließlich beruhigte er sich wieder. »Wenn sie endlich fort ist, wie kann ich dir dann helfen?«

Es gefiel Eòran nicht, mit welcher Geringschätzung Kyle von Cinhaé sprach. Er behandelte sie, als hätte sie ein Verbrechen begangen. Dabei war er – Eòran – es, der sich schuldig gemacht hatte. Dennoch schluckte er seinen Ärger hinunter, denn größer als sein Zorn war die Sorge, Kyle könne etwas Unüberlegtes tun. »Versprich mir, dass du dich von MacRae fernhältst«, verlangte Eòran. »Wenn er dich noch einmal in seine Finger bekommt, wird er dich töten. Lass das nicht zu!«

»Wenn du vorhast, gegen ihn ins Feld zu ziehen, will ich an deiner Seite kämpfen! Ich werde –«

»Halt!« Der bloße Gedanke, Kyle könne in einen Kampf verwickelt werden, entsetzte ihn. »Kyle, du bist kein Krieger.«

»Du könntest mir beibringen, was es bedeutet, ein Krieger zu sein!«

Und dann zusehen, wie du in den Tod rennst? »Ich habe die letzten neun Jahre damit verbracht, zu lernen, wie man seine Waffen beherrscht. Das ist nichts, was ich dir einfach mal nebenbei beibringen kann.« Kyle war zu impulsiv, um mit Kalkül in einen Kampf zu ziehen. Er würde sich bei allem, was er tat, von seinen Gefühlen leiten lassen. Das durfte einem Krieger nicht passieren. »Ich will dich nicht mal in der Nähe von MacRaes Clansmen wissen. Hast du verstanden?« Als Kyle nicht sofort antwortete, fragte Eòran noch einmal: »Ob du mich verstanden hast?«

»Ja.« Zu leise, um überzeugend zu sein.

»Ich plane keinen Krieg, Kyle«, fuhr er fort, nachdem ihm bewusst wurde, dass Kyle sich nicht so leicht von seinem Entschluss, zur Waffe zu greifen, abbringen lassen würde. »Ich weiß noch nicht, wie sich das alles entwickeln wird, aber ganz sicher lege ich es nicht darauf an, gegen MacRae zu kämpfen. Es muss einen anderen Weg geben.«

»Ach ja? Willst du ihn aufsuchen? *Sei gegrüßt, Onkel, hier bin ich, um mein Erbe anzutreten. Mach doch bitte meinen Platz frei!*« Kyle schüttelte den Kopf. »Hast du dir das so vorgestellt?«

»Ich habe mir noch gar nichts vorgestellt«, räumte Eòran ein. »Und das ist genau der Grund, warum ich nicht möchte, dass du vorschnell handelst. Lass uns erst abwarten, was Owen in Dun Cunnartach erreicht. Dann sehen wir weiter.«

»Wir?«

»Du bist mein Bruder. Das alles betrifft dich ebenso wie mich.« Eòran erhob sich. »Es war ein langer Tag. Lass uns eine Nacht darüber schlafen.«

»Ich bleibe noch ein Weilchen hier sitzen und freunde mich mit dem Gedanken an, dass der Mann, der mich wegen Viehdiebstahls hängen lassen wollte, mein Onkel ist.«

Eòran nickte ihm zum Abschied zu, dann ging er ins Haus und legte sich schlafen. In dieser Nacht blieben die Albträume aus.

27

Es war noch früh am Morgen, als Eòran und Tormond zum Stall gingen. Tatsächlich hatte jemand die Tür geschlossen, ohne jedoch den Riegel vorzulegen. Eòran schob die Tür auf und trat ein.

Zu seinem Erstaunen war Cinhaé bereits wach. Sie saß in der Scheune, mit dem Rücken an die Wand gelehnt, und starrte ins Leere. Als sie ihn bemerkte, sah sie auf.

»Guten Morgen«, begrüßte Eòran sie. »Wie fühlt Ihr Euch?«

»Nicht anders als gestern.« Einmal mehr verbarg ihre gleichmütige Miene, was wirklich in ihr vorging.

»Dann geht es Euch zumindest nicht schlechter«, bemerkte er trocken. »Tormond wird sich Euer Bein ansehen.«

Sie setzte sich kerzengerade auf. »Ich brauche niemanden, der –«

»Doch, das tut Ihr, Cinhaé.« Eòran kam näher und ging vor ihr in die Hocke, bis er mit ihr auf Augenhöhe war. »Entweder Ihr lasst freiwillig zu, dass Tormond sich das Bein ansieht, oder ich werde Euch dazu zwingen. Ich will Euch nur helfen.«

»Ach, Ihr habt mich entführt, um mir zu helfen«, erwiderte sie beißend. »Warum sagt Ihr das nicht gleich!«

Eòran seufzte. »Ich dachte, wir wären über das Stadium des Hasses hinaus.«

Für einen Moment senkte sie den Blick. Als sie wieder aufsah, war die starre Maske der Gleichgültigkeit von ihr abgefallen. Was blieb, war das weiche Gesicht einer jungen Frau, die nicht wusste, was ihr der nächste Tag bringen mochte. Er fand Furcht in ihren Augen ebenso wie Verunsicherung. »Dann war das wohl ein Rückfall«, entgegnete sie leise. Die

Worte waren ohne Zynismus gesprochen. »Ich will einfach nicht …« Sie schüttelte den Kopf. »Der Fuß tut schon weh genug, auch ohne dass jemand daran zerrt und drückt.«

»Es dauert nicht lange«, versicherte Tormond. »Ich verspreche Euch, dass ich so vorsichtig wie möglich sein werde, aber ich muss wissen, wie schlimm es ist, wenn ich Euch helfen soll.«

Eine Weile schwieg sie. Eòran konnte an ihren Augen sehen, wie sie mit sich rang. Schließlich nickte sie.

»Eòran, halt sie fest, damit sie nicht –«

»Festhalten!«, protestierte sie. »Davon war nicht die Rede!«

Sie setzte zu weiteren Widerworten an, doch Eòran hob die Hand. Diese einfache Geste ließ sie zu seiner Überraschung verstummen. »Ich denke, wir haben schon Schlimmeres zusammen überstanden als das.« *Auch wenn es für Euch vermutlich weit unangenehmer war als für mich.* Ohne eine Antwort abzuwarten, setzte er sich neben sie an die Wand und zog sie zwischen seine Beine. Er schlang ihr einen Arm von hinten um die Taille, ohne sie dabei zu fest zu halten.

»Streckt das Bein aus«, verlangte Tormond. Als sie ihm zögernd gehorchte, griff er nach ihrem Schuh, um ihn auszuziehen. Eòran spürte, wie sie bereits unter dieser leichten Berührung zusammenzuckte.

»Es ist wirklich höchste Zeit, dass sich das jemand ansieht«, sagte er leise.

Tormond stellte den Schuh zur Seite und betrachtete den Knöchel eingehend. »Meine Güte, das ist ja alles blau und geschwollen. Nach so vielen Tagen sollte das längst besser sein.« Er sah auf. »Bevor wir etwas gegen die Schwellung tun können, muss ich wissen, ob etwas gebrochen ist. Ich werde vorsichtig sein, aber es wird wehtun.«

Sie nickte nur. Als Tormond nach ihrem Bein griff, versteifte sie sich. Zunächst tastete er das Gelenk ab. Dabei verharrte sie still. Dann begann er das Gelenk zu drehen und seine Beweglichkeit zu überprüfen. Cinhaé sog zischend die Luft ein und klammerte sich so fest an Eòrans Arm, dass ihre Knöchel weiß hervortraten. Ihre Finger gruben sich schmerzhaft in sein Fleisch. Sie kniff die Augen zusammen und presste die Lippen hart aufeinander. Schweiß trat auf ihre Stirn und sie schien nicht einmal mehr zu atmen. Eòran hob die freie Hand und strich ihr das Haar aus dem Gesicht.

»Es ist gleich vorbei«, sagte er sanft.

Tatsächlich zog Tormond einen Augenblick später die Hand zurück. Cinhaé stieß den Atem aus und sank in sich zusammen.

»Dem Knochen ist nichts passiert«, verkündete Tormond zufrieden. »Das Gelenk ist verstaucht. Durch die ständige Belastung ist es nicht besser geworden.«

Eòran, der Cinhaé noch immer hielt, sah ihn an. »Was können wir dagegen tun?«

»Zunächst einmal ist es wichtig, das Bein ruhig zu stellen. Cinhaé, ich werde Euch einen Verband anlegen und Umschläge machen, die die Schwellung aus dem Fleisch ziehen. Außerdem habe ich eine Salbe aus Beinwurz und Arnika, die gegen Verstauchungen hilft.«

»Umschläge und Salbe?« Sie wirkte skeptisch. »Das wird helfen?«

»Bei Rindern tut es das«, grinste Tormond.

»Bei Rindern«, seufzte sie: »Ich bin wirklich in den allerbesten Händen.«

Tormond erhob sich. »Hilf mir, die nötigen Zutaten zu sammeln, Eòran.«

Eòran gab Cinhaé frei und stand auf. Mit einem letzten Nicken in ihre Richtung folgte er Tormond nach draußen.

»Die nächste Zeit wirst du sie tragen müssen«, sagte Tormond, als sie das Gehöft verließen und zwischen die Bäume traten. »Sie darf das Bein jetzt eine Weile nicht belasten. Andernfalls kann ich nicht garantieren, ob nicht doch ein dauerhafter Schaden zurückbleiben wird.«

»Wir werden einige Tage hierbleiben«, erklärte Eòran. »Hier sind wir in Sicherheit, solange die Heilung dauert. Was brauchen wir für die Umschläge?«

»Gänseblümchen, Huflattich und Veilchen. So viel du finden kannst.«

»Klingt eher, als wolltest du ihr Blumen schenken.«

Tormond ließ sich nicht beirren. »Falls du irgendwo Johanniskraut findest, bring es mit. Es ist noch zu früh im Jahr, aber womöglich sind ein paar Blüten vor ihrer Zeit gekommen.«

Eine Weile streiften sie zwischen den Bäumen entlang, die Augen auf den Boden gerichtet, und sammelten das eine oder andere Kraut ein. Je näher sie dem Bach kamen, umso mehr fanden sie.

»Du solltest ihr besser aus dem Weg gehen«, sagte Tormond plötzlich.

Eòran lachte. »Hast du etwa Angst, sie könnte mir etwas antun?«

Tormond, der gerade dabei war, Gänseblümchen abzuernten, hielt inne und sah auf. »Ich fürchte, das hat sie schon.«

Eòran rupfte einige Büschel Huflattich aus dem Boden. »Ich bin unversehrt. Was soll das also?«

»Sobald ihr Fuß geheilt ist, wird sie zu ihrer Familie zurückkehren. Vergiss das nicht.«

Darum geht es dir! »Du denkst doch nicht etwa, dass ich …« Eòran schüttelte den Kopf. »Ich kenne sie doch kaum.« Dieselben Worte, mit denen er letzte Nacht versucht hatte, sich selbst davon zu überzeugen, dass es keinen Grund gab, sich für sie zu interessieren. Es hatte schon letzte Nacht nicht funktioniert. Ebenso wenig tat es das jetzt.

»Manchmal genügt wenig, um viel zu bewirken«, sagte Tormond. »Ein Blick.« Er rupfte eine Blume aus. »Ein Lächeln.« Die nächste. »Ein paar freundliche Worte.« Wieder eine.

»Ihre Worte waren bisher wenig freundlich, die Blicke eher zornig und zum Lächeln hatte sie während der vergangenen Tage weiß Gott keinen Grund.« Einmal jedoch hatte er ihr Lächeln gesehen, in Dun Cunnartach, an jenem Morgen, bevor er sie entführt hatte.

Cinhaé versuchte zu schlafen, doch sie fand einfach keine Ruhe. Frustriert setzte sie sich auf und warf die Decke von sich. Sie wollte aus diesem stickigen Gemäuer! Es bedurfte jedoch nicht erst Tormonds Diagnose, um zu wissen, dass selbst die wenigen Schritte ihrem Fuß nicht guttun würden. Verdrossen folgten ihre Augen den schmalen Lichtfingern, die durch die Ritzen in die Scheune tasteten, als MacDougal plötzlich im Durchgang erschien.

»Erwartet Ihr allen Ernstes von mir, dass ich hier drinnen sitzen bleibe, bis mein Bein wieder in Ordnung ist?«

Er schüttelte den Kopf. »Wenn Ihr wollt, trage ich Euch nach draußen. Zuerst jedoch möchte ich Euch etwas fragen.« Statt fortzufahren, kam er näher. Er setzte sich neben sie, lehnte sich mit dem Rücken an die Wand und zog die Knie an. Sein Blick war auf den Durchgang zum Stall gerichtet. »Warum habt Ihr uns in dem Glauben gelassen, Ihr wärt MacRaes Frau?«, fragte er, als sie schon glaubte, er würde nichts mehr sagen.

»Ihr hättet mich sonst nicht mitgenommen.«

Jetzt sah er sie doch an. »Ihr *wolltet* entführt werden?«

»Nein«, sie stieß ein bitteres Lachen aus und schüttelte den Kopf, »aber ich konnte doch Sheona nicht allein lassen. Wie hätte sie allein mit ihrer Angst … Nicht auszudenken, was ihr und dem Ungeborenen hätte zustoßen können.«

»Warum habt Ihr es nicht später aufgeklärt?«

»Was hätte das gebracht?«

»Vermutlich nichts«, räumte er ein. »Ich hätte Euch ohnehin nicht mehr gehen lassen können.« Dann wandte er sich ihr in einer so abrupten Bewegung zu, dass Cinhaé um ein Haar erschrocken zusammengezuckt wäre. Er suchte ihren Blick. »Cinhaé, ich habe Euch schon in der Höhle gesagt, dass es mir leidtut. Ich wollte nie, dass Ihr all das durchmachen müsst, doch mir blieb keine andere Wahl. Versteht Ihr das?« Der letzte Satz glich mehr einem Flehen denn einer Frage.

Cinhaé seufzte. »Ich hätte wohl für meine Schwester dasselbe getan.« Nach einer kurzen Pause fügte sie hinzu: »Vorausgesetzt, ich wäre kräftig genug, ein Claymore zu halten.«

Einen Moment lang sah er sie überrascht an, dann stahl sich ein Lächeln in seine Züge und wischte die gewohnte Mischung aus grimmiger Entschlossenheit, Sorge und Anspannung fort. Plötzlich wurde ihr bewusst, dass auch er während der vergangenen Tage unter großem Druck gestanden hatte. Zum ersten Mal sah sie ihn nicht mit den Augen einer Gefangenen, und was sie erblickte, erstaunte sie. Da war ein Krieger, entschlossen, jene zu verteidigen, die ihm am Herzen lagen. Zugleich bemühte er sich, anderen dabei keinen Schaden zuzufügen. *Er hätte uns nie etwas angetan.* Nachdem sie MacRaes Männern entflohen waren, hätte er sie ziehen lassen können, ohne sich weiter um ihr Schicksal zu scheren. Aus irgendeinem Grund jedoch schien er sich für sie verantwortlich zu fühlen. *Er hat ein schlechtes Gewissen.* Anders konnte sie sich nicht erklären, warum er derart nachdrücklich darauf bestand, dass ihr Bein endlich versorgt wurde. Doch Cinhaé glaubte nicht, dass es allein daran lag. Da war etwas in seinen Augen, das sie nicht recht zu deuten vermochte.

»Ihr seid wirklich erstaunlich, Cinhaé.«

In diesen paar Worten lag so viel Intensität, dass sie verlegen den Kopf abwandte. Sie räusperte sich. »Wie soll es jetzt weitergehen?«

»Sobald es Eurem Bein besser geht, bringe ich Euch nach Hause.«

»Wirklich?«

»Wirklich.«

Da schloss sie erleichtert die Augen. *Dann wird alles gut. Aonghas kann mir nichts mehr antun. Vater wird seinem schändlichen Treiben ein Ende bereiten.* Plötzlich zitterten ihre Finger. Um es ihn nicht merken zu lassen, verschränkte sie die Hände ineinander. Die Erleichterung, bald wieder bei ihrer Familie zu sein, ließ sie beinahe die Fassung verlieren. Krampfhaft kämpfte sie gegen die aufsteigenden Tränen an.

»Owen hat mir erzählt, was Aonghas plant, und er hat mir auch gesagt, in welcher Gefahr Ihr schwebt.«

»Dann wisst Ihr, was auf dem Spiel steht.« Sie hatte sich jetzt wieder unter Kontrolle. »Ich mache mir Sorgen um Sheona. Sie ist jetzt wieder bei Aonghas und ich kann ihr nicht helfen.«

»Euer Leben ist in Gefahr, und alles, woran Ihr denkt, ist die Sicherheit Eurer Schwester.« Plötzlich griff er nach ihren Händen. Cinhaé war so überrascht, dass sie sie ihm nicht entzog. »Habt keine Angst. Wenn Euer Vater erst weiß, was vor sich geht, wird er sie dort herausholen.«

»Falls Aonghas sie nicht vorher umbringt«, fügte sie bitter hinzu. Sie versuchte sich auch immer wieder einzureden, dass Sheona nicht in Gefahr war, dennoch wollte die Angst nicht weichen.

MacDougal schüttelte den Kopf. »Sheona spielt eine zu wichtige Rolle in seinen Plänen, als dass er ihr Leben aufs Spiel setzen könnte. Ihr wird nichts passieren.«

Er benahm sich wie jemand, den man mögen musste, doch sie *wollte* ihn nicht mögen. *Dieser Kerl hat mich entführt!* »Hört auf, so nett zu sein!«

»Ich will nicht nett sein.« Er hielt noch immer ihre Hände. Seine Daumen strichen über ihre Handrücken. Cinhaé war nicht sicher, ob er es überhaupt bemerkte. »Ich will Euch helfen.«

»Wenn Ihr mir wirklich helfen wollt, dann lasst uns keine Zeit verschwenden! Brechen wir sofort auf!«

»Nein.«

»Aber Ihr sagtet –«

Eòran drückte sanft ihre Hände. »Ich sagte, ich helfe Euch, und das werde ich.«

»Aber –«, setzte sie noch einmal an.

Wieder ließ er sie nicht zu Wort kommen. »Euer Bein schmerzt bei jeder Bewegung. Tagelang zu Pferd«, er schüttelte den Kopf, »das werde ich Euch nicht zumuten. Das Risiko, dass Euer Knöchel dauerhaften Schaden nimmt, ist zu groß.«

Cinhaé wandte den Blick ab. Seine Nähe und Ruhe lösten etwas in ihr aus, das sie nicht verstand. Er verunsicherte sie und zugleich wünschte sie sich, ihm vertrauen zu können. Sie wollte es tun, doch zugleich fürchtete sie sich davor. Dennoch begann sie allmählich, nicht länger nur ihren Entführer in ihm zu sehen. Allerdings war sie nicht sicher, *was* genau sie noch in ihm sah.

MacDougal suchte ihren Blick und hielt ihn fest. »Eure Schwester ist im Augenblick nicht in Gefahr. Owen geht zurück nach Dun Cunnartach. Er wird auf sie aufpassen. Abgesehen davon sind Eure Brüder bei ihr, nicht wahr?«

»Gabhan und Blane«, nickte sie. »Sheona soll die beiden warnen.«

»Sheona ist in Sicherheit, und in ein paar Tagen, sobald es Eurem Bein besser geht, brechen wir auf. Einverstanden?«

Cinhaé versuchte über seine Worte nachzudenken, doch alles, worauf sie sich konzentrieren konnte, war die Berührung seiner Hände.

»Bald seid Ihr zu Hause«, sagte er, als sie nicht antwortete, »dann wird alles gut.«

»Glaubt Ihr wirklich?«

»Nein«, sagte er ruhig. »Ich *weiß* es.«

Am nächsten Morgen kehrte Owen nach Dun Cunnartach zurück.

Es gefiel Eòran noch immer nicht, dass sich sein neuer Verbündeter derart in Gefahr begab, doch Owen hatte sich nicht davon abbringen lassen. Eòran nahm ihm noch das Versprechen ab, dass er ihn über alle wichtigen Entwicklungen informieren würde. Für ihre Nachrichten wollten sie einmal mehr das gewohnte Versteck nutzen. So würde Eòran bei seiner Rückkehr ins Glen Affric wissen, was Owen bis dahin erreicht hatte.

Am Abend des ersten Tages, als Cinhaé bereits schlief, versammelte er seine Männer um sich und berichtete ihnen, was er von Owen über seine Verwandtschaft zu Aonghas MacRae erfahren hatte. Er setzte keine besonderen Erwartungen in das Gespräch und fand lediglich, dass seine Männer ein Recht hatten, es zu erfahren. Umso mehr freute es ihn, dass sie sich bereit erklärten, ihn zu unterstützen, ganz gleich, was er plante.

Um gewarnt zu sein, falls MacRaes Krieger in die Nähe des Gehöfts kamen, durchstreiften sie in regelmäßigen Abständen die Umgebung. Bisher hatten sie niemanden zu Gesicht bekommen.

Während der nächsten Tage behandelte Tormond Cinhaés Bein mit Salbe und Umschlägen, die er mehrmals täglich frisch herstellte. Tatsächlich ging die Schwellung langsam zurück und die Schmerzen schienen zu schwinden. Dennoch trug Eòran sie überallhin. Er ließ nicht zu, dass sie ihr Bein belastete. Nicht einmal für die wenigen Schritte von der Scheune vor das Haus, wo er ihr einen windgeschützten Platz eingerichtet hatte. Obwohl sie ihm versicherte, es gehe ihr gut, entging Eòran ihre Unruhe nicht. Sie hasste jeden Augenblick, den sie hier verbringen musste, statt endlich aufbrechen zu können. Dennoch war sie erstaunlich umgänglich. Sie gab sich sogar Mühe, sich ihre Ungeduld nicht anmerken zu lassen. Eòran verstand sie nur zu gut. Cinhaé war kein Mensch, der tatenlos abwartete, was das Schicksal ihr brachte. Zur Handlungsunfähigkeit verdammt zu sein, musste schlimm für sie sein. Zumindest forderte keiner seiner Männer länger, dass sie wieder eingesperrt werden sollte. Nichtsdestotrotz betrachteten sie sie weiterhin mit Argwohn. Mit Kyle war es noch schwieriger. Obwohl er Eòran nicht länger zu grollen schien, benahm er sich Cinhaé gegenüber ziemlich abweisend.

Nach einer Woche gestattete Eòran ihr erste vorsichtige Gehversuche. Drei Tage später war ihr Knöchel so weit genesen, dass er entschied, am nächsten Tag aufzubrechen.

Den größten Teil des Tages war Eòran damit beschäftigt, Reisevorbereitungen zu treffen. Sie füllten die Wasserschläuche, gingen jagen, um die Vorräte aufzustocken, und packten ihre Bündel. Nach dem Mittagessen setzte sich Eòran mit seinen Männern zusammen, um zu besprechen, welchen Weg sie nehmen wollten. Es kamen nur zwei in Frage. Sie entschieden sich für den längeren, der sie jedoch auf größeren Strecken durch ein lang gezogenes Waldgebiet führen würde. Im Schutze der Bäume wären sie vor den Blicken ihrer Verfolger geschützt. Nachdem sie sich einig waren, wollte er zu Cinhaé, um ihr zu erzählen, wie sie sich entschieden hatten. Als er sie nicht an ihrem gewohnten Platz vor dem Haus fand, sah er in der Scheune nach ihr. Auch hier war sie nicht.

Mit einem unguten Gefühl im Magen hastete er nach draußen. »Hat einer von euch Cinhaé gesehen?«

»Ich glaube, sie wollte zum Bach, um sich zu –«

Eòran fiel Finn ins Wort. »Und ihr habt sie allein gehen lassen? Seid ihr noch zu retten!«

Finn runzelte die Stirn. »Ich dachte, sie sei keine Gefangene mehr.«

»Nein, aber sie wird ebenso von MacRae gesucht wie wir!«

»Die Gegend ist sauber«, versuchte Kyle ihn zu beruhigen. »Seit wir hier sind, ist niemand auch nur in die Nähe gekommen.«

Dennoch gefiel es Eòran nicht, Cinhaé allein dort draußen zu wissen. Er packte sein Claymore und lief los. Im Laufschritt hetzte er durchs Unterholz und blinzelte gegen die Sonne an, die ihn immer wieder zwischen den Baumkronen hindurch blendete und es ihm schwer machte, den Weg zu erkennen. Das leise Plätschern des Baches verriet ihm, dass er sich seinem Ziel näherte.

Endlich am Ufer angekommen, hielt er einen Moment inne und sah sich um. Cinhaé war nirgendwo zu sehen. Er entschied sich, stromaufwärts nach ihr zu suchen, und lief am Ufer entlang weiter. Das Bächlein wand sich zwischen den Bäumen hindurch, gluckerte über bemooste Steine und bahnte sich scheinbar ziellos seinen Weg. An vielen Stellen war das Ufer von wildem Wacholder und Holundersträuchern bewachsen. Nach einigen hundert Fuß öffnete sich der Wald zu einer Lichtung. Das Gewässer war hier breiter. Am gegenüberliegenden Ufer erstreckte sich eine etwa dreißig Fuß durchmessende Wiese im Sonnenschein. Das Erste, was Eòran zwischen Gräsern und Blumen sah, war das rostrote Kleid, das sich wie eine getrocknete Blutlache vom saftigen Grün abhob. Cinhaé lag im Gras und bewegte sich nicht.

Bei Gott! Eòrans Herz setzte für einen Schlag aus. »Cinhaé!« Er stürmte los, setzte über einen Strauch Stechginster hinweg und schlitterte über das feuchte Ufermoos. Nach weiteren drei Schritten war er im hüfthohen Bach und durchquerte ihn, ohne sich um das eisige Wasser zu scheren, das seine Gewänder durchtränkte.

»Cinhaé!« Gerade als er sie erreichte, öffnete sie die Augen und setzte sich auf. »Seid Ihr verletzt? Fehlt Euch etwas?«

Verwirrt blinzelnd sah sie ihn an. »Wieso sollte mir etwas fehlen? Ich habe nur die Ruhe genossen. Es ist ein schöner, warmer ... Wartet! Dachtet Ihr etwa ...?« Sie schüttelte den Kopf. »Mir geht es gut.« Ihr Blick wanderte über seinen Plaid, von dem das Wasser tropfte und sich in kleinen Pfützen im Gras sammelte. Ihre Mundwinkel zuckten verdächtig. »Zumindest weiß ich jetzt, dass Ihr Euch aufrichtig um mein Wohl sorgt«, bemerkte sie trocken.

Eòran ließ sich neben ihr im Gras nieder. »Ihr solltet nicht allein hier sein. Was, wenn MacRaes Clansmen hier auftauchen?«

»Seit Tagen war niemand in der Gegend. Warum sollte ausgerechnet heute jemand kommen?«

»Weil sie, wenn sie ihre Suche gezielt angehen, früher oder später auch hierherkommen werden.«

»Womöglich habt Ihr recht, MacDougal.«

Eòran seufzte. »Würdet Ihr endlich aufhören, mich MacDougal zu nennen?«

Der Anflug eines Lächelns kehrte in ihre Züge zurück, als sie sagte: »Ich dachte, es würde Euch besser gefallen als Bastard.«

»Und ich dachte, Ihr könntet mich vielleicht einfach Eòran nennen.«

»Eòran«, wiederholte sie, als wollte sie herausfinden, wie sich der Name auf der Zunge anfühlte. Dann nickte sie. »Warum nicht?«

Selbst während der letzten Tage hatte er sich des Eindrucks nicht erwehren können, dass sie noch immer auf der Hut war. Jetzt fand er zum ersten Mal nicht das geringste Anzeichen von Misstrauen in ihrem Blick. Nachdem er so viel über sie wusste, verspürte er plötzlich das Bedürfnis, ihr im Gegenzug etwas über sich zu offenbaren. »Wusstet Ihr, dass MacRae mein Onkel ist?«, fragte er unvermittelt.

Cinhaé betrachtete ihn skeptisch. »Die MacRaes haben nichts mit den MacDougals gemein.«

»Das ist wohl wahr«, stimmte Eòran zu, »aber ich bin kein MacDougal. Auch wenn ich das selbst erst seit Kurzem weiß.« Jetzt erzählte er auch ihr, was er vor wenigen Tagen von Owen erfahren hatte. Er sprach von seiner Kindheit, von den Träumen und dem Gefühl der Unvollständigkeit, das ihn sein ganzes Leben begleitet hatte. Es tat gut, gerade ihr davon zu erzählen.

Nachdem er geendet hatte, schwieg Cinhaé lange Zeit. Ihr Blick legte sich auf die Narbe an seinem Hals. Plötzlich streckte sie die Hand aus und ließ ihre Fingerspitzen dem Verlauf der Narbe folgen, ohne ihn jedoch dabei zu berühren. Dennoch glaubte Eòran ein leises Prickeln auf seiner Haut zu spüren. »Wenn das wahr ist«, sagte sie schließlich und zog die Hand zurück, »wird er Euch und Euren Bruder jagen.«

»Ich weiß.«

»Wollt Ihr ihn töten?«

Eòran schüttelte den Kopf. »Nein.«

»Was werdet Ihr dann tun?«

»Ich weiß es noch nicht«, bekannte er. *Das hängt davon ab, was Owen zu berichten hat.* Er rupfte ein Büschel Gras aus, ließ die Halme fallen und beobachtete, wie sie vom Wind getragen zu Boden schwebten.

»Vielleicht kann Euch mein Vater helfen«, meinte sie plötzlich.

Eòran zog es vor, Iomaér MacKenzie aus dem Weg zu gehen. Auch wenn er Cinhaé nach Hause bringen würde, so wollte er sich doch in der Nähe von Eilean Donan von ihr verabschieden. Das letzte Stück des Weges würde sie allein schaffen.

»Ich könnte mit ihm sprechen.«

Er sah auf. »Macht Ihr Euch über mich lustig?«

»Es ist mein Ernst. So wie es aussieht, ist Aonghas unser beider Feind. Warum solltet Ihr Euch also nicht mit meinem Vater verbünden?«

»Weil ich seine Töchter entführt habe?«, schlug er vor. »Das könnte seine Kooperationsbereitschaft nachhaltig beeinträchtigen.«

»Das müssen wir ihm ja nicht unbedingt erzählen.«

Eòran schüttelte den Kopf. »Denkt Ihr nicht, Eure Brüder hätten ihm eine Nachricht geschickt?«

»Dann werde ich ihm sagen, dass alles ein Irrtum war.« Sie zuckte die Schultern. »Irgendetwas wird mir schon einfallen.«

Er konnte nicht anders, als sie verblüfft anzusehen. »Ihr würdet Euren Vater meinetwegen anlügen?«

Sie nickte, dann schüttelte sie den Kopf. Plötzlich schien sie selbst verwirrt zu sein. »Vielleicht.«

»Warum?«

»Ich weiß es nicht.«

Mögt Ihr mich am Ende doch? Er beschloss, vorerst nicht weiter darauf einzugehen. Ihm blieb noch genügend Zeit, zu entscheiden, ob und unter welchen Umständen er mit ihrem Vater sprechen würde. Jetzt hatte er noch etwas anderes auf dem Herzen. »Cinhaé, ich möchte, dass Ihr künftig immer in meiner Nähe oder der eines meiner Männer bleibt. Ich kann verstehen, dass Ihr ein wenig allein sein wollt, dennoch solltet Ihr Euch nicht zu weit entfernen. Es ist gefährlich.«

»Es macht mich einfach verrückt, den ganzen Tag den misstrauischen Blicken Eurer Freunde ausgeliefert zu sein«, gestand sie und fuhr entrüstet fort: »Die tun gerade so, als wäre ich eine Gefahr für sie. Dabei waren *sie* es doch, die mich entführt haben!«

Zweifelsohne machte Kyle es ihr noch schwerer als die übrigen Männer. Mehr als einmal hatte Eòran beobachtet, mit welcher Geringschätzung sein Bruder sie behandelte. Dennoch musste er angesichts ihrer ehrlichen Empörung grinsen. »Das müsst Ihr verstehen. Immerhin war es unsere erste Entführung. Wir sind wohl mit den üblichen Abläufen noch nicht ganz vertraut.«

»Für das nächste Mal solltet Ihr zumindest wissen«, entgegnete sie schmunzelnd, »dass es nicht üblich ist, eine Geisel nach der Übergabe wieder mitzunehmen.«

»Das *nächste* Mal? Gott bewahre! Allein die Vorstellung, alle Geiseln könnten ähnlich kräftezehrend sein wie Ihr ... Das ist wohl nicht das Richtige für mich.«

Das Lächeln schwand aus ihren Zügen. Sie sah ihn so ernst an, dass er schon fürchtete, er hätte es zu weit getrieben. Dann schüttelte sie den Kopf. »Nein, das ist es sicher nicht. Ihr seid kein Verbrecher, der ...« Sie betrachtete ihn mit gerunzelter Stirn. »Ihr hättet Sheona nichts getan, wenn ich noch einmal zu fliehen versucht hätte, nicht wahr?«

»Nein. Und Euch auch nicht.« Mit einem Mal war die Unterhaltung so persönlich geworden wie nie zuvor. »Ihr haltet mich nicht für einen Verbrecher?«

»Nicht mehr.«

»Wofür dann?«

Sichtlich wusste sie nicht, was sie darauf erwidern sollte. Sie setzte mehrmals zu einer Antwort an, ohne dass es ihr gelang, die richtigen Worte zu finden. Ihre Hilflosigkeit war so hinreißend, dass er nach ihrer Hand griff. Er hob ihre Finger an seine Lippen. Seine Augen hingen an ihren und hielten ihren Blick fest, als er ihr einen Kuss auf die Fingerspitzen hauchte. Niemals zuvor hatte er sich ihr so nahe gefühlt. Dennoch wollte er mehr. Als er ihre Wange berührte, lehnte sie den Kopf gegen seine Hand. Eine winzige Bewegung, die ihm ein Lächeln entlockte. Lange Zeit sah er ihr nur in die Augen, erstaunt darüber, dass sie ihn nicht von sich stieß. »Ich will, dass es Euch gut geht, Cinhaé«, sagte er sanft. Seine Hand glitt über ihre Wange, in ihr Haar. Dann zog er sie an sich und beugte sich zu ihr. Ein Geräusch im Unterholz schreckte ihn auf. Ehe seine Lippen die ihren berührten, gab er sie frei, sprang auf die Beine und zog sein Claymore.

Auch Cinhaé war aufgesprungen. »Was –«

»Still«, zischte Eòran. Er lauschte, suchte nach dem Ursprung des Geräuschs. Da war es wieder! Ein Knacken. Es kam nicht aus der Richtung des Gehöfts. Wer immer sich zwischen den Bäumen näherte, war mit sehr großer Wahrscheinlichkeit keiner seiner Männer. Seine Augen suchten den Waldrand ab. Ein Stück entfernt glaubte er einen schemenhaften Umriss auszumachen, der sich zwischen den Bäumen bewegte. Eindeutig zu groß für ein Tier. *Sie haben uns gefunden.* Eòran unterdrückte einen Fluch. Er sah genauer hin, versuchte herauszufinden, mit wie vielen Männern er zu rechnen hatte. Wie es schien, war es nur einer. Vielleicht ein Späher. Wenn es Eòran gelang, ihn auszuschalten, ehe er Alarm schlug, konnten sie es zum Gehöft zurückschaffen und aufbrechen, bevor ihre Verfolger sie fanden.

Eòran wandte sich Cinhaé zu. »In den Wald! Rasch!« Er

griff nach ihrem Arm und schob sie vor sich her. Immer wieder zuckte sein Blick über die Schulter in die Richtung, aus der sich ihr Verfolger näherte.

Nach wenigen Metern erreichten sie den Waldrand. Eòran schob die dichten Zweige eines Haselnussstrauches zur Seite, damit Cinhaé darunter durchkonnte. Sobald sie an ihm vorbei war, folgte er ihr. Im Schatten einer Erle hielt Eòran inne. Er ging in die Hocke und spähte auf die Lichtung hinaus. Noch immer konnte er Bewegung zwischen den Bäumen ausmachen. Er sah sich nach Cinhaé um. Sie kauerte im Schatten, durch einen Baumstamm vor Blicken verborgen. Er hatte erwartet, Angst in ihren Zügen zu finden, doch sie wirkte vollkommen ruhig. Eòran nahm sein Sgian Dubh, ohne es aus der Scheide zu ziehen, und schlich geduckt zu ihr. Er legte ihr die Waffe in die Hand und schloss ihre Finger darum. Cinhaé sah ihn verdutzt an.

»Ihr sollt Euch verteidigen können«, sagte er leise und gab ihre Hand frei. Seine Aufmerksamkeit kehrte zur Lichtung zurück. Ihr Verfolger war nun beinahe am Ende der Baumreihe. Eòran sah, wie sich die Zweige einer Birke bewegten, als der Mann sich daran vorbeischob.

»Wenn ich sage *lauft*«, raunte er ihr zu, »dann lauft zum Gehöft. Dreht Euch nicht um und wartet nicht auf mich. Verstanden?«

Sie legte eine Hand auf seinen Arm. »Was habt Ihr vor?«

Wenn er allein ist, hole ich ihn mir. Für lange Erklärungen blieb keine Zeit. »Macht einfach, was ich sage«, gab er zurück, ohne den Blick von der Lichtung zu nehmen. Ein leichter Druck ihrer Finger signalisierte ihre Zustimmung.

Auf der anderen Seite kam leise Bewegung in die hängenden Äste einer Salweide. Jeden Augenblick würde ihr Verfolger zwischen den Bäumen hervor auf die Wiese treten. Eòran duckte sich tiefer in die Schatten.

»Lauft!«, forderte er, ohne Cinhaé noch einmal anzusehen. Ein leises Rascheln verkündete, dass sie sich bewegte. Statt sich jedoch von ihm zu entfernen, spürte er plötzlich, wie ihre Schulter seinen Arm streifte.

»Ihr sollt verschwinden«, zischte Eòran.

»Wartet!« Ihr Blick war auf den bärtigen, blonden Mann gerichtet, der jetzt mit dem Schwert in der Hand auf der Lichtung stand und sich umsah. Plötzlich begann Cinhaé leise zu lachen.

Als sie aufstehen wollte, packte Eòran sie am Arm und hielt sie zurück. »Was soll das!«

»Das ist Gabhan! Mein Bruder!«

Eòrans Blick wanderte über die Wiese. Tatsächlich trug der Mann den Pinienzweig der MacKenzies an seiner Kappe. Noch immer waren keine weiteren Männer zu sehen oder zu hören.

»Ich gehe zu ihm«, erwiderte sie leise. »Bleibt hier und wartet auf mein Zeichen, bevor Ihr Euch blicken lasst.«

Widerwillig gab Eòran ihren Arm frei. Ein Teil von ihm fürchtete, sie würde ihn geradewegs in eine Falle locken, wenn er sie jetzt gehen ließ. Doch da war noch eine andere Stimme, die darauf beharrte, dass sie das nicht tun würde.

»Gabhan«, rief sie und trat hinter dem Haselnussstrauch hervor.

MacKenzie blieb abrupt stehen, als er seine Schwester erblickte. Einen Moment später jedoch wanderten seine Augen weiter, suchten den Waldrand hinter ihr ab. Unwillkürlich umfasste Eòran das Heft seines Schwertes fester. Auch sein Blick schweifte unablässig umher. Angespannt beobachtete Eòran, wie Cinhaé zu ihrem Bruder ging. Mit jedem Schritt wurde sie ein wenig schneller, bis sie ihm um den Hals fiel.

Gabhan MacKenzie erwiderte ihre Umarmung. »Cinhaé, bei Gott! Geht es dir gut? Hast du überhaupt eine Ahnung, wie lange wir nach dir gesucht haben! Wo warst du? Verdammt, ich –«

»Willst du mich auch antworten lassen oder hast du noch mehr Fragen?«

Er lächelte flüchtig. »Verzeih, ich bin nur so …« Sein Blick schweifte erneut über die Umgebung. »Bist du allein?«

»Ich bin nicht in Gefahr.«

Gabhan kniff die Augen zusammen. »Du weichst mir aus.«

Zu Eòrans Erstaunen nickte sie. »Versprich mir, dass du mich erst anhörst, ehe du deine Schlüsse ziehst oder etwas unternimmst.«

»Cinhaé, was soll das?«

»Versprich es mir!«

Er nickte. »Versprochen.«

»Ich bin nicht allein«, offenbarte sie nach einer kurzen Pause. »Bevor ich meinen Begleiter zu uns rufe, möchte ich, dass du weißt, er ist keine Bedrohung. Er hat mir geholfen und –«

»MacDougal!« Einmal mehr tasteten seine Augen über den Waldrand. »Wo ist er?«

»Eòran ist keine Bedrohung«, wiederholte sie, jedes Wort betonend.

»Hast du den Verstand verloren! Dieser Kerl hat dich entführt!«

»Ohne diesen *Kerl* wäre ich jetzt nicht hier! Gabhan, bitte! Wir werden dir alles erklären, aber du musst versprechen, ruhig zu bleiben.«

Eòran hatte genug davon, sich wie ein Feigling zu verstecken. Er erhob sich und kam langsam zwischen den Büschen hervor.

Als MacKenzie ihn erblickte, zog er seine Schwester hinter sich, deutete mit der Schwertspitze auf Eòran und winkte ihn zu sich. »Stellt Euch zum Kampf, Hundesohn!«

Cinhaé legte ihrem Bruder eine Hand auf den Arm. »Er ist nicht unser Feind. Er wollte mich nach Hause bringen.«

»Ach ja?«, erwiderte Gabhan bissig. »Wenn das so ist, warum seid ihr dann hier und nicht längst weiter im Westen? Seit der Übergabe sind Tage vergangen!«

»Wir wollten morgen aufbrechen«, erklärte Cinhaé. »Mein Bein war verletzt, und es hat einige Zeit gedauert, bis ich wieder laufen konnte, deshalb –«

»Verletzt!« Gabhans Augen sengten sich in Eòrans. »Elendes Schwein! Was habt Ihr meiner Schwester angetan? Ich wage gar nicht daran zu denken, was sie alles … Wenn Ihr sie angefasst habt, bringe ich Euch um!«

»Wollt Ihr Eure Schwester nicht erst anhören?«, entgegnete Eòran ruhig.

»Erst werde ich –«

»Hör auf!« Tatsächlich ließen ihn Cinhaés Worte verstummen. »Eòran hat mir das Leben gerettet!«

MacKenzie wirkte ehrlich erstaunt. »Aber er hat Sheona und dich entführt.«

»So einfach ist das nicht. Ich erkläre dir alles. Bitte leg das Schwert weg, Gabhan!« Als ihr Bruder nicht reagierte, wanderte Cinhaés Blick zu Eòran.

Obwohl sie nichts sagte, wusste er, was sie von ihm erwartete. Unter MacKenzies Augen steckte er sein Claymore weg. Er fühlte sich nicht bedroht. Wenn es darauf ankam, hätte er die Waffe im Nu wieder gezogen. »Jetzt seid Ihr an der Reihe«, sagte er und kam langsam näher.

Gabhan zögerte einen Moment, dann schob auch er sein Schwert in die Scheide.

Cinhaés Lippen formten einen stummen Dank an Eòran, ehe sie erneut ihren Bruder ansah. »Wo sind Sheona und Blane?«

»Wir wurden schon vor drei Tagen getrennt, noch in der

Nähe von Dun Cunnartach. Als wir das felsige Gebiet um den Wasserfall herum durchkämmten, gab es einen Felsrutsch. Ich konnte der Gerölllawine gerade noch entgehen. Allerdings war ich von den anderen abgeschnitten. Ich konnte sie nicht einmal mehr sehen. Also machte ich mich auf die Suche nach ihnen. Bisher ohne Erfolg. Ich fürchte, ich bin die ganze Zeit in die falsche Richtung geritten.« Er zuckte die Schultern und griff nach Cinhaés Hand. »Stattdessen habe ich dich gefunden. Dafür danke ich Gott!«

»Was ist mit Sheona?«, wollte Cinhaé wissen. »Weißt du, ob sie bei dem Steinschlag verletzt wurde?«

Gabhan schüttelte den Kopf und gab ihre Hand frei. »Natürlich nicht. Mach dir keine Sorgen.«

Eòran trat neben Cinhaé. »Einer von euch hätte sie gleich nach Eilean Donan zurückbringen sollen.« Er fand es unverantwortlich, dass die Brüder die schwangere Frau mit auf ihre Suche nach Cinhaé genommen hatten.

Gabhan betrachtete ihn mit hochgezogenen Augenbrauen. »Was soll sie in Eilean Donan? Blane hat sie natürlich in Dun Cunnartach bei Aonghas gelassen.«

Schlagartig wich alle Farbe aus Cinhaés Zügen. »Was!«, rief sie entsetzt. »Wie konntet ihr sie zurücklassen! Sie sollte doch so schnell wie möglich von dort fort!«

»Fort? Cinhaé, was soll das?« Gabhan schüttelte verständnislos den Kopf. »Sie ist endlich in Sicherheit.«

»In Sicherheit. Hast du ihr nicht zugehört?«

»Ich verstehe nicht, was –«

»O mein Gott!« Cinhaé schlug sich die Hände vor den Mund. »Sie hat euch nichts gesagt«, flüsterte sie.

Als Eòran sah, wie ihre Finger zitterten, griff er nach ihrer Hand. »Er wird ihr nichts tun. Er braucht sie, vergesst das nicht.«

Sie sah zu ihm auf. »Sie hätte Gabhan und Blane warnen

sollen. Stattdessen hat sie einmal mehr seinen Schmeicheleien geglaubt.« Ihre Finger klammerten sich fest um seine. »Wir müssen etwas unternehmen!«

»Ich hole sie raus«, entschied Eòran.

»Nein!« Cinhaé sah ihn erschrocken an.

»Nein?«

»Ihr könnt unmöglich nach Dun Cunnartach zurück! Wenn Aonghas Euch sieht, zögert er nicht, Euch augenblicklich töten zu lassen!«

Sorgt Ihr Euch etwa um mich? Ehe Eòran etwas erwidern konnte, fuhr Gabhan dazwischen. Mit einem Ruck streifte er Eòrans Finger von Cinhaés Hand und zog seine Schwester ein Stück von Eòran fort. »Worum geht es hier?«

»Euer geschätzter Schwager plant, das Erbe Eures Vaters anzutreten«, erklärte Eòran, als Cinhaé noch verzweifelt um Worte rang. Es war nicht seine Angelegenheit, dennoch nahm er ihr die Last der Erklärung ab. Ihr war deutlich genug anzusehen, wie schwer ihr das alles zu schaffen machte. »Aonghas hat vor, Euch und Euren Bruder zu töten. Dann wäre Sheona – und damit er – an nächster Stelle in der Erbfolge. An dem Tag, als ich Eure Schwestern entführte, wurde Cinhaé Zeugin eines Gesprächs, in dem Aonghas mit seinen Helfern darüber sprach. Jetzt versucht er sie zu töten.«

Gabhan war seinen Worten mit starrer Miene gefolgt. »Also habt Ihr sie tatsächlich entführt! Das gebt Ihr auch noch offen zu! Ihr verdammter –«

»Gabhan, hör auf!« Cinhaé hatte ihre Sprache wiedergefunden. »Es ist nicht wichtig, was er getan hat!«

»Nicht wichtig!«, schnappte ihr Bruder.

Eòran sah sie an. »Nein?«

Sie erwiderte seinen Blick voller Wärme. »Nein«, sagte sie lächelnd und wandte sich wieder an ihren Bruder. »Was er sagt, ist wahr.« In knappen Worten gab sie das Gespräch wieder, dessen Zeugin sie geworden war. Ebenso berichtete sie von dem Armbrustschützen, vor dem Eòran sie gerettet hatte. »Als wir Dun Cunnartach in der Kutsche verließen, schickte Aonghas uns einen Mann hinterher, der mich töten sollte. Statt seinen Befehl auszuführen, warnte er mich.«

Nachdem Gabhan die ganze Geschichte gehört hatte, schwieg er. Lange Zeit wanderte sein Blick unaufhörlich zwischen Cinhaé und Eòran hin und her, als versuche er abzuwägen, was er tun solle. Schließlich begann er auf und ab zu wandern. Eòran sah zu Cinhaé.

»Gebt ihm etwas Zeit«, sagte sie leise.

Plötzlich fuhr Gabhan herum und sah seine Schwester an. »Vertraust du ihm?«, fragte er und deutete mit dem Kopf in Eòrans Richtung.

Cinhaé nickte. Da kam Gabhan näher und griff nach ihren Händen. »Ich würde das nicht tun, wenn ich eine andere Wahl hätte, aber ... Mir bleibt keine Zeit, Blane zu suchen. Wer weiß, wie lange es dauern würde. Alles, was ich tun kann, ist selbst nach Dun Cunnartach zu gehen und Sheona dort herauszuholen.« Sein Blick richtete sich auf Eòran. »Ihr werdet meine Schwester nach Hause bringen. Wenn Ihr ihr auch nur ein Haar krümmt, werde ich Euch jagen! Ich werde nicht ruhen, ehe ich –«

»Eure Schwester ist alles andere als ein wehrloses kleines Mädchen. Abgesehen davon hat sie einen Dolch, den sie mir jederzeit in die Rippen stoßen kann, falls sie meiner überdrüssig wird.«

Gabhan sah seine Schwester ungläubig an. »Er hat dir eine Waffe gegeben?«

Cinhaé entzog ihm ihre Hände und zeigte ihm das Sgian Dubh, das sie in ihrem Ärmel verstaut hatte. »Wie willst du Sheona unbemerkt aus der Burg bekommen?«

»Wer hat denn was von unbemerkt gesagt? Aonghas ahnt

nicht, dass ich von seinen Plänen weiß. So soll es auch bleiben. Ich werde behaupten, Sheona müsse mir die Stelle zeigen, an der sie MacDougal das letzte Mal gesehen hat, damit wir seiner Spur folgen können. Sobald ich sie draußen habe, schaffe ich sie nach Eilean Donan.«

»Nein!« Cinhaé schüttelte entschieden den Kopf. »Danach musst du sofort Blane suchen! Aonghas plant ihn als Ersten zu töten! Wenn er das ganze Durcheinander mit der Entführung nutzen will ... Blane ahnt nicht einmal, in welcher Gefahr er sich befindet.«

Gabhan dachte einen Moment nach. Dann nickte er. »Du hast recht.« Er griff noch einmal nach ihren Händen. »Kann ich dich wirklich allein lassen?«

»Ich bin nicht allein.«

Mit einem schweren Seufzer umarmte Gabhan seine Schwester. »Pass auf dich auf!« Als er sie wieder freigab, wandte er sich an Eòran.

»Spart Euch weitere Warnungen, MacKenzie. Ihr habt mein Wort, dass ich Eure Schwester beschützen werde.«

»Gut.«

»Wenn Ihr in Dun Cunnartach Hilfe benötigt, wendet Euch an Owen, Aonghas' Vertrauten. Er ist der Mann, der uns bei der Übergabe geholfen und Cinhaé gewarnt hat. Er wird auch Euch helfen!«

Lange Zeit ruhte Gabhans Blick auf Eòran. Schließlich reckte er ihm die Hand entgegen. »Danke.«

Eòran schlug ein. »Viel Glück!«

Lange nachdem Gabhan zwischen den Bäumen verschwunden war, stand Cinhaé noch immer da und blickte auf die Stelle, an der er in den Wald getreten war. Sie war zutiefst entsetzt gewesen, als sie erfuhr, dass Sheona weder Blane noch ihm von Aonghas' Plänen erzählt hatte. Nicht auszudenken, in welche Gefahr sie vor allem Blane durch ihr Schweigen brachte! Zu ihrer Erleichterung war Gabhans Vorhaben gut durchdacht. Aonghas würde keinen Verdacht schöpfen.

»Macht Euch keine Sorgen, er wird Sheona in Sicherheit bringen«, durchbrach Eòran die Stille.

Cinhaé sah ihn an. Es machte ihr nichts aus, dass er sie weiter begleiten würde. Sie fürchtete sich schon lange nicht mehr vor ihm. Vor etwas anderem jedoch sehr wohl: die Blicke, mit denen er sie bedachte und die so viel mehr als bloße Besorgnis ausdrückten. In seinen Augen lag eine Wärme, die sie zutiefst verwirrte. Zugleich gab sie ihr Sicherheit. Eòran MacDougal würde sie beschützen.

Ohne ein weiteres Wort machte sie kehrt, um zum Gehöft zurückzugehen. Sie war schon einige Schritte von Eòran fort, da rief er: »Beantwortet Ihr mir noch eine Frage?« Cinhaé blieb stehen und drehte sich zu ihm um. Mit drei schnellen Schritten holte er sie ein. »Hättet Ihr mich geküsst?«

»Nein!« Ihr Herz hämmerte plötzlich so wild, dass sie fürchtete, er könne es hören. Hastig wandte sie sich ab und setzte ihren Weg fort.

»Bedauerlich«, hörte sie ihn sagen, ehe er ihr zum Gehöft zurück folgte.

28

Während der fünf Tage, die seit seiner Rückkehr nach Dun Cunnartach vergangen waren, hatte Owen nach einer Gelegenheit gesucht, unbeobachtet mit seinen Männern zu sprechen. Bisher ohne Erfolg. Ständig war jemand in der Nähe, der nichts von seinem Vorhaben erfahren sollte.

Am schlimmsten jedoch war die Erkenntnis, dass sein Trupp nicht vollzählig war. Aonghas hatte zwanzig Mann abgestellt, um die MacKenzie-Brüder bei der Suche nach den Entführern zu unterstützen. Das war die offizielle Version. Owen wusste, dass seine Männer einen anderen Auftrag hatten. Um Eòran und Kyle würden sich die anderen Clanskrieger kümmern, die das Land durchstreiften. Owens Männer waren ausgesandt worden, um Cinhaé zu töten.

Es war nicht leicht, Aonghas davon zu überzeugen, dass er die MacKenzie-Brüder nicht gefunden hatte. Noch schwieriger war es, zu verhindern, dass Aonghas ihn sofort wieder aussandte, um seinen Auftrag endlich zu Ende zu bringen. *Cinhaé muss sterben*, hatte Aonghas gesagt. Cormac hatte an seiner Seite gestanden und ernst genickt.

Die Kälte seiner einstigen Freunde widerte ihn an. Dennoch hatte er ihnen zugestimmt. Er konnte nicht riskieren, Aonghas' oder Cormacs Misstrauen auf sich zu ziehen.

Um nicht sofort wieder ausgeschickt zu werden, gab er vor, seine Zeit mit strategischen Planungen über Landkarten zu verbringen, während er immer wieder drei oder vier seiner Männer aussandte, um die Gegend zu erkunden. Natürlich nur dort, wo er sicher sein konnte, dass sie niemanden finden würden.

Wie so oft während der letzten Tage saß er in seinem Arbeitszimmer vor seinem Schreibtisch und starrte auf eine Karte, ohne die eingezeichnete Landschaft wahrzunehmen. Er konnte nicht länger warten. Früher oder später musste er das Risiko auf sich nehmen, mit seinen Männern zu sprechen. Als Murdo, sein Stellvertreter, den Raum betrat, entschied er, den ersten Schritt zu tun.

Der drahtige Mann schloss die Tür hinter sich und kam näher. »Ärgerlich, nicht wahr?«

Owen sah auf. Lange Zeit betrachtete er seinen Stellvertreter nachdenklich. Plötzlich fuhr Murdo sich über den Bart. »Habe ich noch irgendwo Hafergrütze im Gesicht?«

»Warum?«

»Weil du mich anstarrst.«

»Setz dich.«

»Owen, was ist los mit dir?«, fragte Murdo, kaum dass er sich in den Stuhl hatte fallen lassen. »So unruhig wie in den letzten Tagen habe ich dich noch nie erlebt.«

War es ihm so leicht anzusehen? Owen schluckte einen Fluch hinunter. Er hoffte inständig, dass es außer Murdo niemandem aufgefallen war. Während der vergangenen Jahre war Murdo einer der wenigen Männer, denen er bedingungslos sein Leben anvertraut hätte. Jetzt betete er zu Gott, dass dieses Vertrauen gerechtfertigt war. *Andernfalls bin ich ein toter Mann.*

Murdos Blick wanderte über die Karte, folgte dem Verlauf der Highlands bis zur Küste. Dann deutete er auf eine Stelle, gefährlich nah beim Gehöft. »Haben sich unsere Männer in dieser Gegend schon einmal umgesehen?«

»Bist du das alles nicht auch manchmal leid?«

Murdo betrachtete seinen Anführer aus zusammengekniffenen Augen. »Wie meinst du das?«

»Befehle auszuführen, die nicht unbedingt moralisch einwandfrei zu nennen sind.« Jetzt gab es kein Zurück mehr.

Eine Weile schwieg Murdo. Sein Blick zuckte zwischen Owen und der Tür hin und her. Schließlich beugte er sich ein Stück nach vorne, als wolle er vermeiden, dass jemand seine Antwort hören konnte. »Ich vertraue dir, Owen«, begann er leise. »Nur deshalb werde ich deine Frage beantworten.« Noch einmal sah er sich um, dann sagte er: »Ich verstehe vieles von dem nicht, was wir tun, und ich heiße es nicht gut. Aber ich wüsste nicht ...«

»Was du dagegen tun kannst?«

Murdo nickte.

»Willst du etwas daran ändern?«

Wieder nickte sein Stellvertreter. Er wirkte noch immer unruhig, zugleich lag ein Schimmer in seinen Augen, der Owen hoffen ließ.

»Es gibt einen Weg.« Mit gedämpfter Stimme berichtete Owen von Aonghas' Plänen, Iomaér MacKenzies Erbe anzutreten, und davon, dass er Cinhaés Tod befohlen hatte, nachdem sie das Gespräch mit angehört hatte. Zum Schluss kam er auf Eòran zu sprechen. Er verschwieg nichts, weder was die Hintergründe der Entführung noch Eòrans Abstammung und seine Reaktion darauf anging. »Er ist ein aufrechter Mann, nicht verblendet durch die Gier nach immer mehr Macht und Reichtum. Sein Erbe hat ihn nicht einmal interessiert. Erst nachdem ich ihm bewusst machte, dass Aonghas nicht nur seinen Bruder und ihn für den Rest seines Lebens verfolgen, sondern auch Cinhaé und ihre Familie auslöschen würde, war er bereit, zumindest darüber nachzudenken, es zu beanspruchen.«

Nachdem er geendet hatte, schwieg Murdo lange Zeit. Sein Blick war auf die Landkarte auf dem Tisch gerichtet und verriet nicht, was in ihm vorging. Während Murdo nachdachte, trat Owen an die schmale Fensteröffnung und blickte hinaus. Sheona wanderte zwischen den Rosenbeeten umher. Ihre Hand ruhte auf ihrem Leib. Von Zeit zu Zeit hielt sie inne, um ein paar verwelkte Blätter von einer Pflanze zu zupfen. Während der vergangenen Tage hatte er alles getan, um ihr aus dem Weg zu gehen. Er wollte sie nicht daran erinnern, dass sie ihn bei den Entführern gesehen hatte. Ein falsches Wort aus ihrem Mund konnte ihn das Leben kosten. Er verstand nicht, wie sie angesichts der Gefahr, in der ihre Schwester schwebte, so ruhig sein konnte. Als wüsste sie nicht, was vor sich ging. Was, wenn sie es tatsächlich nicht wusste? *Verstellt sie sich?* Unwillkürlich schüttelte er den Kopf. Sheona konnte nicht gut verbergen, was in ihr vorging. *Wenn sie die Wahrheit kennen würde, hätte sie Angst. Das könnte sie unmöglich verstecken.* Sheona war nicht in Gefahr – zumindest nicht solange sie Aonghas' Erben unter dem Herzen trug. Owen traute es Cinhaé durchaus zu, dass sie, um ihre Schwester zu schonen, nichts gesagt hatte.

»Was hast du jetzt vor?«, durchbrach Murdo endlich die Stille.

Owen drehte sich zu ihm um. »Ich suche Männer, die bereit sind, Eòran zu unterstützen.«

»Ein gefährliches Unterfangen.«

Owen nickte. »Ich weiß.«

»Wie viele hast du schon?«

»Du bist der Erste, den ich eingeweiht habe.«

Seinen Worten folgte ein kurzes Schweigen, dann sagte Murdo: »Noch ein bisschen dürftig, aber du hast deinen ersten Verbündeten.«

Owen grinste erleichtert. »Du wirst es nicht bereuen!«

»Wie soll es jetzt weitergehen?«

»Unser Trupp ist der einzige, dem ich wirklich vertraue. Ich will versuchen, die Männer für Eòrans Unterstützung zu gewinnen. Es ist gefährlich, deshalb –«

»Glaubst du, dass der Chief bereits Verdacht geschöpft hat?«, unterbrach Murdo ihn.

»Möglich. Deshalb muss ich vorsichtig vorgehen.«

Murdo dachte einen Moment nach. »Wie wäre es, wenn ich mich unter den Männern ein wenig umhöre? Falls er dich beobachten lässt, läufst du auf diese Weise keine Gefahr, aufzufliegen.«

Murdos Vorschlag war gut. Während er mit den Männern sprach, konnte Owen sich bewusst in Aonghas' Umgebung aufhalten und so dessen mögliches Misstrauen zerstreuen.

»Sag ihnen zunächst nichts von Eòran. Finde erst einmal nur heraus, wie sie über ihre derzeitige Situation denken.«

»Es ist, als hätte der Boden sich aufgetan und sie verschlungen.« Während seines gesamten Berichtes war Gabhan aufgebracht in der Großen Halle umhergewandert. Jetzt blieb er vor Aonghas' Stuhl stehen und sah seinen Schwager an. »Ich brauche Sheona! Wenn wir MacDougal und Cinhaé je finden wollen, muss sie uns die Stelle zeigen, an der sie die Männer das letzte Mal gesehen hat. Vielleicht finden wir dort brauchbare Spuren!«

Owen war sofort nach Gabhans Ankunft in die Große Halle gerufen worden. Seither lehnte er neben einem der Fenster und folgte Gabhans Worten mit wachsender Erleichterung, während er beobachtete, wie sich Aonghas' Miene mehr und mehr verfinsterte.

»Wie ist das möglich? Fünf Tage und es gibt nicht einmal eine Spur! Dieser Teufel! Nicht auszudenken, was er Cinhaé inzwischen alles angetan haben kann! Natürlich soll Sheona dir die Stelle zeigen.«

Gabhan nickte. »Wir brechen gleich auf!«

»Nein!«, rief Owen. Ein Teil in ihm schrie danach, Gabhan solle seine Schwester nehmen und so schnell wie möglich von hier verschwinden, doch es gab noch eine andere Stimme in ihm. Eine, die ihn beharrlich daran erinnerte, dass Gabhan Sheona spätestens nach ein paar Stunden zurückbringen würde. Wenn er sofort aufbrach, gab es keine Möglichkeit, ihn vor Aonghas' Plänen zu warnen. Der Chief würde nicht zulassen, dass Owen sich Gabhan anschloss. Deshalb musste Owen dafür sorgen, dass Gabhan die Nacht über in der Burg blieb. Er verließ seinen Platz neben dem Fenster und trat einige Schritte in den Raum. »Nicht mehr heute. Der Schrecken der Gefangenschaft sitzt Eurer Schwester noch in den Knochen. Sie sollte sich schonen – allein schon wegen des Kindes. Abgesehen davon«, fügte er hinzu, »zieht die Dämmerung bald herauf. Bis Ihr die Stelle erreicht, ist es womöglich längst zu dunkel, um Spuren zu erkennen. Dann wärt Ihr gezwungen, mit Eurer Schwester draußen zu übernachten.«

Aonghas nickte. »Owen hat recht. Ich will, dass Sheona sich und das Kind schont. Ruh dich aus. Morgen Früh könnt ihr aufbrechen.« Plötzlich runzelte er die Stirn. »Wie kommt es, dass du allein bist? Wo sind deine Krieger?«

»Ich wollte sie nicht abziehen und MacDougal so womöglich Gelegenheit geben, uns zu entwischen«, erklärte Gabhan. »Sie setzen die Suche fort. Sobald Sheona wieder sicher in der Burg ist, werde ich zu ihnen stoßen und mit ihnen gemeinsam die Spuren verfolgen, die MacDougal hoffentlich hinterlassen hat.« Er strich sich mit der Hand über den Bart. »Womöglich tut mir eine Nacht Schlaf tatsächlich ganz gut.«

»Vielleicht möchtest du mir beim Essen Gesellschaft leisten?« Als Gabhan die Einladung annahm, entließ Aonghas Owen und Cormac. Zweifelsohne würde Aonghas die Zeit während des Mahls nutzen, um seinen Schwager weiter auszuhorchen. Besonders was Blanes Aufenthalt anging. Schon seit Tagen war Aonghas unruhig. Es drängte den Chief danach, endlich seine Pläne in die Tat umzusetzen. Die Gelegenheit war günstig, denn solange Eòran und seine Männer auf freiem Fuß waren, ließe sich ihnen bequem die Schuld am Tod des jüngsten MacKenzies in die Schuhe schieben.

Die folgenden Stunden wartete Owen darauf, dass Gabhan endlich die Große Halle verließ. Er zog sich in einen Raum nahe der Halle zurück, in dem Aonghas Landkarten und Schriftrollen aufbewahrte, und gab vor, erneut die Umgebung zu studieren. In Wahrheit wartete er auf eine Gelegenheit, unbemerkt mit Cinhaés Bruder zu sprechen. Gabhan durfte nicht mehr nach Dun Cunnartach zurückkehren, ebensowenig sollte er Sheona noch einmal in die Burg lassen.

Es war schon spät, als sich endlich die Tür zur Halle öffnete. Owen erhob sich aus seinem Sessel. Auf leisen Sohlen schlich er zur Tür, legte ein Ohr an das Holz und lauschte. Gedämpfte Stimmen. Vorsichtig öffnete er die Tür einen winzigen Spalt. Auf dem Gang wünschte Aonghas seinem Schwager gerade eine gute Nacht. Dann kehrte der Chief in die Große Halle zurück. Einen Moment später fiel die Tür mit einem dumpfen Laut ins Schloss. Schritte erklangen auf dem Gang, als sich Gabhan auf den Weg machte.

Owen wartete noch einen Moment, um sicherzugehen, dass Aonghas die Halle nicht doch noch verließ. Schließlich öffnete er die Tür ganz und schlüpfte auf den Gang. Er wartete, bis Gabhan das Treppenhaus erreichte, ehe er ihm unbemerkt folgte. Erst eine Etage weiter oben, auf dem Gang vor seinem Schlafgemach, machte Owen sich bemerkbar.

»Gabhan«, sagte er leise. »Auf ein Wort!«

Als MacKenzie zu einer Erwiderung ansetzte, bedeutete Owen ihm zu schweigen und winkte ihn in eine Nische. Sie tauchten in die Schatten, unberührt vom zuckenden Schein der Fackeln. Noch einmal vergewisserte sich Owen, dass sie allein waren.

»Gabhan, Ihr seid in Gefahr!«, sagte er gedämpft.

»Ich weiß.«

Gabhans Antwort hätte kaum überraschender sein können. Owen starrte ihn an. »Ihr *wisst* es?«, wisperte er. »Und dennoch kommt Ihr hierher zurück?«

»Um Sheona zu holen«, erwiderte Gabhan kaum vernehmbar.

Owen fühlte sich, als habe ihm jemand eine gewaltige Last von den Schultern genommen. »Wie viel wisst Ihr?«

»Ich bin auf Cinhaé und MacDougal gestoßen.«

»Geht es den beiden gut?«

Gabhan nickte. »Ich mache mir Sorgen um Cinhaé. Kann ich diesem MacDougal vertrauen?«

»Das könnt Ihr.« Sein Blick zuckte auf den Gang. Zaghafter Fackelschein tastete sich an den Wänden entlang, mehr Schatten verbreitend als Licht. Er glaubte etwas gehört zu haben. Ein kaum vernehmbares Schaben. Doch es war nichts zu sehen. Zögernd wandte er sich wieder an Gabhan. »Braucht Ihr Hilfe?«

»Ich komme zurecht«, entgegnete Gabhan kopfschüttelnd. »Aonghas scheint meinen Vorwand geglaubt zu haben. Es sollte kein Problem sein, Sheona aus der Burg zu schaffen.«

»Umso besser. Bringt Sheona und Euch selbst in Sicherheit und warnt Euren Vater. Ich werde sehen, was ich hier tun kann.« Owen sah ihm in die Augen. »Passt auf Euch auf.«

»Das werde ich.« Ohne ein weiteres Worte machte sich Gabhan auf zu seinem Gemach.

Owen verharrte in seinem Versteck, bis der junge Krieger die Tür hinter sich geschlossen hatte. Dann vergewisserte er sich rasch, dass der Gang noch immer verlassen war, und schlüpfte aus der Nische. Erleichtert, dass Eòran sich bereits mit den MacKenzies verbündet hatte, betrat er das enge Treppenhaus. Den Schatten, der sich einige Stufen über ihm von der Mauer löste, bemerkte er einen Wimpernschlag zu spät. Eine Klinge fuhr in Owens Lunge, nahm ihm den Atem und erstickte jeden Laut.

»Du hast mich das letzte Mal betrogen!«

Der zweite Stich traf ihn ins Herz und löschte sein Leben aus.

*

»Verräter!« Aonghas spuckte auf den Leichnam seines einstigen Freundes. Mit einem Ruck riss er das Sgian Dubh aus Owens Brust. *Ich habe dir vertraut! Du warst wie ein Bruder für mich! Und jetzt zwingst du mich dazu!* Am liebsten hätte er den Toten angebrüllt und beschimpft, doch er schluckte seine Wut und Enttäuschung hinunter. Seit jenem Tag, an dem Owen ihm gestanden hatte, Williams Brut nicht getötet zu haben, ahnte Aonghas, dass sein Freund für ihn verloren war. Er hatte es in seinen Augen gesehen. Als wäre der Funken der Treue darin mit einem Mal erloschen.

»Elendes Schwein!«, zischte er und säuberte seine Klinge an Owens Plaid. Dann wandte er sich um. »Sein Tod soll eine deutliche Warnung für all jene sein, die versuchen, mich zu hintergehen!«

Cormac trat aus der Dunkelheit des Treppenhauses, kaum mehr als ein dürrer, gebeugter Schatten. »Ich werde dafür sorgen«, sagte er, ohne den Toten eines Blickes zu würdigen. »Er war Abschaum!«

Aonghas schüttelte den Kopf. »Er war mein Freund ebenso wie deiner.« Es wollte ihm nicht in den Kopf, wie Owen ihn derart hatte hintergehen können. Hatte er ihm nicht ein gutes Leben geboten? Als sein Freund und Berater hatte Owen eine einflussreiche Stellung im Clan innegehabt. *Warum musste er das alles aufs Spiel setzen?* »Du hast gehört, was er gesagt hat. Cinhaé ist bei Williams Sohn. Sicher wird er versuchen, sie nach Eilean Donan zu bringen. Er wird den Weg südlich des Carn Eige nehmen. Dort haben sie mehr Schutz.« Mit Gabhan wusste nun bereits der zweite MacKenzie von seinem Vorhaben. »Sorge dafür, dass uns Gabhan nicht in die Quere kommt. Benutze ihn als Köder, um Cinhaé und meinen Neffen aus ihrem Versteck zu locken. Sie dürfen Iomaér nicht lebend erreichen!« Er dankte Gott, dass Sheona nach wie vor nicht begriff, was vor sich ging. Sein

Plan ließ sich noch immer in die Tat umsetzen. »Geh! Kümmere dich darum!«

Cormac nickte. Silbern schimmerte die Klinge seines Sgian Dubh im schwachen Fackelschein, als er es aus dem Ärmel zog. Er wandte sich zum Gehen, als Aonghas ihn am Plaid packte.

»Du bist der einzig wahre Freund, der mir geblieben ist!« Das Eingeständnis fiel Aonghas schwer, dennoch konnte er die Augen nicht länger vor dem Offensichtlichen verschließen: Macht ließ einen Mann einsam werden. Ein Opfer, das er gerne brachte, wenn es dem Clan Wohlergehen sicherte. Sein Blick bohrte sich in Cormacs Augen. »Enttäusche mich nicht!«

29

Grünschwarz schimmerte die Oberfläche des Lochs in der Mittagssonne. Schilfhalme reckten sich aus der Wasseroberfläche empor und wogten sanft in der leisen Brise.

Cinhaé kniete am Ufer nieder und tauchte die Hände ins Wasser. Ihre Augen wanderten über die Reihen schottischer Pinien, die den Loch von drei Seiten umschlossen. Vor ihr erhoben sich in einiger Entfernung die felsigen Hänge des Carn Eige. Sie würden den Berg an seiner Südseite umgehen und sich dann im Schutze der Wälder wieder gen Norden halten, bis sie schließlich an der Küste auf Eilean Donan stießen.

Seit sie gestern das Gehöft verlassen hatten, machten sie nur kurze Pausen, selbst die Nachtruhe hatte mit Anbruch der Dämmerung geendet. Gestern Abend war Cinhaé so erschöpft gewesen, dass sie sich sofort schlafen gelegt hatte.

Die Nacht war kühl gewesen, dennoch hatte Eòran nicht gestattet, ein Feuer zu entzünden, da er fürchtete, der Schein könne sie ihren Verfolgern verraten. So war ihr nichts anderes übrig geblieben, als sich in ihre Decke zu wickeln, um sich vor der Kälte zu schützen. Bisher gab es keinen Hinweis, dass ihnen die MacRaes auf den Fersen waren. Gestern hatten sie Spuren gefunden, von denen Eòran angenommen hatte, dass sie Blane und seinem Trupp gehörten. Eine Weile waren sie den Spuren gefolgt und Cinhaé hatte bereits zu hoffen gewagt, sie würden ihren Bruder finden. Dann jedoch hatte sich die Fährte in einem Tal auf felsigem Untergrund verloren.

Eine Weile genoss Cinhaé die Kälte, die ihre Handgelenke umspielte, ehe sie begann, sich den Reisestaub von Armen und Gesicht zu waschen. Sie musste sich beeilen. Wenn sie zu lange wegblieb, würden die Männer nach ihr suchen. Es war schwierig genug gewesen, Eòran zu überzeugen, ihr ein paar ungestörte Augenblicke zu gönnen, um sich frisch zu machen. Dabei war der Loch nicht weit von der Stelle entfernt, an der sie sich zur Mittagsrast niedergelassen hatten. Sie brauchte nur um Hilfe zu schreien und in wenigen Augenblicken wäre einer der Männer hier. Das war es auch, was Eòran letztlich überzeugt hatte, sie gehen zu lassen.

Cinhaé seufzte. Unwillkürlich wanderte ihr Blick zu den Baumreihen, hinter denen sich das Lager verbarg. Die Männer behandelten sie, von Kyle einmal abgesehen, freundlich und gaben auf sie acht. Dennoch war es Eòrans Nähe, die ihr die Furcht vor Aonghas nahm. Er gab ihr ein Gefühl von Sicherheit und Geborgenheit. Seit jenem Tag am Bach, an dem sie Gabhan begegnet waren, hatte er nicht mehr versucht, sie zu küssen. Manchmal wünschte sie sich, er würde es tun. Zugleich hoffte sie, dass er ihre Entschlossenheit, ihn nicht zu küssen, nicht noch einmal auf die Probe stellte. Es war schwer genug, seine ständige Nähe zu ertragen. Häufig, wenn er sie ansah, bekam sie derart heftiges Herzklopfen, dass sie sich abwenden musste, um sich wieder zu beruhigen. Immer wieder rief sie sich ins Gedächtnis, dass er sie entführt hatte, auch wenn ihr Herz ihm das längst verziehen hatte. *Ich kann mich doch nicht in meinen Entführer verlieben!* Es *durfte* nicht sein! Was würde ihr Vater sagen? Ihre Brüder? Es war besser, die Gefühle, die Eòran MacDougal in ihr auslöste, gar nicht erst zuzulassen. In wenigen Tagen wäre sie zu Hause, zurück in dem Leben, das ihr vertraut war. Eòran wäre dann bald nicht mehr als eine Erinnerung, die im Laufe der Zeit mehr und mehr verblassen würde.

Sie wusch sich den letzten Staub aus dem Gesicht und erhob sich, um zu ihren Begleitern zurückzukehren. Als sie zwischen den Bäumen hindurch einen ersten Blick auf die Männer erhaschte, wusste sie sofort, dass etwas nicht stimmte. Niall, den Eòran zusammen mit Murray als Kundschafter ausgesandt hatte, war zurück. Die Männer standen um ihn herum und diskutierten aufgeregt.

»Das geht nicht«, sagte Niall gerade kopfschüttelnd. Cinhaé blieb im Schatten einer Birke stehen. »Die ganze Gegend wimmelt von MacRaes Kriegern. Es sieht nicht so aus, als wüssten sie, wo wir sind. Aber in ein paar Stunden werden sie uns sämtliche Wege versperrt haben.«

»Wo ist Murray?«, wollte Eòran wissen.

»Er sieht sich am Carn Eige um. Vielleicht gibt es dort ein Durchkommen.«

Finns Augen richteten sich auf Eòran. »Was sollen wir jetzt tun?«

Eòran fluchte. Eine Weile starrte er auf den Boden zu seinen Füßen. Als er schließlich den Kopf hob, lag eine Entschlossenheit in seinem Blick, die Cinhaé erschreckte. »Ich werde sie ablenken. Wenn alles gut geht, werden sie mir folgen.« Seine Worte ließen Cinhaé erstarren.

»Bist du wahnsinnig!«, schnappte Kyle. »Sie werden dich in die Enge treiben und töten!«

Eòran schüttelte den Kopf. »Sie wollen dich, Cinhaé *und* mich. Mit ein bisschen Glück werden sie annehmen, dass ich sie zu euch führe, und mir folgen. Dann ist der Weg für euch frei. Ich will keine Zeit verlieren. Ich breche sofort auf!« Eòran wollte sich abwenden.

Kyle packte ihn am Arm und hielt ihn zurück. »Vermutlich folgen sie dir einige Zeit, aber irgendwann werden sie begreifen, dass du sie an der Nase herumführst! Dann haben sie keinen Grund, dich länger zu verschonen! Du läufst sehenden Auges in den Tod! Ist sie das wert? Du hast gesagt, du seist froh, wieder bei mir zu sein, und jetzt lässt du zu, dass sie uns entzweit!«

»Kyle, das ist Unsinn!«

»Ach ja? Wenn sie nicht wäre, könnten wir nach Clachan Mòr zurückkehren – unbehelligt von MacRaes Männern! Sag mir nicht, dass sie nicht –«

»Hör auf!« Eòran erwiderte den Blick seines Bruders. Dann streifte er Kyles Hand ab und wandte sich an Finn. »Ich verlasse mich darauf, dass du sie sicher nach Hause bringst.«

»Du willst dich nicht von ihr verabschieden?«

Cinhaé konnte nicht glauben, dass Finn dermaßen ruhig reagierte. Kyle hatte recht. *Warum hält ihn keiner davon ab?* Wie konnten sie alle nur stumm dastehen und warten, bis er ging?

Eòran schüttelte den Kopf.

Cinhaé wollte sich auf ihn stürzen und ihn schütteln, bis er zur Vernunft kam, doch sie fand nicht einmal die Kraft, die Lähmung zu überwinden, die sie gepackt hielt.

»Sie wird wütend sein, wenn du einfach gehst«, meinte Finn. »Was soll ich ihr sagen?«

»Sag ihr, dass ich ...« Er schwieg einen Moment, dann schüttelte er den Kopf. »Sag ihr gar nichts. Ohne mich ist sie besser dran.« Erneut richtete sich sein Blick auf Kyle. »Pass auf dich auf!«

Er hat versprochen, mich nach Hause zu bringen! Wie kann er mich einfach im Stich lassen! Die Erkenntnis, dass er in wenigen Augenblicken für immer fort sein würde, ließ die Starre von ihr abfallen. »Ihr könnt Euch nicht einfach absetzen!« Zu ihrem eigenen Erstaunen war sie tatsächlich wütend, ganz wie Finn es vorhergesagt hatte. »Das ist doch völliger –«

Geräusche aus dem Unterholz ließen sie verstummen. Rascheln. Schritte. Blitzschnell hatten die Männer ihre Claymores in Händen. Einen Atemzug später fand sich Cinhaé in ihrer Mitte wieder, geschützt von den Leibern der Krieger und ihren Klingen. Einen Moment später trat Murray aus dem Unterholz.

Niall spähte in den Wald. »Wirst du verfolgt?«

Murray schüttelte den Kopf. Der kleine Mann wirkte abgehetzt. »Aber ich habe etwas entdeckt. Das solltest du dir ansehen, Eòran.«

Eòran steckte sein Schwert wieder weg. »Was ist es?«

»Da ist ein Mann!« Allmählich beruhigte sich Murrays Atem wieder. »Ich bin nicht nah ran, doch ich glaube, er ist tot.«

»Was ist so interessant an einem Toten?« Kyle schüttelte verständnislos den Kopf. »Wahrscheinlich ist er nur ein verirrter Wanderer.«

»Er hält einen MacDougal-Zweig in Händen!«

»Er gehört zu unserem Clan?«, hakte Finn nach.

»Ich weiß es nicht. Er trug keine Kappe.«

»Ist die Gegend sauber?«, wollte Eòran wissen.

Murray nickte. »Das Gebiet um den Carn Eige ist frei von MacRaes. Dort gibt es genügend Felsvorsprünge und kleine Schluchten, die unseren Weg verbergen werden.«

Finn grinste. »Sieht aus, als hättest du keinen Grund mehr, dein Leben aufs Spiel zu setzen, Eòran.«

Cinhaé schloss erleichtert die Augen.

»Das entscheide ich, wenn ich mir selbst ein Bild von der Umgebung gemacht habe.«

Cinhaé riss die Augen wieder auf. »Ihr verdammter –«

»Schsch.« Eòran legte ihr einen Finger auf die Lippen. Als er die Hand zurückzog, strich er über ihre Wange. Eine flüchtige Berührung, die zufällig schien, wäre da nicht sein Blick gewesen. Als wollte er sagen: *Habt keine Angst um mich.* Dann wandte er sich an die anderen. »Sehen wir es uns an!« Er schwang sich in den Sattel, hielt Cinhaé die Hand entgegen und half ihr hinauf.

Wenig später erreichten sie den Ort, an dem Murray den Leichnam entdeckt hatte. Die Stelle lag beinahe am Fuß des Carn Eige, umgeben von Geröll und Felsblöcken. Cinhaé stimmte Kyle zu. Vermutlich handelte es sich um einen Wanderer, der auf den tückischen Bergpfaden den Tritt verloren hatte und abgestürzt war. Dennoch konnte sie verstehen, dass Eòran sich den Toten ansehen wollte. Wenn er wirklich zu seinem Clan gehörte ...

Bereits in einiger Entfernung zügelten sie die Pferde, saßen ab und führten die Tiere hinter sich her.

»Es ist nicht mehr weit«, erklärte Murray. »Nur noch hier, zwischen den Felsen hindurch.«

Mannshohe Steintrümmer ragten aus dem Boden. Überzogen von weißen Flechten schimmerte der Fels im Sonnenschein beinahe silbern. Dürres Moos zwängte sich am Fuße der Felsen aus dem Erdreich, trocken und braun. Cinhaé war unmittelbar hinter Eòran. Als sie das Ende der schützenden

Felsen erreichten, blieb Murray stehen. Vor ihnen öffnete sich eine große, von Gestein umschlossene Ebene. Bei genauerem Hinsehen entdeckte Cinhaé immer wieder Öffnungen zwischen den Felsen, durch die Pfade von der Ebene fortführten. In einiger Entfernung, beinahe am anderen Ende und halb vom Schatten der abfallenden Felshänge des Carn Eige verborgen, machte Cinhaé etwas auf dem Boden aus. Blinzelnd blickte sie auf den Schemen, bis er deutlich als Körper zu erkennen war. Langsam gewöhnten sich ihre Augen an das dort herrschende Zwielicht. Der Mann trug einen braun-grünen Plaid. Staub klebte in seinem blonden Haar und überzog es mit einem hellgrauen Schleier. Selbst der Bart wirkte mehr weiß als golden. Mit jeder Einzelheit, die Cinhaé erfasste, wuchs ihr Grauen. Wie versteinert stand sie da, nicht in der Lage, den Blick abzuwenden. Gabhan! Sie schlug eine Hand vor den Mund, um den entsetzten Schrei zurückzuhalten, der aus ihrer Kehle drängte. Plötzlich stand Eòran vor ihr. Er streckte die Arme nach ihr aus und zog sie fest an sich. Sie wollte ihn von sich stoßen, doch der Anblick des Leichnams hatte ihr alle Kraft geraubt. Mit zitternden Fingern klammerte sie sich an ihn. Obwohl er ihr jetzt die Sicht versperrte, hatte sich Gabhans Anblick unauslöschlich in ihr Gedächtnis gebrannt. Wenn sie die Augen schloss, sah sie ihn so deutlich vor sich, als müsse sie nur die Hand ausstrecken, um ihn zu berühren.

»Finn«, hörte sie Eòran sagen, »bring sie von hier fort!«

Er löste sich von ihr und übergab sie an Finn. Der große Krieger legte ihr einen Arm um die Schultern und wollte sie von der Ebene wegführen. Cinhaé sah Eòran an. »Was habt Ihr vor?« Die Worte kamen ihr nur zögernd über die Lippen, tonlos und kaum hörbar.

»Ich sehe, ob es … ob ich noch etwas für ihn tun kann.«

»Kommt«, sagte Finn sanft an Cinhaé gewandt.

Sie schüttelte den Kopf und blieb neben Eòrans Pferd stehen. Ihre Finger krallten sich in die Mähne des Tieres. Sie wagte nicht, den Blick von Eòran zu nehmen, der mit festen Schritten die Ebene überquerte. Zu groß war ihre Furcht, Gabhan anzusehen. Zugleich drängte es sie danach, zu ihm zu gehen. Er war ihr Bruder! Unwillkürlich gab sie die Pferdemähne frei und machte einige Schritte nach vorne.

Finn legte eine Hand auf ihre Schulter und hielt sie zurück. »Tut Euch das nicht an!«

Er sagte noch mehr, doch Cinhaé hörte ihn nicht länger. Ihre Augen ruhten noch immer auf Eòran. Er hatte Gabhan beinahe erreicht. Sie atmete tief durch, sammelte Kraft, um ihm zu folgen. Zitternd machte sie die ersten Schritte. Sie erreichte den Zugang zur Ebene. Da bemerkte sie aus dem Augenwinkel eine Bewegung. Links von sich, bei den Felsen. Im ersten Moment hielt sie es für den Schatten einer Wolke, der sich über den hellen Fels legte. Dennoch wandte sie den Kopf. Da sah sie den Bogenschützen zwischen den Felsen knien. Den Bogen im Anschlag, die Sehne gespannt, zielte er auf Eòrans Rücken.

»Das ist eine Falle!«, schrie sie.

Ihre Warnung kam zu spät. Der Schütze ließ den Pfeil fliegen, einen Atemzug ehe Eòran reagieren konnte. Der Pfeil bohrte sich in sein rechtes Schulterblatt und fällte ihn.

»MacRaes!«, brüllte Niall. »Zwischen den Felsen!«

Da entdeckte auch Cinhaé die Reiter, die sich an zwei Stellen zwischen den Felsen verbargen und jetzt ihre Schwerter zückten. Jeden Moment würden sie aus ihrem Versteck hervorbrechen, um Eòrans Leben ein Ende zu setzen.

»Kyle, gib auf Cinhaé acht! Bleibt in Deckung!«, befahl Finn. Dann gab er den Männern ein Zeichen. Sie schwangen sich in ihre Sättel und preschten los. Vier Krieger gegen eine mindestens doppelt so große Übermacht.

Cinhaés Blick zuckte zwischen Eòran und dem Schützen, der gerade einen weiteren Pfeil auflegte, hin und her. Eòran kämpfte sich auf die Knie und versuchte, das weiß gefiederte Geschoss zu fassen zu bekommen, das ihm aus dem Rücken ragte. Sie stieß einen Warnschrei aus. Dieses Mal reagierte er schnell genug. Er warf sich zu Boden und rollte herum, in den Schatten der Felswand. Der Schütze griff nach einem weiteren Pfeil.

»Helft den anderen!«, rief sie an Kyle gewandt.

Auch seine Augen zuckten zwischen Eòran, dem Schützen und den anderen Kriegern hin und her. Dennoch schüttelte er den Kopf. »Ich soll Euch schützen.«

»Ich bin es nicht wert, dass Euer Bruder um meinetwillen stirbt.«

»Das habe ich nicht so gemeint.«

»Verschwindet! Macht schon!«

Zu ihrem Erstaunen zeigte sich plötzlich Bedauern in seinen Zügen. »Ich habe mich geirrt. Ihr seid es wert!« Kurz darauf saß er im Sattel und preschte mit gezücktem Claymore dem Schützen entgegen, der soeben seinen Pfeil auflegte. Kyle erreichte ihn, ehe er die Sehne erneut spannen konnte, und schlug ihm den Bogen mit dem Schwert aus der Hand. Der Wind trug das entfernte Klirren von Stahl von dort an ihr Ohr, wo Finn und die anderen auf die feindlichen Krieger gestoßen waren.

Cinhaé nahm sich nicht die Zeit, den Verlauf des Kampfes zu verfolgen. Es genügte ihr zu sehen, dass Eòrans Männer die MacRaes von ihm fernhielten und sie immer weiter zwischen die Felsen zurückdrängten. Sie packte den Zügel von Eòrans Pferd, saß auf und trieb das Tier über die Ebene auf Eòran zu. Er war inzwischen wieder auf den Beinen. Ohne den Pfeil zu beachten, der noch immer aus seinem Rücken ragte, streckte er die Hand nach seinem Schwert aus. Der

Schmerz, den die Bewegung verursachte, verzerrte seine Züge. Dann sah er Cinhaé und ließ die Hand sinken.

»Seid Ihr wahnsinnig? Seht zu, dass Ihr von hier fortkommt!«

»Nicht ohne Euch!«

Eòran machte einen taumelnden Schritt auf sie zu. »Natürlich ohne mich! Oder wollt Ihr mir in den Kampf folgen?«

»Ihr wollt kämpfen? Ihr könnt kaum stehen!«

»Dann gebt mir mein Pferd!«

»Nein!« Cinhaé glitt aus dem Sattel und trat zu ihm. »Dieses Mal tut Ihr, was *ich* sage!« Eòran wollte an ihr vorbei. Cinhaé griff nach seinem Arm und hielt ihn zurück. »Seid vernünftig!« Noch immer war Kampflärm zu vernehmen, Rufe, das Klirren von Waffen, doch die Geräusche entfernten sich immer mehr. Die Männer waren längst außer Sicht. Einzig Kyle war noch da. Er hatte den Bogenschützen niedergestreckt. Seine Augen richteten sich auf Cinhaé.

»Bringt Eòran fort! Versteckt Euch!«, rief er. Dann machte er kehrt und folgte den anderen zwischen die Felsen.

Eòran fluchte. Er streifte Cinhaés Hand ab und wollte ihm folgen. Schon beim ersten Schritt geriet er ins Straucheln. Hastig griff sie nach seinem Arm und stützte ihn. Ihr Blick streifte ohne Unterlass über die Umgebung. Ihre Furcht, dass jeden Augenblick weitere MacRaes zwischen den Felsen hervorbrechen und angreifen würden, wuchs.

Zum ersten Mal richtete sie ihre Augen ausschließlich auf ihn. »Bitte lasst mich jetzt nicht allein!«

Eòran sah sie lange an. Schließlich nickte er. »Verschwinden wir!«

Erleichtert zog Cinhaé das Pferd heran und half Eòran hinauf, ehe sie sich hinter ihm in den Sattel schwang. Als sie das Tier wendete und zwischen die Felsen trieb, fragte sie sich, wie Finn und die anderen sie finden sollten, wenn sie sich jetzt versteckten. Ein Blick auf Eòran, der sich mühsam vor ihr im Sattel hielt, wischte die Frage fort.

Für einige Zeit folgte sie dem Pfad, den sie gekommen waren. Statt jedoch in den Wald zurückzureiten, wandte sie sich in die entgegengesetzte Richtung, dem Carn Eige entgegen. Deutlich brannten Murrays Worte in ihrem Ohr. *Das Gebiet um den Carn Eige ist frei von MacRaes.* Außerdem hatte er von Schluchten und Felsvorsprüngen gesprochen, die ihnen Schutz bieten konnten. Wenn es ihr gelang, eine Höhle zu finden, wären sie für eine Weile in Sicherheit.

So schnell wie möglich und so vorsichtig wie nötig lenkte sie das Pferd zwischen den Felsen hindurch. Ein unendlich scheinendes, graues Steinlabyrinth, das sich zu beiden Seiten des Weges entlangzog. Anfangs hielt Eòran sich gut. Er sprach nur wenig, und wenn er etwas sagte, beklagte er sich darüber, dass sie ihn zwang, seine Männer im Stich zu lassen. Je weiter sie jedoch kamen, desto stiller wurde er. Seine Kräfte schwanden zusehends. Bald konnte er sich kaum noch aufrecht halten. Schließlich sank er über dem Pferdehals zusammen. Cinhaé wusste, dass der Pfeil entfernt und die Verletzung behandelt werden musste. Zuerst jedoch brauchten sie ein sicheres Versteck.

Trotz ihrer wachsenden Unruhe ritt sie weiter, bis sie endlich eine Höhle fand. Kaum mehr als ein kleiner Unterstand inmitten der Felsen, aber gut genug, um ihnen Schutz zu bieten. Cinhaé saß ab. Eòran war bei Bewusstsein, doch sein Blick war verschleiert. Vorsichtig half sie ihm vom Pferd. Als seine Beine die Erde berührten, ging er in die Knie. Sofort versuchte er, wieder hochzukommen. Cinhaé stützte ihn. Schwer lastete sein Gewicht auf ihren Schultern und ließ sie beinahe zusammenbrechen, als sie ihn in die Höhle führte. Im Schutz der Felsen half sie ihm, sich zu setzen. Er sank in sich zusammen und schloss die Augen. Cinhaé vermochte nicht zu sagen, ob er das Bewusstsein verloren hatte oder lediglich eingeschlafen war. Sie drehte ihn auf den Bauch, eine kraftraubende Angelegenheit, bis er so lag, dass sie den Pfeil erreichen konnte. Ihre Finger zitterten. *Was, wenn ich etwas falsch mache? Was, wenn er stirbt?* Sie hatte schon ihren Bruder verloren! Selbst seinen Leichnam hatte sie zurücklassen müssen! Der Gedanke, sie könne jetzt auch noch Eòran verlieren, war kaum zu ertragen.

Sie kämpfte ihre Verzweiflung nieder. Wenn sie ihm helfen wollte, brauchte sie einen klaren Verstand. Mit unsicheren Bewegungen löste sie die Spange, die seinen Plaid über der Schulter zusammenhielt, und zog den Tartan zur Seite. Darunter fand sie erstaunlich wenig Blut. Lediglich unmittelbar an jener Stelle, an der der Pfeil in seinem Fleisch steckte, war ein Blutfleck. Der Blutverlust würde größer werden, sobald sie den Pfeil entfernte. Zuerst jedoch musste das Hemd weg. Sie zog das Sgian Dubh, das er ihr gegeben hatte, und schnitt den Stoff der Länge nach entzwei. Vorsichtig befreite sie ihn davon. Er ächzte leise, als sie ihn bewegte, doch er kam nicht zu sich. Cinhaé strich ihm über die Stirn. Seine Haut fühlte sich heiß an. Sie holte den Wasserschlauch vom Pferd und legte ihn neben Eòran. Dann machte sie sich daran, sein Hemd in lange Streifen zu schneiden.

Zögernd legte sie ihm eine Hand auf den Rücken, fernab von der verletzten Schulter. Seine Haut war von einem dünnen Schweißfilm überzogen. Sanft strich sie über die harten Muskeln. »Du wirst mir nicht sterben«, flüsterte sie. »Das *darfst* du nicht.«

Entschlossen griff sie nach dem Pfeil. Das Geschoss war nicht tief eingedrungen. Dennoch war sie sehr vorsichtig. Erst nachdem sie merkte, wie leicht er sich bewegte, und sie sicher sein konnte, dass er keine Widerhaken hatte, zog sie ihn mit einem Ruck aus dem Fleisch. Eòran bäumte sich stöhnend auf und sank dann sofort wieder zusammen. Blut quoll aus der Wunde, diesmal weit mehr als zuvor. Cinhaé ließ den Pfeil fallen, griff nach einem der Stoffstreifen und presste ihn mit beiden Händen fest auf die Wunde. Eòran keuchte leise und atmete heftig. Ihre Finger begannen jetzt wieder zu zittern, dennoch lockerte sie ihren Griff nicht. Sie wusste, dass sie ihm Schmerzen bereitete, aber es war die einzige Möglichkeit, einen größeren Blutverlust zu verhindern. Von Zeit zu Zeit hob sie das Tuch ein Stück an. Als nur noch wenig Lebenssaft aus der Verletzung sickerte, tränkte sie einen der Stoffstreifen mit Wasser und säuberte seinen Rücken, ehe sie die Wunde mit zwei weiteren Leinenstreifen verband.

Nachdem sie fertig war, drehte sie ihn auf die Seite und breitete den oberen Teil seines Plaids wie eine Decke über ihn.

Sie saß neben ihm und tastete immer wieder nach seiner Stirn. Er hatte noch immer Fieber, aber zumindest schien es nicht weiter gestiegen zu sein. Da sie nicht wusste, was sie sonst tun konnte, tränkte sie einen weiteren Stoffstreifen mit Wasser und legte ihn über seine Stirn.

Lange Zeit wagte sie nicht, den Blick von ihm zu wenden. Immer wieder legte sie ihm zwei Finger an den Hals und überzeugte sich davon, dass sein Herz noch schlug. Einmal kam er kurz zu sich, schlief jedoch gleich darauf wieder ein. Sein Atem ging jetzt regelmäßig.

Draußen wurde es allmählich dunkel, doch selbst wenn es in dieser Gegend Holz gegeben hätte, sie hätte nicht gewagt, ein Feuer zu entzünden. Zu groß war ihre Furcht, entdeckt zu werden.

Die Knie an den Körper gezogen, starrte Cinhaé in die Finsternis. Murray hatte gesagt, der Tote trage einen Zweig

Glockenheidekraut, das Zeichen der MacDougals. Welchen Grund sollte Gabhan dazu haben? Als die nächtliche Kälte immer schlimmer wurde, legte sie sich zu Eòran. Zitternd rückte sie an ihn heran, bis sie seine Wärme spürte.

Mitten in der Nacht kam Gabhan zu ihr. Er lehnte an der Felswand, gehüllt in mattes Licht, die Arme vor der Brust verschränkt. Haar und Bart von Staub überzogen, die blauen Augen leer und tot. Sein gebrochener Blick ruhte auf ihr. »Deinetwegen bin ich jetzt tot!«

»Nein«, murmelte sie in die Nacht, »das ist Aonghas' Schuld!«

Gabhan schüttelte den Kopf. »Wenn du deine Nase nicht in Dinge stecken würdest, die dich nichts angehen, wäre ich noch am Leben!« Er kam näher und ging neben ihr in die Hocke. Seine Augen richteten sich auf Eòran, der an ihrer Seite schlief. »Ist er der Nächste? Oder ist es Blane? Oder Vater?« Dann schüttelte er den Kopf. »Vielleicht sollte ich dich töten, ehe du weiteren Schaden anrichten kannst!« Da streckte er die bleichen Hände nach ihr aus, schloss sie um ihren Hals und drückte zu. Cinhaé fuhr mit einem unterdrückten Schrei auf. Ihr Herz raste. Heftig atmend sah sie sich um. *Ein Albtraum! Nichts weiter!* Doch das war nur die halbe Wahrheit: Gabhan war tot. Gott allein wusste, ob Sheona ebenfalls etwas zugestoßen war. *Aonghas braucht Sheona!*, rief sie sich ins Gedächtnis. Sie war am Leben. Es musste so sein! Aber sie befand sich noch immer in Aonghas MacRaes Gewalt. Zitternd rollte sie sich wieder neben Eòran zusammen.

Ein pochender Schmerz in seinem rechten Schulterblatt zog Eòran langsam aus der Dunkelheit des Schlafes. Mit einem unterdrückten Stöhnen öffnete er die Augen. Zähes Morgenlicht kroch in die kleine Höhle und entriss seine Umgebung der Finsternis. Sein Blick fiel auf Cinhaés rote Locken. Das

Mädchen lag eng an ihn geschmiegt, den Kopf an seiner Brust, und schlief.

Vorsichtig, um sie nicht zu wecken, rückte er ein Stück von ihr ab und setzte sich auf. Die Höhle begann sich vor seinen Augen zu drehen und der Schmerz in seinem Rücken steigerte sich zu einem heftigen Hämmern. Er atmete einige Male tief durch. Allmählich ließ der Schwindel nach. Ein wenig umständlich kam Eòran auf die Beine. Er machte einige unsichere Schritte und musste sich an der Wand abstützen, um nicht zu straucheln. Er wartete einen Moment, bis die Schwäche aus seinen Knien wich. Schließlich wagte er sich weiter, zum Ausgang des kleinen Unterschlupfs. Dort blieb er stehen und blickte nach draußen. *Kluges Mädchen.* Sie hatte ihnen ein gutes Versteck gesucht, gut geschützt zwischen den Felsen. Er fragte sich, wo seine Männer sein mochten, und hoffte, dass es ihnen gut ging. Vor allem um Kyle machte er sich Sorgen. Die anderen würden zurechtkommen.

»Eòran!«

Cinhaés Stimme ließ ihn herumfahren. Sie hatte sich erhoben und stand jetzt vor ihm. In ihrem Blick lag eine Mischung aus Sorge und Zorn. »Wollt Ihr Euch jetzt davonmachen, nachdem ich Euch gestern daran gehindert habe?«

Ihr Zorn irritierte ihn. »Solltet Ihr mich nicht fragen, wie es mir geht?«

»Nicht, wenn Ihr mich im Stich lassen wollt!«

Eòran runzelte die Stirn. »Aber wer sagt das denn?«

»Ich habe es doch gehört! Schon gestern konntet Ihr es gar nicht abwarten, die Ablenkung zu übernehmen! Ihr seid so ein Mistkerl! Wie könnt Ihr es wagen, mich allein zu lassen, Ihr elender, selbstsüchtiger …« Ihre Stimme brach. Sie senkte den Kopf. Eine Weile vernahm er keinen anderen Laut als ihre heftigen Atemzüge.

»Cinhaé!«, Eòran nahm sie sacht bei den Schultern. Als sie

aufsah, liefen ihr Tränen über die Wangen und hinterließen helle Spuren in ihrem Gesicht. »Was ist mit Euch?«

Augenblicklich kehrte der Zorn in ihre Züge zurück. »Wie könnt Ihr das fragen, Ihr gefühlloser Barbar! Ich weiß gar nicht, warum ich Euch überhaupt gerettet habe! Ohne Euch bin ich doch viel besser dran! Habt Ihr das nicht selbst gesagt? Wie könnt Ihr es wagen, diese Entscheidung allein zu treffen!«

Die Heftigkeit, mit der sie auf seine gestrigen Worte reagierte, überraschte ihn. Bisher hatte er nicht einmal gewusst, dass sie alles mit angehört hatte. Er hatte nichts weiter vorgehabt, als ihr und seinen Männern zu ermöglichen, Aonghas' Häschern zu entkommen. Nie wäre er auf den Gedanken gekommen, sie könne sich von ihm im Stich gelassen fühlen. In sein Erstaunen mischte sich jedoch noch ein anderes Gefühl. Ein wilde, unbändige Freude, die ihn alles andere um sich herum vergessen ließ. Es wollte ihm nicht mehr gelingen, seine Augen von ihr zu lösen. Da war nur noch sie. Schmutzig, erschöpft und zornig. *Und wunderschön.*

»Ich hätte dich nicht im Stich gelassen«, sagte er sanft. »Ich wollte dich beschützen! Aber willst du mir nicht eigentlich etwas ganz anderes sagen?«

»Was ... warum sollte ich ... Ihr ... du ...«

»Sei endlich still.« Er zog sie in seine Arme. Einen Moment noch fing er ihren Blick ein, dann beugte er sich zu ihr hinab und küsste ihr die salzigen Tränen von den Wangen, ehe sein Mund weiterwanderte. Die Wärme ihrer Lippen löschte endgültig allen Schmerz aus. Statt ihn von sich zu stoßen, schlang sie die Arme um seinen Nacken und erwiderte seinen Kuss zunächst zärtlich, dann immer leidenschaftlicher.

Plötzlich löste sie sich ein Stück von ihm. »Deine Wunde!«

»Vergiss sie.« Er zog sie enger an sich und küsste sie wieder.

Als seine Zunge über ihren Mundwinkel glitt, öffnete sie mit einem leisen Stöhnen die Lippen. Seine Hände erkundeten ihren Körper; wanderten über ihren Rücken, ihre Taille entlang zu ihren Brüsten. Sie drängte sich an ihn. Ihre Finger strichen verlangend über seinen Oberkörper und glitten dann tiefer. Ihre Nähe erregte ihn so sehr, dass er sich nicht länger zurücknehmen konnte. Unter stürmischen Küssen befreite er sie aus ihrem Kleid und drängte sie zu Boden.

Nachdem sie sich geliebt hatten, bestand Cinhaé darauf, sich die Wunde anzusehen und den Verband zu wechseln. Was sie sah, erleichterte sie. Die Wundränder zeigten keinerlei Anzeichen von Entzündung und alles in allem sah die Verletzung weit weniger ernst aus, als sie ihr gestern erschienen war. *Gestern war einiges anders.* Gestern noch wäre es undenkbar gewesen, ihn auch nur zu küssen. Aus Furcht vor der Reaktion ihrer Familie hatte sie ihre Gefühle verdrängt. Erst die Angst, Eòran zu verlieren, hatte ihr bewusst gemacht, wie stark diese Gefühle waren. Sie konnte nicht einfach nach Hause zurückkehren und ihn vergessen. Das würde sie für den Rest ihres Lebens unglücklich machen. Ihr Vater würde sie verstehen! Er *musste* sie einfach verstehen!

Es war das erste Mal, dass sie bei einem Mann gelegen hatte. Er war sanft mit ihr umgegangen, dennoch war es anfangs schmerzhaft gewesen, doch plötzlich war der Schmerz gewichen und hatte etwas anderem, Wunderbarem Platz gemacht. Danach wandelte sich seine Zurückhaltung. Seine Berührungen wurden fordernder. Er führte sie, zeigte ihr, welche Möglichkeiten es für Mann und Frau gab, sich einander hinzugeben. Sie hatte immer geglaubt, sie würde sich befangen fühlen oder gar schämen, wenn es einmal so weit sein sollte, doch nichts davon war der Fall. Da war nur das unglaubliche Verlangen, das er in ihr entfachte. Sie wollte ihn riechen, schmecken und spüren. Auch lange danach konnte sie nur schwer von ihm lassen. Ihm schien es nicht anders zu ergehen. Ständig strichen seine Finger über ihre Wange, streiften durch ihre Locken oder berührten sie flüchtig am Arm. Und wann immer sich eine Gelegenheit bot, zog er sie an sich, um sie zu küssen. Auch jetzt, als er mit dem Rücken zu ihr auf dem Boden saß, drehte er sich immer wieder zu ihr um. »Ich glaube, ich habe mich schon in dich verliebt, als ich dich zum ersten Mal sah«, gestand er, während Cinhaé seine Wunde versorgte, »aber ich hielt dich die ganze Zeit über für die Frau eines anderen. Abgesehen davon wäre ich nie auf den Gedanken gekommen, du könntest ähnlich empfinden.«

Sie machte sich daran, den frischen Verband zu befestigen. »Ich muss zugeben, dass es bei mir auch um einiges länger gedauert hat, dich überhaupt nur zu mögen.«

»Und jetzt?«

»Du bist kein so übler Kerl.«

»Kein *übler* Kerl«, wiederholte er trocken. »Ist das alles?« Er drehte sich so abrupt zu ihr um, dass ihr fast der Verband aus der Hand gerutscht wäre. Der Schalk wich aus seinen Augen. »Ich will keinen Tag mehr ohne dich sein, Cinhaé.« Plötzlich lag ein feierlicher Ernst in seinem Blick, bei dessen Anblick ihr ganz warm wurde. »Ich weiß noch nicht, wie ich das anstellen soll, ohne dass er mich umbringt, aber ich werde deinen Vater um deine Hand bitten. Vorausgesetzt, du willst mich.«

Ihr Herz begann wie wild zu hämmern. »Vater kann sehr stur sein, aber wenn du Glück hast, wird er dir nicht den Schädel einschlagen.«

»Ist das ein Ja?«

Plötzlich überwältigten sie ihre eigenen Gefühle und sie konnte nur nicken. Zum ersten Mal seit Tagen vergaß sie ihre

Sorgen und empfand nur Glück und Freude. Eòran grub seine Finger in ihr Haar, zog sie an sich und küsste sie. Als er sie schließlich wieder freigab, nahm sie ihn bei den Schultern und drehte ihn herum, damit sie endlich den Verband befestigen konnte. Ihr Blick ruhte auf Eòran. Auch wenn er die Wunde erstaunlich gut verkraftet hatte, war die Verletzung dennoch nicht spurlos an ihm vorübergegangen. Er wirkte bleich und ein wenig erschöpft. Sie tastete nach seiner Stirn. Zumindest hatte er kein Fieber.

»Es ist schon nach Mittag«, begann sie, nachdem sie fertig war. »Wir sollten noch eine Nacht hierbleiben, ehe wir aufbrechen. Ruh dich aus.«

»Ich bezweifle, dass mir bei einer Nacht mir dir viel Zeit dazu bleiben wird«, gab er grinsend zurück.

»Dann wirst du dich eben zurückhalten müssen.«

Er schüttelte den Kopf. »Das habe ich schon viel zu lange getan.«

Cinhaé wollte aufstehen, doch Eòran hielt sie fest. Lachend ließ sie zu, dass er sie niederrang und unter leidenschaftlichen Küssen ein weiteres Mal entkleidete. Wie Eòran vorhergesagt hatte, fanden sie auch in dieser Nacht nur wenig Schlaf.

30

Entsetzt starrte Cinhaé auf den Boden. An jener Stelle, an der sie Gabhans Leichnam zurückgelassen hatten, war nicht mehr als kahler Fels. Gabhan war fort!

»Wie ist das möglich!« Sie sah sich hektisch um, ohne mehr als ein scheinbar endloses Meer aus Stein zu finden. Schließlich begann sie vor der Felswand hin und her zu laufen, blickte hinter jeden Felsblock und in jede Nische, bis Eòran ihr eine Hand auf die Schulter legte.

»Hör auf«, sagte er sanft. »Er ist nicht mehr hier.«

»Aber wo soll er sein? Wie –«

»Ich denke, dass Kyle und die anderen zurückgekehrt sind, um ihn zu holen.« Schon gestern hatten sie darüber gesprochen, ob sie Eòrans Männer suchen sollten, und waren letztlich zu dem Schluss gekommen, keine weitere Zeit zu verschwenden. Eòran war der Ansicht, dass die Männer klug genug waren, ihren Weg nach Eilean Donan fortzusetzen. Spätestens in der Nähe der Burg würden sie wieder aufeinandertreffen. »Sie bringen ihn nach Hause.«

»Vermutlich hast du recht.« Auch wenn ihr die Ungewissheit nicht gefiel und sie insgeheim fürchtete, dem Leichnam ihres Bruders sei etwas anderes widerfahren. Dennoch war ihr bewusst, dass die Reise nach Eilean Donan keinen weiteren Aufschub duldete. Gabhan war tot. Ihm konnte sie nicht mehr helfen. Ihr Vater und Blane hingegen waren am Leben und mussten dringend gewarnt werden. Cinhaé warf einen letzten Blick auf die verlassene Stelle, dann nickte sie. »Wir können ohnehin nichts tun. Lass uns aufbrechen!«

Eòran hob sie vor sich in den Sattel und trieb das Pferd an. Sie waren noch nicht weit gekommen, da vernahm Cinhaé das Donnern von Hufen, das von den Felsen widerhallte. Sie wandte sich zu Eòran um. Auch er hatte es gehört. Seine Blicke schweiften aufmerksam umher. Dann lenkte er das Pferd in den Schatten einer Felsgruppe. »Wir warten hier«, sagte er leise.

Die Reiter kamen näher. Unwillkürlich duckte Cinhaé sich tiefer in die Schatten. Sie betete zu Gott, dass es Finn und die anderen waren. *Bitte lass es keine MacRaes sein!* Als die ersten Männer an ihrem Versteck vorüberritten, glaubte sie ihren Augen nicht zu trauen. »Das sind Vaters Krieger!«, raunte sie Eòran zu, nachdem die acht Männer sie passiert hatten, ohne sie zu bemerken. Einen Moment sah er sie an, als wolle er sichergehen, dass sie sich nicht irrte. Dann ließ er den Zügel locker und lenkte das Pferd hinter den Clanskriegern auf den Weg hinaus.

»Gib dich zu erkennen«, forderte er sie auf.

»Hauptmann Ian!«

Cinhaés Ruf schreckte die Männer auf. Blitzschnell zückten sie ihre Waffen und rissen ihre Pferde herum. Hauptmann Ian, ein bulliger, schwarzhaariger Krieger, lenkte sein Pferd an seinen Männern vorbei nach vorne. Hinter ihm fächerten sich seine Männer auf. Der Blick des Hauptmanns richtete sich auf Eòran. »Gebt die Herrin frei und legt Eure Waffen ab!«

»Er hat nichts getan«, rief Cinhaé ihm entgegen. »Ihr müsst uns zu meinem Vater bringen!«

Ian gab seinen Männern ein Zeichen, vorzurücken. Langsam kreisten sie Cinhaé und Eòran ein. »Waffen weg!«, verlangte Ian erneut.

»Habt Ihr mich nicht verstanden!«, fuhr Cinhaé ihn an. »Er hat nichts getan!«

»Ich habe den Befehl, ihn gefangen zu nehmen«, gab Ian zurück. »Ich befolge meine Order. Alles andere müsst Ihr mit Eurem Vater besprechen.«

Cinhaé wollte etwas erwidern, doch Eòran legte ihr eine Hand auf den Arm und schüttelte den Kopf. »Es ist in Ordnung. Sollen sie es tun. Sobald wir bei deinem Vater sind, kannst du ihm alles erklären.«

Sie fuhr zu ihm herum. »Ich werde nicht zulassen, dass –«

»Doch, das wirst du.« Ehe sie etwas erwidern konnte, löste er die Schnalle seines Schwertgehenks, nahm es von der Schulter und warf es einem der Clanskrieger zu.

Hauptmann Ian kniff die Augen zusammen. »Ist das alles?«

»Mein Sgian Dubh hat Cinhaé.«

Cinhaé bestätigte seine Worte mit einem Nicken. Es gefiel ihr nicht, dass Eòran sich so bereitwillig auslieferte. Dennoch war ihr bewusst, dass ihm keine andere Wahl blieb, wenn er keinen Kampf provozieren wollte. »Eòran –«

»Alles wird gut. Hab keine Angst. Steig jetzt ab.«

Einen Moment noch sah sie ihn an, unschlüssig, ob sie tun sollte, was er verlangte. Dann glitt sie aus dem Sattel. Kaum stand sie sicher auf dem Boden, waren die Männer des Hauptmanns bei ihr. Einer führte sie von Eòran fort, während zwei andere ihn mit einem Ruck vom Pferd zerrten. Cinhaé sah, wie er vor Schmerz das Gesicht verzog.

»Er ist verletzt!«, rief sie. »Seid vorsichtig!« Hilflos musste sie mit ansehen, wie sie Eòran die Hände auf den Rücken fesselten, ehe sie ihn zurück aufs Pferd verfrachteten. Cinhaé wollte zu ihm, doch der Krieger, der sie fortgeführt hatte, hielt sie zurück. »Hauptmann, bitte«, flehte sie, »lasst mich bei ihm bleiben!«

Ian schüttelte den Kopf. »Euer Vater würde mich hängen lassen, falls Euch etwas zustieße. Ihr reitet mit mir.« Auf sein Zeichen hin saßen seine Männer auf. Einer ergriff den Zügel von Eòrans Pferd. Cinhaé ging zu Ian und ließ sich von ihm in den Sattel helfen. Es war sinnlos, sich ihm zu widersetzen. Immerhin würde er Eòran und sie zu ihrem Vater bringen. *Dann wird alles gut.*

»Seid Ihr verletzt, Herrin?«

Cinhaé schüttelte den Kopf. »Wir müssen dringend mit meinem Vater sprechen!« Sie dachte daran, Ian von Aonghas' Plänen zu erzählen. Da sie jedoch nicht wusste, ob ihr Vater all seine Männer oder nur wenige Auserwählte einweihen würde, schwieg sie. Zu ihrem Erstaunen schlugen Ian und seine Männer nicht denselben Weg ein, den Cinhaé und Eòran gewählt hatten. Stattdessen hielten sie sich gen Nordosten, die Richtung, aus der sie gekommen waren. Dann begriff sie. Im Gegensatz zu Eòran und ihr würden die Männer ihres Vaters den kürzesten Weg nach Eilean Donan nehmen. Es war nicht nötig, sie vor Aonghas' Kriegern zu warnen. Kein MacRae würde es wagen, einen Trupp MacKenzies in aller Offenheit anzugreifen. *Wenn das rauskäme, würde es Aonghas' Pläne gefährden.* Nachdem Cinhaé sah, dass die Männer Eòran vernünftig behandelten, fiel die Anspannung ein wenig von ihr ab. Bald holte die Müdigkeit sie ein. Die Anstrengung der vergangenen Tage und Nächte legte sich wie ein Bleimantel über sie und ließ sie einnicken.

Als sie viel später die Augen wieder aufschlug, dämmerte es bereits. Cinhaé richtete sich auf. Sofort zog Ian seinen Arm zurück, mit dem er sie im Sattel gehalten hatte. Ihre Augen wanderten über die dichten Reihen von Kiefern und Tannen, die ihren Weg wie eine stumme Armee flankierten, hin zu Eòran. Er hatte einen Knebel im Mund, der mit einem Strick fixiert war.

»Was soll das!«, fuhr sie Ian an.

»Er hat ständig versucht, Euch zu wecken«, erklärte der Hauptmann, »deshalb ist uns nichts anderes übrig geblieben, als ihn ruhig zu stellen.«

Warum sollte er das tun? Als ihr Blick Eòrans begegnete, erstarrte sie. In seinen Augen stand blankes Entsetzen. Er versuchte etwas zu sagen, doch der Knebel verwandelte alle Worte in unartikulierte Laute. Sie wollte Ian gerade anweisen, ihm den Knebel abzunehmen, als sie den Waldrand erreichten. Die Baumreihen wichen zurück und endeten am Rand einer sanft geschwungenen Ebene. Statt jedoch den Blick auf den Loch Duich und das imposante Eilean Donan freizugeben, erhoben sich die dunkelgrauen Steinmauern Dun Cunnartachs über der rostroten Heidelandschaft. *Bei Gott! Das war es, was er mir sagen wollte!* »Was soll das!« Die Worte stolperten aus ihrem Mund, von der Panik gedrängt, die in ihrem Innersten aufstieg.

»Euer Vater ist hier.« Der Hauptmann gab seinen Männern ein Zeichen und trat sein Pferd in die Flanken. In gestrecktem Galopp preschten sie über die Heide, Aonghas MacRaes Burg entgegen. Cinhaé wollte Ian warnen, doch der atemberaubende Ritt riss ihr die Worte aus dem Mund, lange bevor ihre Lippen sie formen konnten. Sie hatten das Burgtor beinahe erreicht, als es ihr endlich gelang, einen vernünftigen Satz hervorzubringen. »Hauptmann, Ihr dürft nicht –« Ihre Augen hingen am Burgtor, wanderten über die Mauern nach oben zu einem Schatten, den sie bereits vom Waldrand aus gesehen hatte. Jetzt jedoch sah sie, worum es sich handelte: Auf einer Stange war ein Kopf aufgespießt. Ein Rabe pickte an seinen Augen. Als die Reiter näher kamen, schreckte er auf und flog davon. Aus leeren Augenhöhlen blickte Owen anklagend auf sie herab.

»O mein Gott!«, keuchte Cinhaé. Sein Anblick tötete jedes Wort der Warnung, das ihren Mund verlassen wollte.

»Ein Verräter«, erklärte Ian, ohne sein Pferd zu zügeln. Wenige Herzschläge später donnerten sie über die Holzbrücke auf das Tor zu.

»Ihr müsst meinen Vater und Eòran beschützen!«, presste Cinhaé hervor. »Sie sind in großer Gefahr!«

»Gefahr? Durch wen?«

»MacRae will –« Sie verstummte, als sie das Burgtor durchquerten und sich plötzlich auf dem Hof inmitten von Aonghas' Clansmen wiederfanden. Cinhaé drehte sich zu Ian herum. »Beschützt sie beide!«, wiederholte sie leise.

Der Hauptmann nickte. Er wollte sichtlich weitere Fragen stellen, doch er schien zu bemerken, dass sie nicht mehr sagen konnte. Es genügte Cinhaé, zu wissen, dass er ihrer Aufforderung nachkommen würde. Wenn sie erst mit ihrem Vater gesprochen hatte, würde alles gut werden. Bereits jetzt sah sie einige bekannte Gesichter zwischen MacRaes Männern. Anscheinend hatte ihr Vater einen größeren Trupp seiner Krieger bei sich. *Aonghas wird nicht offen gegen ihn vorgehen. Das kann er sich nicht erlauben, wenn er jemals als Vaters Erbe akzeptiert werden will.* Die MacKenzie-Krieger waren zahlreich genug, um ihren Vater zu schützen. Cinhaés Furcht verwandelte sich endgültig in Erleichterung, als sie ihren Vater erblickte. Er stand auf den Stufen vor dem Haupthaus. Weder Aonghas noch einer der MacRaes war bei ihm. Als Iomaér seine Tochter entdeckte, breitete sich ein Lächeln über sein Gesicht. *Jetzt wird alles gut!*

Der Hauptmann saß ab, warf einem Stallburschen die Zügel zu und half Cinhaé aus dem Sattel. Sie warf einen Blick zu Eòran. Er stand neben dem Pferd, flankiert von zwei Kriegern. Seine Augen suchten wachsam die Umgebung um Cinhaé herum nach Gefahren ab. Auf Ians Zeichen hin bildeten die MacKenzies einen Ring um ihn. Im Augenblick konnte sie nichts für ihn tun. Ihre Augen kehrten zu ihrem Vater zurück. *Sobald ich mit ihm gesprochen habe, bist du frei. Dann kannst du dich verteidigen.* Cinhaé wollte keine weitere Zeit verschwenden. Mit schnellen Schritten lief sie los, eilte ihrem Vater entgegen. Aus dem Augenwinkel sah sie, dass Hauptmann Ian und zwei seiner Männer ihr folgten. Iomaér erwartete seine Tochter auf den Stufen. Mit jedem Schritt konnte sie mehr Vertrautes an ihm ausmachen. Seine wettergegerbten Züge mochten in den letzten Jahren an Schärfe verloren haben und das einstmals blonde Haar war nunmehr weiß. Seine eisgrauen Augen jedoch waren unverändert wach und voller Leben. Ebenso wenig war seine Gestalt von der Last der Jahre gebeugt. Ihr Vater war noch immer in der Lage, einem weit jüngeren Krieger das Wasser zu reichen.

Sie bahnte sich einen Weg zwischen den Männern hindurch, die überall auf dem Hof standen, MacKenzies ebenso wie MacRaes. Manche beobachteten sie aufmerksam, andere kümmerten sich um Pferde oder Ausrüstung. Die Stufen waren keine dreißig Schritt mehr entfernt, als ihr ein Mann den Weg vertrat. Die Augen unverändert auf ihren Vater gerichtet, wollte sie ihm ausweichen, doch er nahm sie bei den Schultern und hielt sie auf.

»Cinhaé! Ich bin so froh, dass dir nichts zugestoßen ist!«

Der Anblick von Aonghas MacRae ließ sie erstarren. Einzig ihre Augen zuckten rastlos umher, suchten nach einem Dolch in seinen Händen. Zweifelsohne würde er ihr jeden Moment eine Klinge ins Herz stoßen. *Das wird er nicht! Nicht vor Zeugen!* Mühsam beherrschte sie ihren Schrecken. Sie wollte sich aus seinem Griff befreien, doch Aonghas zog sie nur fester in seine Arme. »Du kennst meine Pläne«, raunte er in ihr Ohr. »Ein falsches Wort aus deinem Munde und dein Vater wird einen verfrühten, qualvollen Tod sterben! Wenn du tust, was ich sage, wird er eines natürlichen Todes sterben. Womöglich schlummert er im hohen Alter friedlich ein und ich werde ihn beerben.«

Was ist mit Blane? Die Frage wollte ihr nicht über die Lippen kommen. Ihr war bewusst, dass Blane zwischen Aonghas und dem Erbe stand. Aonghas erahnte ihre Gedanken. »Blane kannst du nicht mehr retten. Aber es liegt in deiner Hand, ob er ein gnädiges Ende findet.«

»Was willst du tun?«, gab sie leise zurück. Ihr Mund war trocken, dennoch gelang es ihr, die Worte hervorzupressen. »Wenn ich Vater jetzt sage, was du getan hast, wird er dich einsperren lassen! Dann hast du nichts!«

Aonghas löste seine Umarmung, nahm sie bei den Schultern und schob sie ein Stück von sich. Für einen Außenstehenden musste es den Eindruck erwecken, als wolle er sich vergewissern, dass es seiner Schwägerin gut ging. »Meine

Männer haben ihre Anweisungen«, gab er lächelnd zurück. Er sprach noch immer so leise, dass keiner der Umstehenden etwas von ihrer Unterhaltung hören konnte. »Sollte mir etwas zustoßen, werden sie dennoch handeln. Es gibt nur einen Weg, Iomaér zu retten: Du wirst ihm sagen, dass MacDougal euch entführt und Gabhan ermordet hat!«

»Aber dafür wird er hängen!«

Aonghas lächelte. »Ich bin wirklich froh, dass dir nichts zugestoßen ist«, wiederholte er laut, zog sie noch einmal an sich und raunte: »Tu, was ich sage, oder du wirst *alles* verlieren!«

Als Aonghas sie freigab, stand plötzlich ihr Vater vor ihr. »Cinhaé!«, rief er und umarmte sie erleichtert. Sie wusste nicht, was sie sagen oder tun sollte. Aonghas' Worte lähmten sie. Ganz gleich, was sie tat, Eòran und Blane wären verloren. Wenn sie sich widersetzte, besiegelte sie damit auch den Tod ihres Vaters. *Es muss einen Weg geben, sie alle zu retten!* Sie brauchte Zeit, um nachzudenken. »Bist du verletzt, Cinhaé?« Sie schüttelte den Kopf. Wie Aonghas zuvor schob nun auch Iomaér seine Tochter ein Stück von sich und betrachtete sie eingehend. »Du bist leichenblass! Komm, ich bringe dich hinein! Jetzt wird alles gut.« Sein Blick schweifte zu seinen Männern, die noch immer Eòran flankierten. »Schafft ihn mir aus den Augen! In den Kerker mit ihm!«

Sie spürte, dass Eòrans Blick auf ihr ruhte. Dennoch unternahm sie nichts, um ihren Vater davon abzuhalten, ihn einsperren zu lassen. Vermutlich glaubte Eòran jetzt, sie hätte ihn verraten, doch wenn sie sein Leben retten wollte, durfte sie jetzt nicht überstürzt handeln. Reglos beobachtete sie, wie Eòran abgeführt wurde. Er war kaum außer Sicht, da nahm ihr Vater sie beim Arm und geleitete sie ins Haupthaus. Auf dem Weg zu jenem Schlafgemach, das sie auch vor ihrer Abreise bewohnt hatte, versicherte er ihr immer wieder, wie froh er über ihre sichere Rückkehr ins Haus ihres Schwagers sei. Am liebsten hätte sie hinausgeschrien, in welcher Gefahr sie alle schwebten. Doch sie schwieg. Überdeutlich war sie sich Aonghas' Gegenwart bewusst. Er folgte ihnen mit ein wenig Abstand. Nichtsdestotrotz war er nahe genug, um jedes Wort zu hören. Vor ihrem Gemach öffnete ihr Vater die Tür und ließ sie ein. »Bist du hungrig? Soll ich dir etwas bringen lassen?« Cinhaé schüttelte den Kopf. Während ihr Vater ihr in den Raum folgte, blieb Aonghas auf der Schwelle stehen. Ohne Pause fuhr Iomaér fort: »Du musst mir alles erzählen! Ich schwöre bei Gott, dass dieser Bastard seine Strafe erhalten wird!« Seine Miene verfinsterte sich. »Es muss entsetzlich für dich gewesen sein!« Dann hielt er plötzlich ruckartig mitten im Schritt inne. »Hat er dich angefasst?«

»Nein!« *Nicht gegen meinen Willen.*

Iomaér wurde etwas ruhiger. Trauer legte sich über seine Züge und ließ den lebhaften Glanz seiner Augen ersterben. »Weißt du von Gabhan?«

Cinhaé nickte.

»Warst du dabei, als MacDougal ihn tötete?«

Wie kommst du darauf, Eòran hätte ihn getötet? Ihr Blick flog zu Aonghas, der hinter Iomaér in der Tür stand und warnend den Kopf schüttelte. Er musste das Gerücht in die Welt gesetzt haben. »Nein«, erwiderte sie tonlos, »ich war nicht dabei. Wie habt ihr ihn gefunden?«

»Blane hat ihn hergebracht«, sagte Iomaér.

Blane war hier? Eine eisige Hand grub sich in ihre Eingeweide. Sie hatte gehofft, er sei weit weg – außerhalb von Aonghas' Reichweite. »Wie kommt es, dass du nicht in Eilean Donan bist?«, würgte sie schließlich hervor.

»Nach der Nachricht von eurer Entführung gab es keine weiteren Botschaften mehr. Meine Sorge wurde mit jedem Tag größer. Ich musste wissen, was meinen Töchtern zugestoßen ist!«

Ihr Leben lang hatte ihr Vater sie vor allem Übel beschützt. Manchmal hatte sie ihn für seine übertriebene Fürsorge verflucht. Jetzt jedoch wünschte sie sich nichts sehnlicher, als sich in seine Arme zu werfen. Sie wollte ihm die Wahrheit über Aonghas ins Gesicht schreien und ihn anflehen, etwas zu unternehmen! Doch dieses Mal war alles anders. Die Sicherheit ihres Vaters lag jetzt in ihren Händen. Ebenso wie Eòrans und Blanes Leben. Plötzlich ertrug sie es nicht länger, sein von Trauer gezeichnetes Gesicht zu sehen. »Ich bin sehr müde. Ich würde mich gerne hinlegen.«

»Natürlich.« Iomaér strich ihr mit der Hand übers Haar und hauchte ihr einen Kuss auf die Stirn. »Ruh dich aus. Wir sprechen später.«

Erst nachdem die Tür hinter Aonghas und ihm ins Schloss gefallen war, wagte Cinhaé wieder, sich zu bewegen. Eine Weile wanderte sie rastlos umher. Sie musste einen Weg finden, ihrem Vater unbemerkt eine Nachricht zu übermitteln. *Und das, bevor Aonghas mich umbringt.* Über ihr eigenes Leben hatte Aonghas kein Wort verloren. Dennoch war ihr bewusst, dass sie keineswegs in Sicherheit war, wenn sie auf seine Erpressung einging. Wenn sie Glück hatte, würde er abwarten, bis sie Eòran des Mordes und der Entführung bezichtigt hatte. Spätestens dann jedoch wäre auch ihr Leben verwirkt. Was würde er tun? Eine Klinge in der Nacht und dann dem Clan einen weiteren Verräter präsentieren, der wie Owen auch auf Eòrans Seite gewesen war? Ein Stoß aus dem Fenster? Es würde aussehen, als wäre sie freiwillig aus dem Leben geschieden. Ganz gleich wie, Aonghas würde einen Weg finden, den Verdacht von sich abzulenken. Ihre Hand glitt an ihren Ärmel. Darunter ertastete sie die vertrauten Formen von Eòrans Sgian Dubh. *Ich werde mein Leben teuer verkaufen, MacRae!*

Nicht lange nachdem ihr Vater gegangen war, kam eine

Magd mit einem Tablett. Beim Anblick des Mädchens verspürte Cinhaé einen Anflug von Erleichterung. Womöglich konnte es ihrem Vater eine Nachricht geben! Dann jedoch sah sie einen von MacRaes Männern, der das Mädchen begleitete. Sichtlich war Aonghas nicht bereit, ein Risiko einzugehen. Cinhaés Augen hefteten sich auf das Tablett, streiften über einen Krug Wein, eine Schale dampfenden Eintopfes und einen Korb mit frischem Brot. Obwohl sie keinen Hunger verspürte, ließ sie die Magd ein Gedeck auflegen, ehe sie sie entließ. Mit einem letzten Blick in Cinhaés Richtung folgte der Krieger dem Mädchen nach draußen. Sobald Cinhaé allein war, schenkte sie sich etwas von dem Wein ein und nahm einen tiefen Zug. Der Wein war stark und entzündete ein glühendes Feuer in ihren Eingeweiden. Ihre Finger zitterten, sodass sie den Becher mit beiden Händen umfassen musste, um nichts zu verschütten. Dennoch stellte sie ihn nicht zur Seite. Unaufhörlich schwenkte sie das Gefäß, froh, ihre Finger mit etwas beschäftigen zu können. Ihr wurde übel. *Kein Wunder, nach allem, was heute geschehen ist.* Abgesehen davon hatte sie den ganzen Tag noch nichts gegessen. Der starke Wein tat ein Übriges. Trotzdem rührte sie das Essen nicht an. Sie würde ohnehin keinen Bissen hinunterbringen.

In der Hoffnung, der Alkohol würde sie beruhigen, nahm sie noch einen Schluck und schenkte sich dann nach. Mit dem Becher in der Hand begann sie erneut auf und ab zu wandern.

Es war schon lange dunkel, als sie sich entschloss, zu handeln. Sie gab sich nicht der Illusion hin, dass es ihr gelingen würde, unbemerkt zu ihrem Vater oder zu Blane zu gelangen. Deshalb wollte sie Hauptmann Ian suchen und ihn ins Vertrauen ziehen. Er konnte zu ihrem Vater gehen, ohne Aonghas' Misstrauen zu erwecken. Zufrieden mit sich und ihrem

Plan schlich sie zur Tür und lauschte. Draußen war alles ruhig. Sie hob den Riegel und schlüpfte auf den Gang hinaus. Augenblicklich löste sich eine Gestalt aus den Schatten des Flures und trat in den Fackelschein. Trotz der schlechten Lichtverhältnisse erkannte sie in ihm einen von Aonghas' Männern. Er sagte kein Wort, sah sie nur an und schüttelte bedächtig den Kopf. Als wolle er sagen: *Tut nichts Unüberlegtes.* Cinhaé kehrte in ihr Gemach zurück, drückte die Tür ins Schloss und legte den Riegel von innen vor. Dann lehnte sie sich mit dem Rücken gegen die Tür. Hilflose Wut und Furcht ließen sie am ganzen Leib zittern. Niemals zuvor hatte sie sich derart allein gefühlt. *Ich schaffe das nicht ohne Hilfe!* Ihr wurde schwindlig. Der ganze Raum schien sich um sie herum im Kreis zu drehen. Heftig blinzelnd kämpfte sie gegen die Benommenheit an und glitt kraftlos zu Boden. Sie wusste nicht, ob sie fluchen oder weinen sollte. Letztlich tat sie beides.

Aonghas saß hinter seinem Schreibtisch und betrachtete das Fläschchen vor ihm auf dem Tisch. Das hellgraue Pulver wirkte vollkommen harmlos, beinahe wie die Asche eines längst erloschenen Feuers, doch es war weit tückischer. In Flüssigkeit löste es sich vollständig auf. Hoch dosiert tötete es sofort. Über mehrere Tage verabreicht glich der Verlauf dem einer schweren Erkrankung. Anfangs würde sie sich lediglich leicht unwohl fühlen. Übelkeit, Erbrechen, Schwindel. Dann käme das Fieber hinzu, wenig später tiefe Bewusstlosigkeit. Und nach einigen Tagen würde ihr Herz einfach aufhören zu schlagen. Gift war etwas Wunderbares. Unauffälliger als jede Waffe und nicht nachzuweisen. Iomaér würde annehmen, die Ereignisse der letzten Tage seien mehr gewesen, als sie verkraften konnte. *Du wirst meinen Plänen nicht länger im Weg stehen!* Lächelnd tippte er auf den Wachspfropfen, der das Glas verschloss. Todesstaub. So nannte Aonghas den Inhalt. Dabei war es nichts weiter als verschiedene getrocknete, fein zerriebene Giftpilze. Cinhaé war nicht dumm. Zweifelsohne war ihr bewusst, dass er sie nicht am Leben lassen konnte. Vermutlich brachte sie die Furcht, jemand könne ihr nachts die Kehle durchschneiden, bereits um den Schlaf.

Zufrieden sperrte er das Gift in eine Schublade seines Schreibpults. Seit Williams Welpe erschienen und Cinhaé das Gespräch zwischen Cormac, Owen und ihm mit angehört hatte, hatte er zum ersten Mal wieder das Gefühl, alles unter Kontrolle zu haben. James – oder Eòran, wie er sich nannte – würde bald hängen. Einzig Iomaérs Anwesenheit hatte er es zu verdanken, dass er noch am Leben war. Iomaér wollte offiziell über ihn zu Gericht sitzen, bevor er ihn wegen Mordes an Gabhan hinrichten ließ. Aonghas war es gleich, wenn er nur starb. Kyle würde er ebenfalls bald finden. Seine Männer suchten bereits nach ihm. Auch um Cinhaé brauchte er sich keine Gedanken mehr zu machen. Solange sie noch imstande war, etwas zu tun, hatte er sie mit seiner Drohung in der Hand. Bald schon wäre sie zu schwach, um ihm länger gefährlich zu werden. Das dumme Ding glaubte doch allen Ernstes, er würde Iomaér verschonen und warten, bis er eines Tages an Altersschwäche starb! Wenn er es geschickt anstellte, konnte er Cinhaés Tod nutzen, um auch Iomaér zu beseitigen. Sein Schwiegervater war kein junger Mann mehr. Der Verlust zweier Kinder würde ihn zweifelsohne schwer mitnehmen. *Ich werde dich von deiner Trauer erlösen, Iomaér.* Ein boshaftes Grinsen breitete sich über seine Züge. In wenigen Tagen stünde nur noch Blane zwischen ihm und seinem Ziel. Doch darum würde er sich kümmern, wenn es so weit war.

Seit die Kerkertür hinter ihm zugefallen war, hatte Eòran jedes Zeitgefühl verloren. Rastlos schritt er die Wände der winzigen Zelle ab, bemüht, die Kälte zu ignorieren, die sich mehr und mehr in seinen Knochen einnistete. Es war dunkel. Lediglich das leise Echo fernen Fackelscheins zwängte sich vom Gang durch ein quadratisches Gitter, das in die schwere Eichentür eingelassen war, und milderte die Finsternis ein wenig. Feuchtigkeit rann von den Wänden, sammelte sich in kleinen Lachen auf dem Boden und durchdrang selbst das modrige Stroh, das in einer Ecke zu einem Lager aufgehäuft war.

Es zerfraß ihn, nicht zu wissen, wo Cinhaé war und ob es ihr gut ging. Seit MacRae auf dem Hof zu ihr getreten war, fürchtete er um ihr Leben. Er wusste nicht, was MacRae zu ihr gesagt hatte, doch allein wie sich ihre Haltung unter seinen Worten verändert hatte, ließ ihn Schreckliches ahnen. Warum war sie noch nicht zu ihm gekommen? Hatte sie inzwischen mit ihrem Vater gesprochen? Sollte dann nicht längst jemand hier sein? Was war mit Kyle und den anderen? Waren sie entkommen?

Er dachte daran, mit den Fäusten gegen die Tür zu hämmern und nach den Wachen zu brüllen. Er hatte den Arm schon erhoben, als ihm bewusst wurde, dass lediglich MacRaes Männer auf sein Rufen reagieren würden. Der einzige Freund, den er in Dun Cunnartach gehabt hatte, war tot. Sein Kopf über dem Tor aufgespießt. Eòran ließ den Arm sinken und begann wieder umherzuwandern. Schließlich ließ er sich vor der Wand nieder und starrte in die Schatten.

Er wusste nicht, wie viel Zeit vergangen war, als draußen der Riegel zurückgeschoben wurde. Knarrend schwang die Tür auf. Das Licht einer Laterne strömte in den Raum. Geblendet kniff Eòran die Augen zusammen. Knirschende Schritte näherten sich. Blinzelnd versuchte Eòran etwas auszumachen. Nur allmählich schälten sich die Umrisse einer drahtigen Gestalt aus dem blendenden Schein. Wie nicht anders zu erwarten, trug der Bärtige den Zweig einer Hochlandtanne am Plaid. »MacKenzie will Euch sehen.«

Eòran kam so rasch auf die Beine, dass ein heftiger Stich durch seine verletzte Schulter fuhr. Sichtlich hatte Cinhaé endlich mit ihrem Vater gesprochen. *Jetzt muss sie nur noch so schnell wie möglich von hier fort.* Er wollte zur Tür, doch der Krieger legte ihm eine Hand auf die Schulter und hielt ihn zurück.

»Ich weiß, wer Ihr seid«, sagte er leise. »Owen hat mir alles erzählt.«

Eòran erstarrte. Hatte er einen neuen Verbündeten vor sich oder einen weiteren Feind, der verhindern wollte, dass er Aonghas gefährlich werden konnte?

»Was wollt Ihr?«, fragte er.

»Euch helfen.«

Was habe ich schon zu verlieren? »Seid Ihr allein?«

Er schüttelte den Kopf. »Der größte Teil von Owens Trupp ist auf meiner Seite. Was sollen wir tun?«

»Kennt Ihr Cinhaé?« Als sein Gegenüber nickte, sagte Eòran: »Aonghas will sie töten. Beschützt sie, aber lasst es ihn nicht merken!«

Wieder nickte der Krieger. Sein Blick heftete sich auf Eòrans nackten Oberkörper und blieb am Verband hängen. »Habt Ihr Schmerzen? Braucht Ihr etwas?«

»Nein, ich bin in Ordnung.«

Sein Gegenüber sah kurz zur Tür. »Wir müssen gehen.«

»Wartet! Wie ist Euer Name?«

»Murdo.«

Zu Eòrans Erstaunen brachte Murdo ihn nicht nach oben, sondern lediglich in eine unterirdisch liegende Kammer. Ein karger, fensterloser Raum, in dessen Zentrum ein klobiger Eichentisch stand. Dahinter saß Iomaér MacKenzie. Eòran hielt auf der Schwelle inne.

»Setzt Euch!« MacKenzie deutete auf einen freien Stuhl ihm gegenüber.

Erst als Eòran eintrat, sah er die beiden MacKenzie-Krieger, die rechts und links der Tür Aufstellung genommen hatten. Einer von ihnen war Hauptmann Ian. Murdo bezog neben dem Hauptmann Posten, während Eòran Platz nahm. »Ich bin froh –«

»Schweigt!«

Eòran schüttelte den Kopf. »Ich muss dringend mit Euch sprechen, Iomaér! Es gibt Dinge, die –«

Iomaér MacKenzie schlug auf den Tisch. »Ich sagte, Ihr sollt den Mund halten! Ich bin nicht hier, um mir Eure Ausflüchte anzuhören, sondern um das Urteil über den Mörder meines Sohnes und den Entführer meiner Töchter zu fällen!«

»Mord?« Eòran fuhr auf. Bleiern legte sich die Hand des Hauptmanns auf seine verletzte Schulter und presste ihn auf den Stuhl zurück. »Cinhaé wird bezeugen, dass ich nichts mit Gabhans Tod zu schaffen habe! Hat sie noch nicht mit Euch gesprochen?«

»Nein.«

Eòran runzelte die Stirn. Wie konnte es sein, dass sie bisher geschwiegen hatte? Er wollte ihn bitten, sie rufen zu lassen, damit sie alles erklären konnte, da hörte er, wie hinter ihm die Tür geöffnet wurde. Er wandte den Kopf. Sein Blick traf auf Cinhaé, doch sie war nicht allein. Als er Aonghas MacRae hinter ihr entdeckte, schluckte er einen Fluch hinunter. Es würde schwierig werden, Iomaér MacKenzie von seiner Unschuld zu überzeugen, solange MacRae hier war. Noch mehr Sorge jedoch bereitete ihm Cinhaé. Sie sah zu Boden, dennoch entgingen Eòran die dunklen Ringe, die unter ihren Augen lagen, nicht. Sie war erschreckend bleich und ihre Stirn glänzte. *Als habe sie Fieber.* Als sie den Raum betrat, bemerkte er, dass sie leicht wankte. Sofort griff Aonghas nach ihrem Arm, um sie zu stützen.

»Seht Euch an, was Ihr meiner Tochter angetan habt!«, fuhr MacKenzie ihn an. »Sie steht völlig unter Schock!« Er erhob sich und richtete seine Aufmerksamkeit auf Cinhaé. »Komm her, Liebes. Setz dich.« Mit fahrigen Bewegungen umrundete sie den Tisch. Ihr Vater rückte ihr den Stuhl zurecht und wartete, bis sie saß. Dann sagte er: »Ich werde dich nicht lange quälen. Ich will lediglich von dir hören, was er getan hat. Und er«, sagte er und sah Eòran an, »soll es ebenfalls hören.«

Eòrans Blick schweifte zu MacRae. Er lehnte neben dem Tisch an der Wand, die Arme vor der Brust verschränkt, und beobachtete Eòran. Allein für die Zufriedenheit in seinen Zügen hätte Eòran ihm am liebsten die Faust ins Gesicht geschlagen.

»Cinhaé?«, forderte ihr Vater sie erneut auf, als sie noch immer schwieg.

Bei Gott, sag ihm endlich, in welcher Gefahr er schwebt!

»Sag es ihm«, ermunterte MacRae sie ebenfalls.

Ihre Augen hefteten sich auf Aonghas. »MacDougal hat Sheona und mich entführt«, begann sie mit dünner Stimme, »und er hat Gabhan getötet!«

»Hinterrücks abgestochen!«, fügte Aonghas hinzu.

Eòran wollte aufspringen. Erneut senkte sich die Hand des Hauptmanns auf seine Schulter und hielt ihn zurück. »Cinhaé, wie kannst du das sagen! Du weißt, dass ich deinen Bruder nicht umgebracht habe!«

Sie sah ihn nicht einmal an. »Er hat es getan«, wiederholte sie tonlos.

Ein kurzer Blick zu MacRae genügte Eòran, um zu wissen, dass er seine Finger im Spiel hatte. *Er setzt sie unter Druck! Aber womit?* Er musste dringend mit Iomaér und Cinhaé allein sprechen! Alles in ihm schrie danach, die Hand nach ihr auszustrecken. Er wollte sie in seine Arme nehmen und ihr versichern, dass alles gut werden würde, doch das Einzige, was er tun konnte, um ihr zu helfen, war zu schweigen.

Plötzlich hob sie den Kopf und sah ihn an, zum ersten Mal seit sie den Raum betreten hatte. Was er in ihren Augen fand, erschreckte ihn: Furcht, Sorge und Fieber. Sie öffnete den Mund, doch kein Laut kam über ihre Lippen. Dann sank sie zur Seite und sackte vom Stuhl.

»Cinhaé!« Eòran sprang auf. Erneut griff Hauptmann Ian nach ihm. Eòran wollte sich losreißen, und es wäre ihm gelungen, wenn ihn in diesem Moment nicht der zweite Wachposten gepackt hätte. Hilflos musste er mit ansehen, wie sich Iomaér zu seiner Tochter hinabbeugte. Er hörte, wie er auf sie einredete.

Schließlich hob Iomaér den Kopf. »Sie ist ohnmächtig. Ich bringe sie in ihr Gemach. Bewacht den Gefangenen, bis wir zurück sind!« Mit einem Nicken bedeutete er Aonghas, ihm zu folgen.

Es kostete Eòran alle Beherrschung, nicht aufzuspringen. Er ballte die Hände zu Fäusten und zwang sich, seinen Blick von Murdo fernzuhalten. Die Zeit wurde zu einem zähen Strom. Jeder Atemzug erschien länger als der davor. Er versuchte seine Gedanken auf das bevorstehende Verhör zu lenken, doch alles, woran er denken konnte, war Cinhaé. Immer wieder fragte er sich, was ihr fehlte. Sie war doch gesund gewesen!

Eine Ewigkeit verging, bis endlich die Tür aufflog und Iomaér und Aonghas zurückkehrten. Ein weiterer Mann, den Eòran nicht kannte, war bei ihnen. Die Ähnlichkeit zu Gabhan jedoch war unverkennbar. Lediglich der Bart fehlte. *Blane!*

»Wie geht es Cinhaé?«

Ohne auf Eòrans Frage einzugehen, nahm Iomaér seinen Platz hinter dem Tisch wieder ein. Aonghas und Blane blieben neben ihm stehen. »Bringen wir das rasch zu Ende!«, verkündete Iomaér. Seine eisgrauen Augen richteten sich auf Eòran. »Meine Tochter hat bestätigt, dass Ihr ein Mörder und Entführer seid. Habt Ihr dem noch etwas hinzuzufügen?«

»Ich bin kein Mörder!«

Iomaér nickte Aonghas kurz zu, woraufhin dieser einen kleinen Zweig vor Eòran auf den Tisch warf. Mit unbewegter Miene blickte Eòran auf das weiße Glockenheidekraut. »Diesen Zweig hat Gabhan seinem Mörder entrissen«, erklärte Iomaér kalt. »Das Zeichen Eures Clans.«

Aonghas betrachtete ihn aus zusammengekniffenen Augen. »Ihr tragt keinen Zweig, *MacDougal*!«

Eòran wusste, es war sinnlos, ihnen zu erklären, dass er seinen Zweig in der Höhle hinter dem Wasserfall zurückgelassen hatte. Sie würden ihm nicht glauben. Ganz sicher würden sie niemanden ausschicken, um danach zu suchen. Er sah zu MacRae. »Sagtet Ihr nicht selbst, Gabhan sei hinterrücks erstochen worden? Wie hätte er mir da einen Zweig entreißen können, der an meinem Plaid hing?«

»Versucht nicht abzulenken!«, fuhr Aonghas ihn an.

Eòrans Blick fiel auf den Zweig. Etwas daran schien falsch zu sein, ohne dass er zu sagen vermochte, was. Schließlich beugte er sich vor und griff nach dem Glockenheidekraut. Eine Weile drehte er es zwischen seinen Fingern, betrachtete die weißen Blüten und den grünen Stiel eingehend. Dann sah er auf. »Das ist kein Clanszeichen.«

Iomaér zog eine Augenbraue in die Höhe. »Wollt Ihr bestreiten, dass es die Pflanze der MacDougals ist?«

»Nein«, entgegnete Eòran, »aber ich bestreite, dass diese Pflanze als Clanszeichen verwendet wurde.«

»Warum?«

»Warum?«, schnappte Blane. »Wie kannst du das fragen, Vater! Was schert es dich überhaupt, was er zu sagen hat! Dieser Bastard hat Gabhan umgebracht! Wer weiß, was er Cinhaé angetan hat!«

Eòran sprang auf und schlug auf den Tisch. »Ich habe ihr gar nichts angetan!«, brüllte er und streifte die Hand des Hauptmanns ab, als dieser ihn auf den Stuhl zurückdrücken wollte. »Ebenso wenig habe ich Gabhan getötet! Dieser Zweig«, er hob das Glockenheidekraut in die Höhe, »wurde nie von einem MacDougal getragen!«

»Ich will keine Ausreden mehr vom Mörder meines Bruders hören!«

»Er hat das Recht, sich zu verteidigen«, erwiderte Iomaér ruhig. Obwohl Eòran noch immer stand, hatte sich der Chief der MacKenzies nicht bewegt. Seine Augen richteten sich auf Eòran. »Ich höre.«

»Wir schneiden die Zweige, die wir tragen, auf eine bestimmte Weise. Der Stiel ist immer schräg abgeschnitten und in die Schnittstelle wird ein Kreuz eingeritzt. Ein Zeichen der Gottesfürchtigkeit. Dieser Zweig«, er warf die Pflanze vor den Männern auf den Tisch, »wurde nicht einmal abgeschnitten, sondern abgerissen! Kein richtiger MacDougal würde das jemals tun!«

»Unsinn!«, rief Blane.

»Wenn Ihr mir nicht glaubt, lasst Euch von Chief John bestätigen, wie die Zweige behandelt werden. So oder so, ich kann ihn nicht von hinten erstochen haben, wenn er mir den Zweig entrissen hat.«

»Habt Ihr sonst noch etwas zu sagen?«, wollte Iomaér wissen, und als Eòran den Kopf schüttelte: »Wir werden uns jetzt zurückziehen und unser Urteil fällen.« Er gab Murdo ein Zeichen. »Bringt ihn in seine Zelle zurück!«

Murdo packte Eòran am Arm und führte ihn aus der

Kammer auf den Gang. Sobald sie allein waren, lockerte er seinen Griff.

»Was wisst Ihr über Aonghas' Pläne?«, raunte Eòran.

»Alles.«

»Geht zu Iomaér«, verlangte Eòran, froh, nicht viel erklären zu müssen, »passt ihn allein ab und erklärt ihm alles! Warnt ihn vor Aonghas' Machenschaften und sagt ihm, in welcher Gefahr Cinhaé schwebt. Sagt ihm auch, dass Aonghas sie unter Druck setzt.« Als kurz darauf erneut die Kerkertür hinter Eòran zufiel, blieb er einmal mehr mit seiner Sorge um Cinhaé allein.

Stunden der Ungewissheit krochen zäh dahin. Eòran saß vor der Wand und starrte in die Schatten. Immer wieder sagte er sich, dass er einen Weg aus dem Kerker finden musste. Doch sosehr er sich auch bemühte, es wollte ihm nicht gelingen, seine Gedanken von Cinhaé abzulenken. Ihr Anblick hatte ihn zutiefst erschreckt. War es ihre Furcht vor Aonghas, die sie buchstäblich krank machte? Es fiel ihm schwer, das zu glauben. *Dafür ist sie zu stark.*

Eòran sah auf, als er das protestierende Knarzen des Riegels vernahm. Als die Tür einen Spalt weit geöffnet wurde, wartete er auf den blendenden Schein einer Laterne, doch das Licht blieb aus. Stattdessen erfasste Eòran eine schemenhafte Gestalt auf der Schwelle. Es dauerte einen Moment, bis er Hauptmann Ian erkannte. Der bullige Mann sah sich kurz um. »Alles in Ordnung«, raunte er über seine Schulter.

Kaum waren die Worte gesprochen, trat Iomaér MacKenzie an ihm vorbei und schloss die Tür. Eòran sprang auf die Beine. Augenblicklich zog der Hauptmann sein Claymore, bereit, seinen Herrn zu verteidigen. Doch Iomaér legte ihm eine Hand auf den Arm. »Pass auf, dass niemand kommt!«

Der Hauptmann nickte und postierte sich neben der Tür.

Iomaér trat zu Eòran. Seine Augen schimmerten hell im Halbdunkel. »Was geht hier vor?«

»Wie geht es Cinhaé?«

»Ihr werdet von mir gar nichts erfahren, ehe *ich* nicht alles weiß!«

Eòran wollte noch einmal nach Cinhaé fragen. Ein Blick in Iomaérs Augen genügte ihm jedoch, um zu wissen, dass der Chief nicht antworten würde. Sichtlich wusste niemand, dass er hier war. »Murdo war bei Euch?« Als Iomaér nickte, schlug eine Welle der Erleichterung über Eòran zusammen. Er konnte sich also auf Murdo verlassen. Eòran versuchte sich seine Worte zurechtzulegen. Er dachte darüber nach, wie viel er Iomaér erzählen sollte. Schließlich entschied er sich dafür, nichts zurückzuhalten. »Es ist wahr«, begann er endlich, »ich habe Eure Töchter entführt. Aber ich habe Gabhan nicht getötet.« Stück für Stück offenbarte Eòran, was während der letzten Wochen geschehen war. Er sprach von Kyles Viehdiebstahl und von Aonghas' Weigerung, ihn freizulassen. Er gab sich keine Mühe, sein Handeln in ein besseres Licht zu rücken, sondern erzählte alles, wie es sich tatsächlich zugetragen hatte. »Aonghas' Gemahlin war meine einzige Hoffnung.« Nach und nach berichtete er von der Entführung, davon, wie er Cinhaé für Aonghas' Frau gehalten, und durch Owen von seiner eigenen Verwandtschaft zu Aonghas erfahren hatte. Als er darüber sprach, was Cinhaé belauscht hatte, verfinsterte sich Iomaérs Miene noch weiter. Dennoch hörte er sich an, was Eòran über die Übergabe und den Schützen, der es auf Cinhaé abgesehen hatte, berichtete. »Ich konnte sie unmöglich zurücklassen, also brachte ich sie wieder in unser Versteck.« Über seine Gefühle für Cinhaé verlor Eòran kein Wort. Er würde es ihr überlassen, mit ihrem Vater darüber zu sprechen. »Gabhan war von seinem Bruder und dem restlichen Suchtrupp getrennt worden, als er uns fand. Nachdem Cinhaé ihm alles erklärt hatte, brach er auf, um Sheona aus Dun Cunnartach fortzuschaffen. Wir wollten uns in Eilean Donan wiedertreffen. Stattdessen fanden wir seine Leiche am Fuße des Carn Eige. Ich bin sicher, dass Aonghas ihn töten und dorthin bringen ließ, um uns eine Falle zu stellen. Seine Krieger lauerten uns zwischen den Felsen auf. Es kam zum Kampf. Cinhaé und ich wurden von meinen Männern getrennt. Kurz darauf stießen wir auf Hauptmann Ian.«

Nachdem Eòran geendet hatte, schüttelte Iomaér den Kopf. »Wen wollt Ihr mit dieser Geschichte täuschen? Meine Tochter bestätigt Euren Bericht, was die Entführung angeht. Doch sie bezichtigt Euch auch des Mordes!«

»Habt Ihr mir nicht zugehört? Aonghas will sie umbringen!«, fuhr Eòran ihn an.

»Warum sollte sie mich anlügen?«

»Was genau hat sie Euch erzählt?«

Zunächst dachte Eòran, der Chief würde nicht antworten. Dann sagte er: »Sie hat sich in ihre Gemächer zurückgezogen, sodass ich bisher kaum Gelegenheit hatte, mit ihr zu sprechen.«

Eòran stutzte. »Findet Ihr das nicht seltsam?«

»Ich weiß überhaupt nicht, warum ich Euch das erzähle«, entgegnete Iomaér kalt.

»Womöglich, weil Euch längst klar ist, dass hier etwas nicht stimmt«, hielt Eòran dagegen. »Seit Tagen kann Cinhaé es kaum erwarten, Euch wiederzusehen! Welchen Grund sollte sie jetzt haben, Euch aus dem Weg zu gehen? Warum hat sie nicht mit Euch zu Abend gegessen oder Euch zumindest aufgesucht, um mit Euch zu sprechen? Warum hat sie nichts von den vergangenen Wochen erzählt – abgesehen davon, dass ich sie entführt und angeblich Gabhan getötet habe?«

Plötzlich wirkte Iomaér nachdenklich. »Und woran soll das liegen?«

»Habt Ihr überhaupt etwas von dem gehört, was ich Euch erzählt habe?«, schnappte Eòran.

»Das habe ich«, entgegnete Iomaér ruhig. »Aber ich will hören, was *Ihr* darüber denkt.«

»Ich denke – nein, ich *weiß* –, dass Cinhaé in großer Gefahr ist! Vermutlich setzt Aonghas sie unter Druck. Wahrscheinlich lässt er sie auch beobachten, um sicherzugehen, dass sie nicht versucht, sich zu Euch zu schleichen und Euch die Wahrheit zu sagen. Ganz gleich, wie er es anstellt, er weiß, dass das nicht lange gutgehen kann.« Eòran atmete tief durch, dann sagte er: »Sobald sich ihm eine Gelegenheit bietet, wird er sie töten!«

»Ich werde mit ihr sprechen.«

»Nein!« Eòran tat einen Schritt auf Iomaér zu. »Damit bringt Ihr sie in Gefahr!«

»Habt Ihr einen Vorschlag?«

Eòran dachte einen Moment nach, dann nickte er. »Schickt Ihr eine Nachricht. Niemand darf etwas bemerken! Wenn Aonghas sie bedroht, soll sie ein Zeichen geben. Dann wisst Ihr, dass ich die Wahrheit sage.«

Iomaér wandte sich an den Hauptmann. »Sorge dafür, dass Cinhaé Schutz bekommt!«

»Auf keinen Fall! Haltet Eure Männer von ihr fern! Aonghas darf keinen Verdacht schöpfen, dass Ihr seine Pläne kennt!«

»Ich werde nicht –«

»Murdo kümmert sich bereits um ihre Sicherheit«, fiel Eòran ihm ins Wort. »Murdo und seine Männer werden auf sie achtgeben! Ich flehe Euch an, setzt ihr Leben nicht aufs Spiel!«

Iomaér betrachtete ihn eingehend. Die Kälte war nicht

vollends aus seinem Blick gewichen, dennoch glaubte Eòran jetzt auch Zweifel darin zu erkennen. Ihm war bewusst, dass Iomaér ihm längst nicht vertraute. Zumindest jedoch war er bereit, der Wahrheit auf den Grund zu gehen, indem er Kontakt zu Cinhaé aufnahm. Iomaérs Augen richteten sich auf den Verband an Eòrans Schulter. »Eine frische Verletzung – was hat es damit auf sich?«

»Der Hinterhalt am Carn Eige. Eure Tochter hat mir vermutlich das Leben gerettet.« Damit war alles gesagt. Jetzt wollte Eòran nur noch eines wissen: »Wie geht es ihr?«

»Wollt Ihr nicht wissen, wie es mit *Euch* weitergeht?«

»Hat ein Heiler nach ihr gesehen? Was fehlt ihr?«

Iomaér schwieg so lange, dass Eòran ihn am liebsten gepackt und geschüttelt hätte. Trotz seiner Unruhe hielt er Iomaérs forschendem Blick stand. »Sie fühlt sich nicht wohl«, erklärte der Chief schließlich. »Ihre Schwester ist bei ihr. Das alles war wohl zu viel für sie.«

Das konnte Eòran sich nur schwer vorstellen. *Was, wenn ihr gar nichts fehlt?* Womöglich hatte sie die Ohnmacht nur vorgetäuscht, um einer weiteren Befragung zu entgehen, in der sie Eòran nur noch mehr hätte belasten müssen. *Sie hat mich des Mordes bezichtigt. Wie viel mehr hätte sie mich noch belasten können?* Aber was konnte ihr fehlen? Während der vergangenen Tage und Wochen hatte ständig eine große Last auf ihren Schultern gelegen, dennoch war sie nicht darunter zusammengebrochen. Er konnte nicht glauben, dass sich das plötzlich geändert haben sollte.

»Warum interessiert Euch das Wohl meiner Tochter so sehr?«, fragte Iomaér schließlich. »Liebt Ihr sie etwa?«

»Ganz gleich, was ich darauf sage, Ihr würdet immer denken, dass ich mir mit meiner Antwort einen Vorteil zu verschaffen versuche.«

*

Die Ohnmacht war in einen unruhigen Schlaf übergegangen, erfüllt von albtraumhaften Bildern, die Cinhaé immer wieder aufschrecken ließen. Ein ums andere Mal tauchte Eòrans entsetztes Gesicht vor ihr auf, nachdem sie ihn des Mordes bezichtigt hatte. Hilflos musste sie mit ansehen, wie ihr Vater ihn fesseln und zum Galgen schleifen ließ, während Aonghas grinsend beobachtete, wie sie ihm die Schlinge um den Hals legten. Als sie ihn hochzogen, fuhr Cinhaé mit einem Schrei hoch. Jemand hielt sie fest. Sie versuchte sich loszureißen.

»Um Gottes willen, Cinhaé, hör auf!«

Cinhaé schlug die Augen auf. Die Welt war in milchiges Grau gehüllt. Sie musste mehrmals blinzeln, bis der Schleier wich und Sheonas besorgte Züge offenbarte. Eòrans letzter, keuchender Atemzug hallte in ihren Ohren, so durchdringend, dass es ihr schwerfiel, Sheonas Worte zu verstehen. Von ihr geführt, sank Cinhaé in die Kissen zurück und schlief sofort wieder ein.

Als sie das nächste Mal erwachte, war die Müdigkeit von ihr abgefallen. Dennoch fühlte sie sich grauenvoll. Fiebrige Hitze strömte aus ihren Poren und ließ sie in Schweiß ausbrechen. »Sheona?«, flüsterte sie heiser. Als sie keine Antwort erhielt, sah sie sich im Gemach um. Sie war allein. Draußen setzte langsam die Dämmerung ein. Dennoch hatte sich niemand die Mühe gemacht, eine Lampe oder zumindest ein Feuer im Kamin zu entzünden. Vorsichtig setzte sie sich auf. Augenblicklich wurde ihr schwummerig. Sie klammerte sich mit den Fingern an die Bettkante und wartete, bis der Schwindel nachließ. Die Schwäche, die sich in ihren Knochen eingenistet hatte, blieb. Sie ließ ihren Blick über das Gemach wandern. Jemand hatte ein Tablett auf den Tisch gestellt. Neben einer Suppenschale und einem Kanten Brot standen ein Krug und ein Becher. Das Essen interessierte sie nicht. Sie verspürte keinen Hunger. Abgesehen davon war ihr übel. Aber vielleicht würde sie sich besser fühlen, wenn sie erst etwas gegessen hatte? Immerhin hatte sie seit zwei Tagen nichts mehr zu sich genommen. Außerdem hatte sie schrecklichen Durst. Sie wollte aufstehen, doch ihre Beine weigerten sich, ihr zu gehorchen. Schließlich griff sie nach dem Bettpfosten und zog sich daran in die Höhe. Sie stand kaum, da begann sich der Raum wild zu drehen. Wankend klammerte sie sich an den Pfosten und wartete, dass der Anfall vorüberging. Ihre Gedanken kreisten um Eòran. Immer wieder fragte sie sich, wie es ihm nach ihrem Zusammenbruch ergangen war. Solange sie sich so schwach und krank fühlte, konnte sie ihm nicht helfen. *Ein weiterer Grund, etwas zu essen.* Zumindest war Ian an der Seite ihres Vaters gewesen. Sichtlich hatte der Hauptmann ihre Warnung ernst genommen.

Allmählich legte sich der Schwindel. Vorsichtig löste sie die Finger vom Bettpfosten und ging mit wackligen Schritten zum Tisch. Sie ließ sich auf dem Stuhl davor nieder, griff nach dem Suppenlöffel und tauchte ihn in die Schale. Fettaugen schwammen auf der erkalteten Brühe. Der Anblick ekelte sie so sehr, dass sie den Löffel sogleich sinken ließ, die Schale von sich schob und stattdessen nach dem Brot griff. Ohne Appetit kaute sie darauf herum. Da fiel ihr Blick auf ein kleines Stück Pergament, das unter der Suppenschüssel hervorragte. Mit gerunzelter Stirn griff sie danach. Die Kanten waren so abgerissen, dass es vollständig unter der Schale verschwand. Erst als sie diese verschoben hatte, war das Pergament zum Vorschein gekommen. Beim Anblick der vertrauten, schnörkellosen Handschrift ihres Vaters begannen ihre Hände so heftig zu zittern, dass sie das Pergament auf den Tisch legen musste, um es im schwindenden Licht lesen zu können.

Wenn Aonghas dich unter Druck setzt, stell heute Nacht eine Kerze in dein Fenster.

Tränen der Erleichterung schossen ihr in die Augen und rannen heiß über ihre Wangen. Zweifelsohne hatte Eòran das bewirkt. Nachdem sie ihn des Mordes bezichtigt hatte, musste ihm sofort klar gewesen sein, dass Aonghas dahintersteckte. Wenn es ihm gelungen war, ihren Vater dazu zu bewegen, ihr eine Nachricht zu schicken, bedeutete das zumindest, dass er noch am Leben war. »Halte durch«, murmelte sie und stand auf. Ihr Blick fiel auf eine Kerze, die auf dem Tisch stand. Es war noch nicht vollends dunkel. Aber sie wollte nicht länger warten. Sie wollte lediglich vorher noch ihren Durst stillen.

Cinhaé griff nach dem Krug. Froh darüber, dass er keinen Wein, sondern Wasser enthielt, schenkte sie den Becher voll. Sie leerte ihn in einem Zug, schenkte nach und trank auch den zweiten Becher. Als sie ihn das dritte Mal füllte, bemerkte sie seltsame Schlieren im Wasser, hell wie Nebel und kaum zu sehen. Sie setzte den Becher ab und blickte ins Innere des Krugs. Pulverreste hatten einen dünnen Bodensatz gebildet.

»Bei Gott!« Sie sprang auf. »Gift!« Es musste Gift sein. Das würde erklären, warum sie sich so grauenvoll fühlte. *So willst du mich also beseitigen.* Sie musste etwas dagegen tun! Aber was? Noch während sie sich fragte, ob es helfen würde, sich zu übergeben, kehrte der Schwindel zurück. Diesmal so stark, dass sie einen taumelnden Schritt zur Seite tat. Sie versuchte sich am Tisch festzuhalten, doch sie verfehlte ihn. Mit einem erstickten Laut brach sie in die Knie. *Das Zeichen! Ich muss das Zeichen setzen, sonst bin ich verloren!* Doch sie war zu schwach, sich noch einmal zu erheben. Ihr wurde schwarz vor Augen.

Als sie wieder zu sich kam, dachte sie zunächst, im Raum sei es finster. Dann jedoch nahm sie im Augenwinkel den leisen Schimmer einer Lampe wahr. Einzig über ihr hing ein tiefer, dunkler Schatten. Es dauerte einen Moment, bis sie darin die Umrisse einer menschlichen Gestalt erkannte, die sich über sie beugte. War das einer von Aonghas' Männern? Sollte er sich überzeugen, ob das Gift seine Wirkung getan hatte und sie, falls nicht, töten? Sie wollte ihn von sich stoßen, doch sie fand kaum die Kraft, einen Arm zu heben. Einen Atemzug später verlor sie erneut die Besinnung. Als sie das nächste Mal flatternd die Augen aufschlug, hatte sich etwas verändert. Anstelle des harten, kalten Steinbodens spürte sie eine weiche Matratze unter sich. Ihr war entsetzlich heiß. Ihre Haut fühlte sich an, als würde sie verbrennen! Eine Stimme am Rande ihres Bewusstseins sagte ihr, dass es das Fieber war, das ihren Körper fest im Griff hatte. Der Schatten war noch immer da. Er saß neben ihr auf der Bettkante und redete auf sie ein. Seine Züge waren verschwommen und glichen mehr einer Fratze denn einem menschlichen Antlitz. Cinhaé verstand seine Worte kaum. Die wenigen Fetzen, die zu ihr vordrangen, wollten keinen Sinn ergeben. Plötzlich packte er sie bei den Schultern und schüttelte sie leicht. Seine Lippen bewegten sich. »Hört ... an ...« Schrie er? Warum tötete er sie nicht endlich? »... fehlt Euch?«

Er sprach noch weiter, doch Cinhaés Verstand klammerte sich an die letzten beiden Worte. War er am Ende gar nicht hier, um sie umzubringen? Sie wollte ihm von dem Gift erzählen, aber aus ihrem Mund stolperten nur hilflose Laute. Der bloße Versuch, zu sprechen, strengte sie über die Maßen an. Sie kämpfte gegen die Bewusstlosigkeit an, versuchte sie fortzublinzeln. Die Furcht, nicht mehr zu erwachen, wenn sie jetzt nachgab, war so überwältigend, dass ihr Tränen in die Augen schossen. Unter größter Mühe gelang es ihr, einen

Arm auszustrecken und mit dem Finger in jene Richtung zu deuten, wo sie den Tisch mit dem Krug vermutete. Sie wollte sich vergewissern, dass der Schattenmann ihr Zeichen sah, doch die Schwärze ließ sich nicht länger fernhalten. Dunkelheit senkte sich über sie. Dann war da nichts mehr.

31

In dieser Nacht fand Eòran keinen Schlaf. Die Stunden, nachdem Iomaér gegangen war, wurden für ihn zur Qual. Nicht sehen zu können, wann die Nacht vom ersten zaghaften Schimmer Tageslicht durchdrungen wurde, trieb ihn beinahe in den Wahnsinn. Ruhelos wanderte er in seinem Gefängnis umher. Er zweifelte nicht daran, dass Cinhaé das Zeichen setzen würde. Aber warum dauerte es so lange? Der Chief musste doch inzwischen längst wissen, dass seine Tochter unter Druck gesetzt wurde. Warum war er noch nicht hier, um ihn freizulassen? *Vermutlich trifft er zunächst Vorkehrungen, um gegen Aonghas gewappnet zu sein.* Der Gedanke hätte ihn beruhigen sollen, stattdessen jedoch meldete sich eine andere Stimme in ihm zu Wort. *Was, wenn es Iomaér nicht gelingt, ihr unbemerkt eine Nachricht zukommen zu lassen?* Nein! Iomaér MacKenzie war ein kluger Mann. Er würde einen Weg finden!

Als endlich die Zellentür geöffnet wurde, atmete Eòran auf. Seine Erleichterung verflog schlagartig, als er sah, dass Iomaér nicht von Hauptmann Ian begleitet wurde. Stattdessen war eine von Aonghas' Kerkerwachen bei ihm. Dies war zweifelsohne ein offizieller Besuch.

»Ihr seid ein Lügner!«, schnappte Iomaér, kaum dass er die Zelle betreten hatte.

»Was soll das heißen?«, fragte er, obwohl er längst wusste, was Iomaér zu diesem Urteil bewogen hatte.

Tatsächlich sagte der Chief: »Es gibt kein Zeichen! Ihr habt mich von Anfang an belogen!«

»Nein!« Eòran schüttelte nachdrücklich den Kopf. Dass Cinhaé nicht auf Iomaérs Nachricht reagiert hatte, erfüllte ihn mit tiefer Sorge. War ihr bereits etwas zugestoßen? »Habt Ihr nach ihr gesehen? Wie geht es ihr? Ist sie zu krank, um –«

»Hört auf!«, herrschte Iomaér. »Ihr könnt mich nicht länger mit Euren Lügengespinsten täuschen!« Er machte abrupt kehrt und ging zur Tür.

»Wartet!«, rief Eòran ihm hinterher. Tatsächlich hielt der Chief inne. »Etwas – oder jemand – muss verhindert haben, dass sie das Zeichen setzt! Ich flehe Euch an, versucht es noch einmal! Um Cinhaés willen!«

Iomaér wandte sich sehr langsam zu ihm um. In seinen Augen lag eine Kälte, die Eòran erschauern ließ. »Wenn wir uns das nächste Mal sehen, wird Euch der Henker einen Strick um den Hals legen!« Ehe Eòran noch etwas erwidern konnte, verließ er den Kerker. Die Tür fiel mit einem Laut der Endgültigkeit hinter ihm ins Schloss.

Eòran drosch mit der Faust gegen die Wand, ehe er sich davor zu Boden sinken ließ. Er war sicher gewesen, dass Cinhaé das Zeichen setzen würde! Hatte womöglich jemand Iomaérs Nachricht abgefangen?

Iomaér war noch nicht lange fort, als die Tür erneut geöffnet wurde, dieses Mal leiser. Im schwachen Licht machte Eòran Murdos Gestalt auf der Schwelle aus. Der Krieger vergewisserte sich mit einem raschen Blick, dass ihm niemand gefolgt war, bevor er eintrat und die Tür hinter sich schloss.

Eòran sprang auf. »Wisst Ihr etwas von Cinhaé?«

Murdo fuhr sich mit der Hand durchs Haar. Eine erschöpfte Geste, die den Krieger erstaunlich hilflos wirken ließ. Mit matter Stimme sagte er: »Sie wurde vergiftet.«

»Was!?« Eine stählerne Faust schloss sich um Eòrans Herz. »Ist sie ...«

Murdo schüttelte den Kopf. »Sie ist am Leben, aber es geht ihr nicht gut.«

»Warum hat Iomaér davon nichts gesagt?« Ihm war nichts anzumerken gewesen. Wie konnte ein liebender Vater derart kalt sein!

»Er weiß es nicht«, gab Murdo zurück. »Ich fand sie, als ich nach dem Rechten sehen wollte. Sie war zusammengebrochen, doch sie konnte mir noch den Krug mit den Giftspuren zeigen. Ich wusste nicht, was ich tun sollte, deshalb habe ich sofort den Heiler geholt. Der Mann ist mir noch einen Gefallen schuldig. Er wird Stillschweigen bewahren. Wir haben die ganze Nacht um ihr Leben gekämpft, sodass mir keine Zeit blieb, mit Iomaér zu sprechen.«

Eòran fühlte sich, als hätte Murdo ihn geschlagen. *Ist das das Ende?* In Cinhaé hatte er endlich den Menschen gefunden, der ihn vervollständigte. Der Gedanke, sie zu verlieren, war unerträglich. »Ich muss hier raus!«

Murdo nickte. »Deswegen bin ich hier. Alle Vorbereitungen sind getroffen. Cinhaé habe ich zu ihrer eigenen Sicherheit in ein anderes Gemach gebracht. Was auch immer Ihr jetzt vorhabt, meine Männer und ich sind bereit. Wir sollten nur rasch handeln! Iomaér und Aonghas beraten bereits darüber, wann Ihr gehängt werden sollt.«

Murdos Ergebenheit berührte Eòran. »Warum unterstützt Ihr mich? Ihr wisst nichts über mich.«

»Owen hielt große Stücke auf Euch«, erklärte der Krieger ernst. »Ich vertraue seinem Urteil. Wie ich Euch bisher erlebt habe, bestätigt mich darin.« Murdo zog sein Claymore und hielt es Eòran entgegen. »Das werdet Ihr vielleicht brauchen.«

Eòran nahm das Schwert. Sein Gewicht zu spüren, dämpfte das Gefühl der Hilflosigkeit ein wenig, das ihn seit seiner Ankunft in Dun Cunnartach begleitete. »Sorgt dafür, dass Cinhaé und Sheona beschützt werden, und haltet Aonghas' und Iomaérs Krieger von der Großen Halle fern! Wenn es sein muss, riegelt mit Euren Männern die Zugänge ab!«

»Neben Iomaér sind auch noch Iomaérs Sohn, zwei seiner Krieger und Cormac bei Aonghas«, erklärte Murdo. »Ich werde Euch mit ein paar Männern begleiten.«

»Nein, keine weiteren Krieger.«

»Aber wie wollt Ihr die anderen davon abhalten, Euch anzugreifen?«

»Indem ich beweise, was Aonghas getan hat!« Der Zweifel stand Murdo deutlich ins Gesicht geschrieben, dennoch nickte er. Als der Krieger zur Tür wollte, hielt Eòran ihn noch einmal zurück. »Wenn das böse endet, würde ich mir wünschen, dass Ihr meinen Bruder ebenso unterstützt, wie Ihr es bei mir getan habt.«

»Ihr habt mein Wort«, stimmte Murdo zu. »Allerdings würde ich es vorziehen, wenn Ihr die Sache heil übersteht.«

Eòrans Blick wanderte über den Gang. Wie verlangt, hatten Murdos Männer die Zugänge zur Großen Halle versperrt. Keine Menschenseele war zu sehen. Seine Augen richteten sich auf Murdo. »Ihr wartet hier«, wies er den Krieger an. »Wenn Iomaér herauskommt, bringt ihn zu Cinhaé.« Als Murdo nickte, fragte er: »Wo kann ich sie finden, wenn das vorüber ist?«

»Geht zum Torhaus. Dort wird Euch einer meiner Männer erwarten.«

»Ich danke Euch.«

Murdo quittiere seine Worte mit einem Grinsen. »Übrigens werden die Menschen nicht gänzlich unvorbereitet auf

Euch stoßen. Meine Männer streuen seit gestern das Gerücht, dass Williams Erben am Leben sind.«

Eòran wandte sich dem Portal zu. Die Finger fest um den Schwertgriff gelegt, stieß er einen der beiden Türflügel auf. Aonghas, Iomaér, Blane und Cormac saßen an der langen Tafel zusammen und berieten sich. Hauptmann Ian und ein weiterer Krieger standen hinter ihrem Chief an der Wand. Als Eòran die Halle betrat, verstummte das Gespräch. Aonghas, der gerade im Begriff gewesen war, etwas zu trinken, hielt mitten in der Bewegung inne. Blane, Ian und der andere Krieger zogen ihre Schwerter.

»Wachen!«, brüllte Aonghas.

Eòran trat ins Zentrum der Halle. Im Herzen der hufeisenförmigen Tafel blieb er stehen: »Niemand wird Eurem Ruf folgen, Aonghas!«

Aus den Augenwinkeln sah er, wie sich Blane, Ian und der Krieger in seine Richtung bewegten. Zwei zu seiner Linken, einer rechts, schoben sie sich langsam an der Wand entlang um den Tisch herum. Jetzt musste er schnell sein. Das Letzte, was Eòran wollte, war ein Kampf gegen Iomaérs Männer. Sein Blick heftete sich erneut auf Aonghas. »Genießt Ihr Euer Getränk, MacRae?«, fragte er freundlich. »Das hoffe ich sehr, denn womöglich ist es das Letzte, was Ihr zu Euch nehmt.«

Mit dem Becher in der Hand lehnte sich Aonghas zurück. Ein überlegenes Lächeln umspielte seine Lippen. »In diesem Raum sind drei hervorragende Schwertkämpfer. Denkt Ihr wirklich, Ihr könntet an ihnen vorbeigelangen?«

»Das habe ich nicht vor.« Deutlich war Eòran sich der Bewaffneten bewusst, die sich unaufhörlich näherten. Nur der wuchtige Tisch trennte sie jetzt noch von ihm. Dennoch richtete er seine Aufmerksamkeit weiterhin auf Aonghas. »Ich wollte Euch lediglich darauf aufmerksam machen, dass sich in Eurem Becher dasselbe befindet, was Cinhaé gestern bekam.«

»Was soll der Unsinn!«, mischte sich Iomaér ein.

»Wenn Aonghas es ebenfalls für Unsinn hält, kann er ohne Bedenken trinken.«

Aonghas' Blick bohrte sich in Eòran. *Ihr versucht nur, mich zu täuschen*, schienen seine Augen zu sagen.

Eòran lächelte kalt. »Trinkt und lasst es Euch munden!« Aonghas hob den Becher. *Er fällt nicht darauf herein!* Eòran schluckte einen Fluch hinunter. Wenn Aonghas trank, konnte Eòran ihm nichts beweisen. Nur wenn er sich weigerte, war es ein Schuldeingeständnis. »Aber ich hoffe, Ihr seid Euch Eurer Sache sicher.«

Iomaér schlug auf den Tisch. »Genug! Legt sofort das Schwert weg, MacDougal! Denkt Ihr allen Ernstes, dieser Auftritt könne Euch vor dem Strang bewahren?«

»Wir werden sehen«, erwiderte Eòran, ohne den Blick von Aonghas zu nehmen. »Trinkt!«, forderte er ihn erneut auf. Seine Handflächen wurden feucht, als er sah, wie MacRae den Becher an die Lippen setzte. Neben MacRae sog Cormac scharf die Luft ein. Blane und die anderen hatten Eòran beinahe erreicht, als er zu einem letzten Versuch ansetzte. »Ich fand das Pulver übrigens in Euren Räumlichkeiten.« Obwohl es ihm schwerfiel, fuhr er in freundlichem Plauderton fort: »Da ich mir nicht sicher war, was die Dosierung anging, nahm ich vorsichtshalber alles. Ich hoffe, es hat sich gut aufgelöst.«

Schlagartig wich die Selbstsicherheit aus Aonghas' Zügen. Hastig wandte er sich dem Becher zu, als suche er nach verdächtigen Pulverspuren.

»Aonghas, was hat das zu bedeuten?«, verlangte Iomaér zu wissen.

»Er versucht uns zu entzweien!« Seine Miene mochte sich verändert haben, doch seine Stimme hatte nichts an Festigkeit eingebüßt.

Als Eòran Iomaérs forschenden Blick auf sich spürte, sah er ihn an. Der Chief signalisierte seinem Sohn und den beiden Kriegern mit einer knappen Handbewegung, stehen zu bleiben. »Beenden wir diese Farce«, rief er zu Eòrans Entsetzen. Dann sagte er: »Trink, dann wird auch MacDougal begreifen, dass er sich verrannt hat!«

Er zweifelt an Aonghas!

MacRae keuchte. »Du spielst sein lächerliches Spiel mit?«

»Trink!« Iomaérs Ton duldete keinen Widerspruch. Feine Schweißperlen bildeten sich auf Aonghas' Stirn, hell schimmernd im Tageslicht. Seine Finger schlossen sich so fest um den Becher, dass seine Knöchel weiß hervortraten. Aonghas setzte den Becher an die Lippen. Eòran fürchtete schon, er würde trinken, da schleuderte Aonghas ihm den Becher entgegen. Wein spritzte und verteilte sich über den Steinboden, dunkel wie Blut. Aonghas sprang auf die Beine und griff nach einer der beiden Prunkwaffen, die hinter ihm an der Wand hingen.

»Iomaér, Vorsicht!«

Der Chief reagierte, noch ehe Eòrans Warnung ausgesprochen war. Als Aonghas das Schwert von der Wand riss, hatte er bereits mehrere Schritte Abstand zwischen sich und seinen Schwiegersohn gebracht. Mit wenigen Schritten war Hauptmann Ian an der Seite seines Chiefs. Der zweite Krieger näherte sich von der anderen Seite. Cormac zog sich in eine Ecke neben dem Fenster zurück. Aonghas stand hinter seinem Stuhl, den Rücken zur Wand, und machte keine Anstalten, anzugreifen. Er hielt das Schwert vor sich in die Höhe, bereit, sich zu verteidigen. Sein Blick wanderte unaufhörlich hin und her.

»Was hast du meiner Tochter angetan?«, fuhr Iomaér ihn an.

»Gar nichts!«, schnappte Aonghas. »Das ist ein Komplott! Begreifst du es nicht? MacDougal hat das eingefädelt, um sein Leben zu retten!«

»Ach ja?« Iomaér zog eine Augenbraue in die Höhe. »Dann kannst du mir sicher erklären, warum du nicht getrunken hast!«

»Ich lasse mir nicht von diesem dahergelaufenen –«

»Neffen?«, half Iomaér aus und schüttelte den Kopf. »Hör auf, dich herauszureden! Ich weiß alles! Und jetzt glaube ich es auch!« Dann brüllte er erneut: »Was hast du meiner Tochter angetan?«

»Er hat versucht, sie zu vergiften«, antwortete Eòran an MacRaes Stelle. »Langsam und schleichend, damit es wie eine Krankheit aussieht! Sie wäre heute Nacht beinahe gestorben!«

»Was?« Iomaér sah ihn fassungslos an. »Woher wisst Ihr das alles?«

»Murdo fand sie. Er wartet draußen, um Euch zu ihr zu bringen.«

»Ian, schaff Aonghas in den Kerker«, befahl Iomaér. Dann machte er kehrt und eilte, gefolgt von Blane, zur Tür. Es drängte Eòran danach, ihm zu folgen. Er wollte Cinhaé sehen. Trotzdem blieb er zurück. Iomaér sollte Gelegenheit haben, zunächst allein mit seiner Tochter zu sprechen. Der Chief und sein Sohn waren gerade zur Tür hinaus, als Aonghas vorsprang. Er schlug den Hauptmann mit dem Schwertgriff nieder, dann war er an ihm vorbei auf dem Weg zum Ausgang. Unerreichbar für den zweiten MacKenzie-Krieger.

Eòran setzte über den Tisch hinweg und trat nach Aonghas. Er hatte auf seine Waffenhand gezielt, doch MacRae wich ihm mit einem raschen Schritt aus, hob das Schwert und schlug zu. Eòran ließ sich vom Tisch fallen und rollte sich unter dem Angriff hindurch, Aonghas entgegen. Dabei gab er sein Claymore frei, packte Aonghas bei den Beinen und riss ihn mit einem heftigen Ruck zu Boden. Sofort war Eòran über ihm. Er entwand ihm das Schwert und schleuderte die Waffe von sich. Scheppernd glitt die Stahlklinge über den Boden, ehe sie zum Liegen kam. Eòran wälzte Aonghas auf den Bauch und drehte ihm die Arme auf den Rücken. Dann stand er auf und zog ihn auf die Beine. »Ich weiß von Owen, was Ihr an meinem Vater verachtet habt. Vielleicht wart Ihr wirklich einmal ein Mann voller Ideale, entschlossen, es besser zu machen. Statt jedoch Eure Gelegenheit zu nutzen, seid Ihr geworden wie er. Ihr vereint alles in Euch, was Ihr an meinem Vater so sehr verachtet habt. Gibt Euch das nicht zu denken?«

»Fahr zur Hölle!«, fauchte Aonghas.

»Dort war ich schon.«

Epilog

Als er den Kerker verlassen hatte, war Eòran fest entschlossen gewesen, Aonghas MacRae zu töten. Jetzt jedoch wollte er das nicht mehr. Für einen Mann wie Aonghas war es eine größere Strafe, zu leben und Tag für Tag mit dem Wissen konfrontiert zu sein, was aus ihm geworden war. Ian, der sich inzwischen wieder aufgerappelt hatte, packte Aonghas und wandte sich an Eòran. »Danke.«

Eòran nickte, hob sein Schwert auf und verließ die Halle. Jetzt wollte er nur noch eines: zu Cinhaé! Er war noch nicht einmal bis zur Treppe gekommen, als er hinter sich Schritte vernahm. Sein erster Impuls war, einfach weiterzugehen. Er wollte sich von nichts und niemandem mehr aufhalten lassen. Dann jedoch drängte sich das Bild von Cormac in seinen Verstand. Der gebeugte Mann hatte die ganze Zeit über schweigend in der Ecke gestanden. Was, wenn er einen Dolch bei sich hatte? Als die Schritte noch näher kamen, fuhr Eòran herum. Das Schwert erhoben, blickte er seinem Verfolger entgegen. Es war tatsächlich Cormac. Doch er hielt keine Waffe in Händen. Eòran ließ das Schwert sinken. Owen hatte ihm berichtet, dass Cormac der engste Vertraute und Berater des Chiefs war. *Aber heißt das auch, dass er mit Aonghas' Vorgehen einverstanden war?* Wie viele Menschen waren gezwungen, einem Herrn zu dienen, dessen Meinung sie nicht vertraten? Was, wenn Cormac nur einer von ihnen war? Ein Opfer, ebenso wie Owen. Nur dass er im Vergleich zu Owen nicht die Stärke besaß, sich von seinem Herrn loszusagen. Eòran drehte sich um und wollte weiter.

»Herr, wartet!«, rief Cormac hinter ihm und schloss mit überraschend flinken Schritten zu ihm auf. »Ich kann Euch helfen!«

»Dazu ist es ein wenig zu spät, findet Ihr nicht auch?«, entgegnete Eòran beißend. »Cinhaé ist bereits gerettet, Euer Herr bekommt, was er verdient, und ich bin nicht länger im Kerker. Wobei also solltet Ihr mir noch helfen können?«

»Ihr seid jetzt der Chief!«

Eòran hielt mitten im Schritt inne. Seit sie in Dun Cunnartach angekommen waren, hatte er nur daran gedacht, Cinhaé zu helfen. Daran, dass hier seine Wurzeln lagen, hatte er keinen Gedanken verschwendet. »Chief«, wiederholte er. Dann schüttelte er den Kopf. Darüber würde er nachdenken, wenn er Cinhaé gesehen und Zeit gehabt hatte, mit ihr zu sprechen. Seine Zukunft ging auch sie etwas an. Er betrat das Treppenhaus und folgte der engen Wendeltreppe nach unten.

Cormac blieb dicht hinter ihm. »Die Menschen hier vertrauen mir!«

Eòran hatte den Treppenabsatz erreicht und trat in die Eingangshalle. Zu seinem Erstaunen war sie ebenso menschenleer wie der Gang vor der Großen Halle. Murdo war sichtlich kein Risiko eingegangen und hatte kurzerhand das gesamte Haupthaus abgeriegelt.

»Ihr braucht mich!«

»Das ist es also.« Eòran drehte sich noch einmal zu Cormac herum. »Ihr fürchtet um Euer eigenes Schicksal! Seid unbesorgt. Ihr seid lediglich Aonghas' Handlanger gewesen. Euch wird nichts geschehen.«

»Mit mir an Eurer Seite könnt Ihr Euer Erbe einfordern! Ich kann diese Menschen davon überzeugen, dass Ihr tatsächlich der rechtmäßige Chief seid!«

Plötzlich begriff Eòran, dass es Cormac nicht darum ging, sein eigenes Leben zu retten. *Er will sich seine Macht erhalten!* »Um mir Euer Wohlwollen zu sichern, erwartet Ihr doch bestimmt eine Gegenleistung.«

»Das wäre angemessen. Selbstverständlich wäre ich auch Eure Rechte Hand und stünde Euch bei der Führung des Clans zur Seite.«

Zum ersten Mal fiel Eòran die wache Intelligenz in Cormacs Augen auf. Dieser Mann war gefährlich. Nicht mit der Waffe, sondern mit seinem Verstand! »Warum sagt Ihr es nicht, wie es ist: Ihr meint, ich soll den Clan nach *Euren* Weisungen führen! Das wird nicht geschehen!« Er legte die Hand auf den Riegel, stieß die Tür auf und trat hinaus. Auf dem Treppenabsatz hielt er überrascht inne. Der Hof war voller Menschen. Krieger, Handwerker, Bauern und Mägde, ja sogar Kinder. Sie alle standen in größeren und kleineren Gruppen zusammen und unterhielten sich lautstark. Um den Hof herum und vor jedem Zugang zum Haus standen bewaffnete Krieger und hielten die Menschen auf Abstand. Neben der Tür, auf dem Treppenabsatz, erwartete ihn Murdo. Eòran gab dem Krieger sein Claymore zurück.

»Ist das der Mörder von MacKenzies Sohn?«, rief eine Frau über die Menge hinweg, als sie Eòran entdeckte. Unzählige Augenpaare richteten sich auf Eòran. Ein Raunen ging durch die Menge.

»Er soll Williams Erbe sein!«, antwortete ein anderer von weiter hinten.

Eine weitere Stimme erhob sich: »Unsinn! Er ist ein Verbrecher!« Andere fielen ein.

Cormac trat neben Eòran auf die Stufen. »Denkt besser noch einmal über mein Angebot nach«, raunte er. »Seht nur, wie aufgebracht sie sind. Was denkt Ihr, was sie mit Euch machen werden, wenn sie erst erfahren, dass Ihr Aonghas ermordet habt? Ein Wort von mir und sie knüpfen Euch am nächsten Baum auf.«

»Ich habe Aonghas nicht einmal verletzt!«

»*Wir beide* wissen das«, gab Cormac süffisant zurück. »Bedauerlich nur, wenn diese armen Leute es zu spät erführen. Ihr solltet wahrlich auf mein großzügiges Angebot eingehen.«

Eòran wollte sich nicht länger von Cinhaé fernhalten lassen. Er brauchte lediglich den Hof bis zum Torhaus überqueren, wo ihn einer von Murdos Männern in Empfang nehmen würde. Beim Anblick der Menschenmenge stieg ein ungutes Gefühl in ihm auf. Wenn Cormac begann, die Leute aufzuhetzen, während er sich in ihrer Mitte befand, konnte es gefährlich werden. Noch immer waren die Augen der meisten auf ihn gerichtet. Zugleich sprachen sie aufgeregt miteinander. Zweifelsohne machten längst die wildesten Gerüchte die Runde. Hatten diese Menschen nicht ein Anrecht darauf, zu erfahren, was vor sich ging?

Ein kaltes Lächeln umspielte Cormacs Mundwinkel, während er zufrieden auf den Hof hinabblickte. *Du wirst mir nicht in den Rücken fallen!* Eòran trat an den Rand des Treppenabsatzes und hob die Arme in die Höhe. »Hört mich an!«, rief er über das Raunen und Murmeln hinweg. Nur langsam erstarben die Geräusche. »Ja, es ist wahr«, begann er, »ich bin James MacRae, Chief Williams Sohn! Ich wuchs unter dem Namen Eòran MacDougal auf und erfuhr selbst erst vor Kurzem, wer meine Eltern waren und was damals geschehen ist. Mein Bruder und ich sollten tot sein, doch der Mann, den Aonghas beauftragt hatte, uns zu töten, hat unser Leben verschont. Er war ein tapferer, mutiger Mensch. Jetzt jedoch hängt sein Kopf über dem Burgtor!« Auf dem Hof war endgültig Ruhe eingekehrt. Gebannt hingen die Menschen an Eòrans Lippen. »Ich bin nicht hier, um über die Vergangenheit zu richten. Alles, was ich wollte, war, das Leben meines Bruders zu retten. Dabei stieß ich auf –«

»Dieser Mann«, fiel Cormac ihm ins Wort und zeigte auf Eòran, »hat unseren Chief getötet!«

Murdo tat einen drohenden Schritt auf Cormac zu. Eòran

hielt ihn zurück und rief an die Menge gewandt: »Das ist eine Lüge!«

Schlagartig schlug die Stimmung um. »Mörder!«, rief einer. »In den Kerker mit ihm!« Andere stimmten ein.

»Er will die Macht an sich reißen!«, hetzte Cormac weiter.

Eòran erhob die Stimme. »Euer Chief ist am Leben! MacKenzies Männer bringen ihn jetzt in den Kerker! Ich bin hier, um mein Erbe anzutreten. Wenn ihr mich nicht wollt, werde ich gehen. Die Wahl liegt bei euch!« *Würden sie Cormac zu ihrem Chief ernennen, wenn ich gehe?* Eòran bezweifelte, dass sich unter diesen Umständen viel ändern würde. *Wollen diese Menschen überhaupt eine Veränderung?* Sie hielten Aonghas nach wie vor für einen untadeligen Chief, der sein gesamtes Streben auf das Wohl des Clans gerichtet hatte. Mit welchen Mitteln er das getan hatte, ahnten sie nicht einmal. »Wollt ihr die Wahrheit über euren Chief wissen?«, rief er über den Hof hinweg. »Der Tod meiner Mutter war ein Unfall. Mein Vater kam durch Aonghas' Hand zu Tode. Ich war zu jung und weiß zu wenig darüber, was damals geschehen ist, um mir ein Urteil zu erlauben. Zweifelsfrei aber kann ich jene Dinge beurteilen, die ich während der letzten Wochen erlebte.« Zu seinem Erstaunen war wieder Ruhe auf dem Hof eingekehrt. Jeder schien hören zu wollen, was er zu sagen hatte. »Cinhaé MacKenzie hörte ein Gespräch, in dem Aonghas seine Pläne offenbarte, Iomaér und seine Söhne zu töten, um selbst das Erbe der MacKenzies anzutreten. Er fand heraus, dass –«

»Hört nicht auf ihn!«, brüllte Cormac über den Hof. »Dieser Mann ist ein Entführer!«

Murdo trat einen weiteren Schritt auf ihn zu, packte ihn beim Plaid und zerrte ihn zurück. »Du hältst jetzt besser den Mund!«

Nach Cormacs Zwischenruf war wieder ein wenig Unruhe

eingekehrt, sodass Eòran erneut die Stimme erheben musste. »Er fand heraus, dass Cinhaé von seinen Plänen wusste, und gab den Befehl, sie zu töten!«

»Das hätte der Chief niemals getan!«, hallte es ihm vom Hof entgegen. »Lügner!«

Murdo, der noch immer neben Cormac stand, rief: »Eòran sagt die Wahrheit! Das kann ich bezeugen!«

»Ausgerechnet einer, der unter dem Verräter Owen gedient hat?«, spottete jemand. »Zweifelsohne bist du ebenso ein Verräter wie dein Hauptmann!«

Ein weißhaariger Mann drängte sich durch die Menge nach vorne zum Fuß der Treppe. Sein Gesicht war von tiefen Falten geprägt, doch seine Gestalt erschien stolz und trotz seines Alters noch immer Ehrfurcht gebietend. »Mein Name ist Bordan. Unter Eurem Großvater war ich ein Mitglied des Clansrates.«

Eòran hatte noch nie von einem Rat gehört. Er warf Murdo einen fragenden Blick zu. »Die Tradition des Rates war es, gemeinsam über die Geschicke des Clans zu beraten, ehe der Chief seine Entscheidungen fällte«, erklärte Murdo rasch. »Unter Eurem Vater wurde dieser Rat abgeschafft.«

Bordan, der Murdos Erklärung mit angehört hatte, nickte. »Habt Ihr einen Fürsprecher, der dafür bürgt, dass Ihr die Wahrheit sagt?«

Eòran schüttelte den Kopf. »Ich kann Euch nicht mehr als mein Wort geben.«

»Das genügt uns nicht!«, erklang eine Stimme aus der Menge.

Ein anderer rief: »Wir wollen Chief Aonghas sehen!« Erneut erhoben sich unzählige Rufe und Forderungen. Die meisten verlangten nach Aonghas. Andere ergingen sich in Verwünschungen und Flüchen, während wieder andere nicht müde wurden, Eòran einen Lügner und Mörder zu schimpfen.

Eòran setzte gerade zu einer Erwiderung an, als eine Stimme über den Hof donnerte: »*Ich* werde für ihn sprechen!«

Eòran hielt inne, als er Iomaér vor dem Torhaus erblickte. Ein Raunen ging durch die Menge, als sie den Chief erkannten. Dann senkte sich Stille über den Hof. Die Menschenschar teilte sich, um ihn und Blane passieren zu lassen. Die beiden MacKenzies überquerten den Hof, erklommen die Stufen und traten neben Eòran. Iomaér nickte ihm kurz zu.

»Cinhaé?«, fragte Eòran leise.

»Schläft«, erwiderte Iomaér knapp. Dass ausgerechnet der Mann, dessen Töchter er entführt hatte, für ihn sprechen wollte, erstaunte Eòran. Dennoch wandte sich der Chief an die Menge. »Was den Tod von Chief William und das Verschwinden seiner Söhne angeht, kann ich mich – wie Eòran auch – nur auf das verlassen, was andere mir zutragen. Mit Sicherheit jedoch weiß ich, dass Aonghas letzte Nacht versucht hat, meine Tochter zu vergiften! Auch dass er meine Söhne und mich töten wollte, steht zweifelsfrei fest!«

»Wie könnt Ihr diesen Verbrecher in Schutz nehmen?«, rief eine junge Frau. »Hat er nicht Eure Töchter entführt?«

»Das hat er. Dennoch mache ich ihm keinen Vorwurf. Ich habe einen Sohn durch Aonghas verloren. Dieser Mann«, sagte er und deutete auf Eòran, der sein Erstaunen kaum verhehlen konnte, »hat verhindert, dass noch größeres Leid über meine Familie kommen konnte. Er allein hat meine Tochter vor dem Tod durch Aonghas' Hand bewahrt. Eòran ist ein Mann von Ehre, dem nichts weiter vorzuwerfen ist, als dass er seinen Bruder retten wollte. Ich kann euch nicht sagen, ob er tatsächlich Williams Sohn ist, aber ich kann euch versichern, dass er weder meinen Sohn noch euren Chief getötet hat. Eurer Chief ist auf dem Weg in den Kerker. Er muss sich nun für sein schändliches Tun verantworten!«

*

Ihr vereint alles in Euch, was Ihr an meinem Vater so sehr verachtet habt. Eòrans Worte hatten sich wie ein Parasit in Aonghas' Verstand eingenistet. Wieder und wieder hallten sie durch seinen Kopf, während Hauptmann Ian ihn beim Arm packte und aus der Großen Halle führte. Mit einer Kopfbewegung bedeutete der Hauptmann seinem Kameraden, voranzugehen, ehe er Aonghas in Richtung der Treppe schob. Dumpf brütend starrte Aonghas auf den Rücken des Kriegers vor ihm. Wie konnte der Welpe behaupten, er sei wie William! Sein Bruder hatte immer nur seine eigenen Belange verfolgt, ohne je etwas für den Clan zu tun. Aonghas hingegen hatte sein ganzes Streben stets danach ausgerichtet, was für den Clan das Beste war! *Diese Ignoranten sind nur zu blind, das zu sehen! Jetzt ist alles verloren.* Iomaér wusste, dass er versucht hatte, Cinhaé zu töten. Damit waren seine Pläne gescheitert.

Am Treppenhaus angekommen, blieb der Krieger stehen, um Aonghas und den Hauptmann passieren zu lassen. Hauptmann Ian hielt sich dicht hinter Aonghas, ohne dabei seinen Griff zu lösen. Zum ersten Mal, seit sie die Große Halle verlassen hatten, nahm er wieder etwas von seiner Umgebung wahr. Sein Blick folgte den gewundenen Stufen, die immer wieder halb in den Schatten versanken, nach unten. Zorn schwelte in ihm, weitete sich mit jedem Schritt mehr aus, bis er schließlich zu einem Flächenbrand wurde. Glaubte Eòran MacDougal etwa, er sei besser als William oder er? *So leicht kommst du mir nicht davon!* Für ihn mochte es nichts mehr zu retten geben. Eines jedoch konnte er noch tun: Er würde verhindern, dass Eòran bekam, was ihm – Aonghas – gehörte!

Aonghas fasste einen letzten Plan. Er tastete mit dem Fuß nach der nächsten Stufe und gab vor, mit der Ferse abzurutschen. Der Griff des Hauptmanns löste sich mit einem Ruck von seinem Arm, als Aonghas hart auf dem Steißbein landete. Sofort beugte sich der Hauptmann über ihn und griff nach ihm, um ihn hochzuziehen. Blitzartig packte Aonghas ihn beim Plaid und riss ihn über sich hinweg. Kopfüber stürzte Hauptmann Ian die Treppe hinab. Noch während er fiel, fuhr Aonghas herum, griff nach den Beinen des anderen MacKenzie-Kriegers und zog sie ihm unter dem Körper weg. Ein dumpfer Laut erklang, als der Krieger mit dem Hinterkopf auf den Stein prallte. Aonghas war sofort auf den Beinen. Unter dem Kopf des Kriegers breitete sich eine Blutlache aus, ein feuchter Schatten auf grauem Stein. Aonghas packte das Claymore des Mannes und stürmte die Treppen hinab. Im Vorüberlaufen warf er einen flüchtigen Blick auf den Hauptmann, der mit verrenktem Genick vor einer Wand lag. Im Laufschritt überwand Aonghas die Stufen und trat in die menschenleere Eingangshalle. Er glaubte das Echo von Stimmen zu vernehmen, die vom Hof an sein Ohr drangen. Entschlossen trat er auf die Tür zu. Das Schwert in der Rechten öffnete er mit der Linken langsam einen der beiden Türflügel. Vor ihm auf dem Podest standen mehrere Männer. Sie alle wandten ihm den Rücken zu. Einer von ihnen war Iomaér. Wie leicht wäre es, ihm jetzt die Klinge zwischen die Rippen zu stoßen! Doch was würde das jetzt noch bringen? Sein Tod wäre sinnlos. Aonghas' Augen richteten sich auf Eòran. *Du hast mir alles genommen! Dafür wirst du bezahlen!*

Iomaér sprach noch weiter, doch Eòrans Aufmerksamkeit wurde von einem gebrechlich wirkenden Mann abgelenkt, der jetzt ganz nah an die Stufen herantrat und ihn eindringlich musterte, bis er plötzlich rief: »Er sieht genau aus wie William! Dabei hat er die Augen seiner Mutter!« Sein Ausruf ließ selbst Iomaér verstummen. »Seht ihn euch nur an!«, rief der Alte lachend. »Er ist ein wahrer MacRae!« Auf einmal zuckte sein Blick an Eòran vorbei. Schlagartig wurde das Entzücken in seinen Zügen von Entsetzen verdrängt.

»Eòran!« Murdos Alarmschrei durchschnitt die Stille.

Eòran fuhr herum. Aonghas stürzte ihm entgegen, ein blitzendes Claymore in der Hand. Die Klinge raste auf Eòran zu. Er versuchte auszuweichen, doch Aonghas war bereits zu nah. In dem Bestreben, den Angriff abzuwehren, riss Eòran den Arm hoch. Noch in der Bewegung war ihm klar, dass ihn die Klinge treffen würde. Plötzlich flog Aonghas zur Seite. Murdo hatte sich dazwischengeworfen und ihn mit sich zu Boden gerissen. Augenblicklich sprang Eòran vor, bereit, einzugreifen, doch Murdo hatte bereits die Oberhand gewonnen. Er entwand Aonghas das Schwert und warf es zur Seite. Dann packte er den Chief und zerrte ihn mit einem Ruck auf die Beine.

»Welchen Beweis braucht ihr noch?«, rief Murdo ungehalten in die atemlose Stille, die jetzt den Hof erfüllte. Aonghas stand starr da. In seinen Augen loderte grenzenloser Hass, doch seine Miene war die eines Mannes, der wusste, dass er verloren hatte. Murdo deutete mit einem Nicken auf Eòran. »Wenn ihr diesen Mann ziehen lasst, lasst ihr *unsere* Zukunft ziehen!«

»Bordan«, Eòran trat auf den älteren Krieger zu, »wie viele Mitglieder dieses Rates gibt es?«

»Vier.«

»Ruft sie in der Großen Halle zusammen. Ihr kennt meine Geschichte. Beratschlagt euch und trefft eure Entscheidung. Ich werde sie akzeptieren.«

Nachdem Bordan und die anderen Ratsmitglieder das Haus betreten hatten, kehrte auf dem Hof endgültig Ruhe ein. Die Leute waren sichtlich damit einverstanden, sich der Entscheidung des Rates zu unterwerfen. Iomaér hatte sich den Männern ohne ein weiteres Wort angeschlossen. Kaum waren sie gegangen, wandte sich Eòran an Murdo. »Bringt mich zu Cinhaé!«

Murdo übergab Aonghas einem seiner Männer und wies ihn an, ihn in den Kerker zu schaffen. Ein weiterer brachte Cormac fort. Auch er würde sich für seine Taten verantworten müssen. Wenig später lag der Hof hinter Eòran. Flankiert von zwei weiteren Kriegern führte Murdo ihn über einige verwinkelte Gänge und Treppen, bis er vor einer Tür stehen blieb.

»Wir warten hier, falls Ihr uns braucht.«

Eòrans Blick streifte kurz über die Männer, ehe sich seine Augen auf Murdo richteten. »Ich denke, es genügt, wenn Eure Männer hierbleiben. Euch möchte ich um etwas anderes bitten. Sorgt dafür, dass Owens Kopf von der Mauer entfernt wird. Er soll endlich Frieden finden.«

»Nur zu gern«, erwiderte Murdo ernst.

Eòran nickte und öffnete die Tür. Tageslicht drängte durch die Fensteröffnungen und füllte das kleine Gemach bis in den letzten Winkel aus. Cinhaé lag mit dem Rücken zu ihm. Alles, was er erkennen konnte, war eine unverwechselbare Flut roter Locken. Leise drückte er die Tür ins Schloss. Getrieben von Sorge trat er zu ihr, zog sich einen Stuhl heran und setzte sich. Es drängte ihn danach, sie zu berühren, doch er wollte sie nicht wecken. Abgesehen von den dunklen Schatten unter ihren Augen war sie erschreckend bleich. Ihre Züge jedoch waren entspannt. Schweigend saß Eòran an ihrer Seite, nicht in der Lage, den Blick von ihr zu nehmen, und wachte über ihren Schlaf. Langsam veränderte sich das Licht. Die Helligkeit des Mittags wich dem vollen Licht des Nachmittags, ehe es allmählich zu schwinden begann.

Eòran schreckte auf, als er ein Geräusch hinter sich vernahm. Einer der Krieger steckte den Kopf in den Raum. »Herr, Bordan wünscht Euch zu sprechen.«

Eòran erhob sich, trat auf den Gang und schloss die Tür sorgfältig hinter sich. Zu seiner Überraschung erwartete Bordan ihn nicht in der Großen Halle, sondern bereits vor Cinhaés Gemach.

»Ihr habt erstaunlich viel Unterstützung«, begrüßte Bordan ihn.

Eòran warf einen Blick auf die beiden Wachen, die ihren Posten neben der Tür wieder bezogen hatten. »Murdo hat die Männer zu meiner Sicherheit abgestellt.«

»Die Krieger meine ich nicht.« Bordans weißes Haar schimmerte hell in den Schatten, als er den Kopf schüttelte. »Ich spreche von Iomaér MacKenzie. Beinahe noch aufschlussreicher jedoch war Murdos Bericht. Keiner von uns hat auch nur geahnt, auf welchem Wege Aonghas seine Macht errungen hat. Ich wünschte, wir hätten früher davon erfahren.« Bordan seufzte. »Letztlich waren es Iomaér und Murdo, die uns dazu bewogen, Euren Erbanspruch zu akzeptieren. Ihr seid der rechtmäßige Chief.«

Will ich das überhaupt sein? Es fiel ihm noch immer schwer, sich mit der Vorstellung anzufreunden, dass er plötzlich ein Chief sein sollte. *Wenn ich bei meiner Familie aufgewachsen wäre, hätte ich auch keine Wahl gehabt.* Es war nicht nur sein Recht, Anspruch auf den Posten des Chiefs zu erheben, sondern auch seine *Pflicht*. Seine Augen wanderten über den düsteren Steinkorridor. *Ich werde mich wohl daran gewöhnen müssen, in einer Burg zu leben.* Sein Blick schweifte kurz zur Tür, hinter der Cinhaé schlief. *Vielleicht muss ich es ja nicht allein.* Schließlich richtete er seine Aufmerksamkeit erneut auf Bordan. »Ich danke Euch für Euer Vertrauen. Hier wird sich einiges ändern. Zunächst einmal möchte ich die Tradition des Rates wiederbeleben.«

Bordan furchte erstaunt die Stirn.

»Ich bin Krieger«, fuhr Eòran fort. »Ich kann mit einer Waffe umgehen oder einen Trupp kommandieren, aber ich habe keinerlei Erfahrung, wie man einen Clan führt. Die

Aufgabe des Rates soll es sein, mich zu beraten, damit ich imstande bin, die richtigen Entscheidungen zu treffen. Ich habe nur eine Bedingung.« Skepsis zeigte sich in Bordans faltigen Zügen. »Der Rat soll um zwei Mitglieder erweitert werden. Mein Bruder soll einen Platz darin bekommen, ebenso wie Murdo, den ich zum Oberkommandanten meiner Truppen ernennen werde.«

Bordan strahlte. »Wir werden Euch nur zu gerne zur Seite stehen, Herr. Mit Eurer Erlaubnis werde ich die anderen darüber informieren.«

Eòran nickte. »Macht das.«

Bordan wandte sich bereits zum Gehen, dann hielt er noch einmal inne. »Iomaér hat übrigens Blane mit ein paar Männern ausgesandt. Sie sollen Euren Bruder finden und hierherbringen.«

»Hervorragend.« *Womöglich kann ich Finn überzeugen, ebenfalls hierzubleiben.* Als Bordan sich erneut umwandte, kehrte Eòran in Cinhaés Gemach zurück. Die Dämmerung hatte sich weiter ausgebreitet, sodass er zunächst eine Lampe entzündete, ehe er sich vorsichtig neben ihr auf der Bettkante niederließ. Lange Zeit saß er nur da und betrachtete sie, lauschte auf jeden ihrer Atemzüge und fürchtete jedes Mal, es würde kein weiterer folgen. Doch ihr Atem ging regelmäßig. Schließlich konnte er sich nicht länger zurückhalten und streckte die Hand nach ihr aus. Sanft strich er ihr über die Stirn. Er hatte damit gerechnet, fiebrige Hitze unter seinen Fingern zu spüren. Stattdessen fühlte sich ihre Haut überraschend kühl an. War das ein gutes Zeichen? »Du musst wieder gesund werden«, flüsterte er heiser.

Cinhaé regte sich unter seiner Berührung. Sie drehte sich auf den Rücken und hob flatternd die Lider. Das Grün ihrer Augen war trüb und milchig. Sie blinzelte. Langsam klärte sich ihr Blick. »Eòran«, hauchte sie und versuchte sich aufzusetzen.

»Um Gottes willen, bleib liegen!« Er wollte sie zurück in die Kissen drücken, doch Cinhaé wehrte sich. Da zog er sie an sich und nahm sie fest in den Arm.

Zitternd klammerte sie sich an ihn. »Ich hätte dich beinahe umgebracht«, presste sie mit tränenerstickter Stimme hervor.

»Nein! Nicht du – Aonghas.«

Stumme Tränen rannen über ihre Wangen. »Aber ich habe –«

»Du hattest keine andere Wahl.«

»Ich habe die ganze Zeit über gehofft, dass es mir irgendwie gelingen würde, mit meinem Vater zu sprechen. Aber Aonghas ...« Sie schüttelte hilflos den Kopf. »Ich hatte solche Angst um dich.«

»Du bist wirklich erstaunlich. Dein Leben ist in Gefahr und du machst dir um mich Sorgen. Ich bin so froh ... Wenn er dich ... Die ganze Zeit über wusste ich nur, dass es dir schlecht geht. Dir nicht helfen zu können, brachte mich beinahe um den Verstand!«

»Und trotzdem hast du mir das Leben gerettet.« Ihre Finger glitten sacht über seine Wange, als könne sie nicht glauben, dass er tatsächlich hier war. »Wenn du Murdo nicht geschickt hättest, wäre ich jetzt tot.«

Eòran küsste sie auf die Stirn. »Ich hatte solche Angst, dich zu verlieren.«

Ein erschöpftes Lächeln stahl sich in ihre Züge. »Du wolltest mich doch schon nach der Entführung nicht mehr gehen lassen. Denkst du wirklich, du wirst mich jetzt so leicht wieder los?«

Plötzlich verspürte er den unwiderstehlichen Drang, sie zu küssen. Er zog sie wieder an sich und senkte seine Lippen in einem innigen Kuss auf ihren Mund. Cinhaé schlang die Arme um seinen Nacken und erwiderte seinen Kuss. Ihre

Lippen schmeckten süß und entfachten Verlangen in ihm. Seine Hände wanderten sanft über ihren Rücken. Ein Räuspern an der Tür ließ Eòran herumfahren. »Iomaér!«

Der Chief stand mit verschränkten Armen neben der Tür. »Das beantwortet meine Frage.«

Eòran runzelte die Stirn. »Ihr habt keine gestellt.«

»Gestern fragte ich Euch, ob Ihr meine Tochter liebt.«

»Und ich gab Euch keine Antwort.«

Zum ersten Mal, seit Eòran den Chief kannte, lächelte er. »Ein Mann mag viele schöne Worte verlieren, doch letztlich sind es seine Taten, die für ihn sprechen.«

»Ein paar Worte würde ich dennoch gerne anbringen«, erwiderte Eòran. Vorsichtig löste er sich von Cinhaé und erhob sich. »Cinhaé gab mir schon zu verstehen, dass es nicht leicht werden würde, Euch zu überzeugen, dennoch will ich es nur zu gerne riskieren. Ich bitte Euch um die Hand Eurer Tochter.«

Iomaérs Blick wanderte zwischen Cinhaé und Eòran hin und her. »Wenn man gewisse unglückliche Rahmenbedingungen außer Acht lässt, muss ich zugeben, dass Ihr einiges für meine Familie und mich getan habt.« Iomaér ging an Eòran vorbei zu seiner Tochter. Er sah sie lange an, ehe er sich erneut Eòran zuwandte. »Außerdem habe ich niemals zuvor ein derartiges Strahlen in den Augen meiner Tochter gesehen.« Iomaér nickte. »Ich werde Euren Wunsch erfüllen, aber ich knüpfe eine Bedingung daran.«

»Was immer es ist, Ihr sollt es haben!«, sagte Eòran ohne Zögern. »Wenn Ihr es wünscht, würde ich mein Leben für sie geben.«

Ein Lächeln huschte über Iomaérs Züge. Er nahm die Hand seiner Tochter und legte sie in Eòrans. »Es genügt mir schon, wenn Ihr auf die Brautentführung verzichtet.«

Glossar

Chief	Titel des Clansoberhaupts
Clan	gälisch für Sippe oder Stammesverband
Claymore	schottisches Zweihandschwert
Dun	gälisch für Burg
Eilean	gälisch für Insel
Glen	gälisch für Tal
Loch	gälisch für See
Plaid	Vorläufer des Kilts – ein großes Stück Wollstoff, dessen untere Hälfte in Falten gelegt und mit einem Gürtel um die Hüfte befestigt wird, während die obere Hälfte wie eine Schärpe über die Schulter gelegt und von einer Spange gehalten wird.
Sgian Dubh	kleiner, häufig im Strumpf oder Hemd verborgener Dolch
Tartan	(häufig karierter) Wollstoff, aus dem Plaids und Kilts gemacht werden